JENSEITS DES HORIZONTS

JENSEITS DES HORIZONTS

RAUM UND WISSEN IN DEN KULTUREN DER ALTEN WELT

Herausgegeben von

Exzellenzcluster TOPOI
Staatliche Museen zu Berlin

Autor Ralf-Peter Märtin

Koautoren
Friederike Fless
Eva Cancik-Kirschbaum
Gerd Graßhoff
Michael Meyer
Jonas Berking
Ortwin Dally
Astrid Dostert
Ricardo Eichmann
Philip van der Eijk
Klaus Hallof
Svend Hansen
Gabriele Pieke
Michael Rathmann
Bénédicte Savoy
Wolfram Schier
Stephan Seidlmayer
Roland Wittwer
Ulrike Wulf-Rheidt

Eine Ausstellung des Excellenzclusters 264 TOPOI – The Formation and Transformation of Space and Knowledge in Ancient Civilizations – in Kooperation mit den Staatlichen Museen zu Berlin, Stiftung Preußischer Kulturbesitz

Pergamonmuseum, 22. Juni bis 30. September 2012

Arbeitsgruppe Ausstellung
Friederike Fless, Bernhard Graf, Eva Cancik-Kirschbaum, Michael Meyer, Gerd Graßhoff, Wolf-Dieter Heilmeyer, Jürgen Renn, Gabriele Pieke, Astrid Dostert

Kuratorinnen der Ausstellung
Gabriele Pieke, Astrid Dostert

Ausstellungsarchitektur und Grafik
res d, Köln

Ausstellungsbüro
Lisa Quade, Nadine Riedl, Jan Reimann, Birgit Zeitler

Bildredaktion
Gabriele Pieke, Astrid Dostert, Jan Reimann, Birgit Zeitler

Die Deutsche Nationalbibliothek verzeichnet diese Publikation in der Deutschen Nationalbibliografie; detaillierte bibliografische Daten sind im Internet über http://dnb.d-nb.de abrufbar.

Produktion: Verlagsbüro Wais & Partner, Stuttgart
Lektorat: Isabelle Oster
Layout: Tanja Krichel
Kartografie: Peter Palm, Berlin
Die Herausgabe des Werkes wurde durch die Vereinsmitglieder der WBG ermöglicht.
Gedruckt auf säurefreiem und alterungsbeständigem Papier

Besuchen Sie uns im Internet: www.theiss.de

ISBN 978-3-8062-2621-8
ISBN (Museumsausgabe): 978-3-88609-727-2

www.smb.museum
www.topoi.org

Die Lizenzausgabe erscheint bei der Wissenschaftlichen Buchgesellschaft
ISBN 978-3-534-25229-9

Besuchen Sie uns im Internet: www.wbg-wissenverbindet.de

/// ZUM GELEIT

Eine Gruppe von Forschern des Exzellenzclusters TOPOI hat das Wagnis unternommen, die spezielle Perspektive des Forschungsverbundes auf die Alte Welt zum Thema einer Ausstellung zu machen. Dabei war es eine überraschende und bereichernde Erfahrung, in welchem Maße die immer wiederkehrende Frage „Wie erkläre ich das einem Besucher?“ uns zu ganz neuen Sichtweisen und Erkenntnissen geführt hat. Das vorliegende Buch ist aus diesem Prozess der Konzeption der Ausstellung heraus entstanden.

Für seine Realisierung wurde ein für Wissenschaftler ungewöhnlicher Weg beschritten. Mit Ralf-Peter Märtin konnte ein Autor gewonnen werden, der – selber Wissenschaftler – ein ausgewiesener Experte in der Vermittlung von Wissen ist. In vielen Gesprächen mit den TOPOI-Spezialisten entstand der Grundstock für die spezifische Geschichte über Raum und Wissen in den Kulturen der Alten Welt, die hier vorgelegt wird.

Unser herzlicher Dank gilt dem Autor Ralf-Peter Märtin für seine gelungene Umsetzung, die zwei Dinge vereint, die nicht immer zusammenkommen: sie ist informativ – und wunderbar zu lesen! Unser Dank gilt dem Theiss Verlag für die geduldige Begleitung des Projekts und die ansprechende Gestaltung des Buches. Bedanken möchten wir uns aber auch bei all denen, die zum Gelingen der Ausstellung „Jenseits des Horizonts. Raum und Wissen in den Kulturen der Alten Welt“ beigetragen haben: den vielen Museen und Sammlungen für ihre Leihgaben, den Kuratorinnen Gabriele Pieke und Astrid Dostert, dem Kölner Ausstellungsbüro *res d* für die kreative Gestaltung und vielen Kolleginnen und Kollegen für ihre tatkräftige Unterstützung.

Wir freuen uns sehr, dass mit dem hier vorgelegten Buch der ungewöhnliche Blick auf die Alte Welt, den die Ausstellung zeigt, auch dann noch nachgelesen werden kann, wenn die Vitrinen längst abgebaut sind. Wir wünschen viel Freude bei der Lektüre!

/// EINLEITUNG

Geht ein Mensch auf den Horizont zu, weiß er, was ihn erwartet. Vor ihm tun sich immer neue Horizonte auf. Mit seiner Bewegung verschiebt sich für ihn die Grenze zwischen Himmel und Erde aufgrund der Kugelgestalt unseres Planeten. „Den Horizont erweitern" oder „über den Horizont hinausblicken" sind dennoch feste Redewendungen in vielen modernen Sprachen. Sie beziehen sich auf die Begrenzung, die der Horizont im Blickfeld des Menschen darstellt, und die ein „Jenseits des Horizonts" einschließt, einen Ort, wo es Neues zu entdecken gibt.

Die Ausstellung „Jenseits des Horizonts" führt zu antiken Wahrnehmungen des Raumes, des Handelns im Raum und des Wissens über den Raum und damit immer auch zu Versuchen, den Horizont als Begrenzung zu überwinden. Sie führt zu den Archiven zurück, die Kenntnisse über den Raum überliefern. Der Blick in die Vergangenheit eröffnet uns heute zahlreiche Parallelen und gravierende Andersartigkeiten.

Dies wird bereits deutlich bei der Suche in den antiken Sprachen nach dem Wort, das jene Grenzlinie zwischen Himmel und Erde beschreibt. Horizont wurde als Ausdruck erstmals von dem griechischen Philosophen Aristoteles im 4. Jahrhundert v. Chr. verwendet und ist von dem griechischen Verb für begrenzen abgeleitet. Dennoch wird der Begriff in der griechischen und lateinischen Literatur nur selten gebraucht. In den Kulturen des Alten Vorderen Orients gibt es überhaupt kein Wort für den Horizont. Er wird nicht explizit bezeichnet. In Ägypten hingegen wird die Grenzlinie zwischen Himmel und Erde durch zahlreiche Ausdrücke beschrieben. Und so preist der Pharao Echnaton den Sonnengott um 1350 v. Chr. „Vollkommen erscheinst du im Horizont des Himmels, du lebendige Sonne, die das Leben bestimmt! Du bist aufgegangen im Osthorizont und hast jedes Land mit deiner Schönheit erfüllt. Vollkommen bist du, groß und strahlend, hoch über allem Land. …"

Nicht in allen Kulturen der Alten Welt war der Horizont somit als solcher benannt. Dennoch wurde diese Grenzlinie, auch in Kulturen, die offenbar keinen Begriff für sie entwickelten oder für die wir keine Schriftquellen haben, intensiv beobachtet. Man observierte die an dieser Scheide auftauchenden Sternzeichen, den Sonnenauf- und -untergang und den Verlauf der Bahn des Mondes. Dieses Wissen war wichtig, um das Jahr zu strukturieren. Die Phänomene am Horizont definierten die Tageszeiten und den Kalender, sie erlaubten eine Orientierung in Raum und Zeit. Neolithische Kreisgrabenanlagen sind hierfür ebenso ein Beleg wie griechische Kalender, griechische und römische Himmelsgloben oder der berühmte Mechanismus von Antikythera.

Um die Kulturen der Alten Welt zu verstehen, muss man sie nicht nur untereinander vergleichen. Wichtig ist es auch, die Gemeinsamkeiten und Unterschiede zu unserer heutigen Zeit zu erkennen – angefangen mit den ganz unterschiedlichen Möglichkeiten, die Welt zu sehen, zu begreifen.

Seit dem ersten bemannten Raumflug 1961 und dem ersten Mondflug kennen wir die Erde in einer Außensicht. So wurde sie in unserer Wahrnehmung zum Blauen Planeten. Jedem heutigen Menschen ist dieser Blick auf die Welt vertraut. Er ist es gewohnt, sich in Google Earth von außen der Erde zu nähern und sich bis in einzelne Städte und Straßen hineinzuzoomen. Eine Orientierung ohne Navigationsgerät oder GPS ist für viele Menschen heute undenkbar. Im Altertum gab es diese Sichtweise von außen auf die Welt und diese technischen Hilfsmittel nicht. Der antike Mensch stand auf der Erde, im Raum, und entwickelte dort Bilder des ihn umgebenden Raumes zwischen kosmologischen Modellen und Imaginationen, zwischen Fakten und Mythen. Die Welt in den Köpfen von Menschen längst vergangener Zeiten unterscheidet sich also schon allein durch die anderen Möglichkeiten, den Raum zu erfassen, von unseren heutigen Weltsichten und Weltbildern. Dennoch gibt es Formen der Orientierung im Raum und Phänomene des Raumes, die sich bis heute nicht verändert haben. Und in vielen Bereichen beruht unser modernes Wissen vom Raum auf antiken Grundlagen.

Zentrale Errungenschaften der Menschheit wie Ackerbau und Viehzucht traten zuerst in der Gegend des Fruchtbaren Halbmondes im heutigen Libanon, in Syrien, der südlichen Türkei und dem Irak im 10. Jahrtausend v. Chr. auf, um sich dann über einen längeren Zeitraum hinweg bis nach Mitteleuropa zu verbreiten. Dieses Phänomen wird oftmals mit dem Schlagwort „neolithische Revolution" versehen. Im Land zwischen Euphrat und Tigris, dem heutigen Irak, entstanden im 4. Jahrtausend v. Chr. Zahl und Schrift, also die Grundlagen für unsere moderne Informationstechnologie. Der Blick in die Vergangenheit rückt somit eine ganz andere Weltregion in den Mittelpunkt der Wahrnehmung, in der zentrale Kulturtechniken entstanden und ohne die unsere europäische Kultur undenkbar ist.

Die antike Welt war jedoch nicht statisch, sondern erstaunlich mobil und unterlag stetem Wandel. Im Alten Vorderen Orient gab es zwischen dem 4. und dem 1. Jahrtausend v. Chr. einen kontinuierlichen Wechsel von Stadtstaaten, kleinen Staatengebilden und großen Territorialstaaten. Das pharaonische Ägypten scheint mit seiner Fixierung auf den Nil hingegen ausgesprochen stabil, unterliegt aber dennoch immer wieder Veränderungen und wird in seiner Spätzeit dann von Persern, Griechen und Römern in ihre Reiche integriert.

Die Griechen und Phönizier, deren Kultur in Städten und Stadtstaaten organisiert war, umzogen das Mittelmeer hingegen mit zahllosen Siedlungen, die nur Punkte griechischer und phönizischer Kultur an den Küsten darstellten. Platon verleitet dies zu der Bemerkung, dass die Griechen wie Frösche und Ameisen um einen Teich herumsitzen. Große Territorialherrschaften bildeten sie zunächst nicht aus. Das Hinterland der Küsten stand nicht im Fokus ihrer Interessen. Alexanders Zug gegen das Perserreich verändert diese politische Organisation der Griechen in Städten. Er zerstört das Perserreich und es entstehen Territorialreiche, die hellenistischen Königreiche. In ihnen gehen die Städte auf, so dass die Eroberung durch die Römer nur noch einen graduellen Wechsel in der räumlichen Organisation darstellt. Die Römer dehnen ihre Herrschaft von Spanien bis weit in den Vorderen Orient aus. Und auch dieses Reich löst sich in der Spätantike wieder in kleinere Reiche auf, die sich dann ins Mittelalter transformieren. Die antike Welt unterliegt somit einem stetigen Wandel in Zeit und Raum. Dies zeigen auch einzelne Orte, die im Verlauf der Zeit immer wieder verändert wurden. Jede Kultur und jede Veränderung hinterlässt dabei ihre Spuren, sie lagert sich ab. Und die Schichten und Zeithorizonte, die dadurch entstehen, werden von den Wissenschaftlern durch Grabungen freigelegt und dann zu Bildern zusammengeführt. Es sind aber nicht nur die Schichten der Geoarchive und archäologischen Grabungen, die aufgedeckt werden wollen. Nicht weniger überlagern moderne Ideen, Konzepte und Wissensbestände, die früheren. Auch diese gilt es offenzulegen.

Solche Schichtungen stehen auch im Berliner Exzellenzcluster „TOPOI – The Formation and Transformation of Space and Knowledge in Ancient Civilizations“ im Fokus der Forschung. Seit 2007 arbeiten in Berlin fast 220 Wissenschaftler aus über 30 Disziplinen – von den Archäologien bis zur Philosophie, von der Theologie und den Altphilologien bis zu den Geowissenschaften – zusammen, um Konzepte von Raum und Wissen in den Kulturen der Alten Welt zu erforschen.

Die Ausstellung „Jenseits des Horizonts“ rückt Ergebnisse der gemeinsamen Forschungen in den Mittelpunkt. Erzählt wird der Zusammenhang von Raum und Wissen in den Kulturen der Alten Welt in zeitlicher Tiefe und räumlicher Breite. Im Verlauf der Ausstellung wird dem Besucher vor Augen geführt, wie der Mensch den Bedingungen und der Beobachtung seiner Umwelt als Handelnder begegnet. Wie er die Natur, zum Beispiel die Ressource Wasser, nachhaltig nutzte und wie er im Rahmen unterschiedlicher räumlicher und kultureller Voraussetzungen grundlegende Kulturtechniken wie Schreiben und Rechnen entwickelte. Es soll gezeigt werden, wie diese beiden Aspekte in der Beobachtung und im Aufschreiben des Himmels und des Horizontes zusammenwirken, wie sie aber auch in der konkreten Vermessung der Erde zusammenkommen. Letztlich führt dies zum Thema des zentralen Saals der Ausstellung, in dem die antike Kartierung der Welt und die Weltbilder im Zentrum stehen. Karten und Weltbilder sind Umsetzungen räumlicher Vorstellungen und des Wissens über den Raum. Gleichzeitig prägen sie diese Vorstellungen und das Wissen darüber nachhaltig, da keine Karte ein reines Abbild ist, sondern immer auch Interpretationen und Wahrnehmungen enthält.

Die vielfältigen Bereiche, in denen das Wissen über den Raum wirksam wird, stehen im Mittelpunkt einer Folge von Räumen, die räumliche Vorstellungen in der Medizin, in der Magie, bei der Deutung von Zeichen, aber auch in der Musik thematisieren. Immer werden hier museale Räume produziert, in denen antike Räume und Landschaften ebenso wie Wissensarchive in rekonstruierter Form gezeigt werden. Mit einer Reflexion über diese Produktion musealer Räume und ihres Einflusses auf das Bild der Antike in unseren Köpfen endet die Schau.

Die Ausstellung beruht auf der Leistung vieler Kolleginnen und Kollegen. Das Begleitbuch spiegelt einige Gedanken aus der gemeinsamen Forschung in TOPOI wider und setzt die ausgestellten Objekte und die historischen Ereignisse in einen breiteren Kontext.

/// INHALT

ANHANG

Nordsee
Trundholm
Ostsee
Thorsberger Moor
Londinium (London)
Rhein
Berlin
Straupitz
Köln
Nebra
Schkopau
Atlantischer Ozean
Lutetia (Paris)
Trier
GALLIEN
Ippesheim
Nürnberg
Loire
Manching
Sontheim
Meisternthal
Augsburg
Donau
Wien
Bad Aussee
Savaria
Lugdunum (Lyon)
Drau
Mailand
Pécs
Save
Rhône
Po
Piacenza
Ravenna
Ebro
Massilia (Marseille)
ITALIEN
Tajo
Tiber
Donau
SPANIEN
Elba
Korsika
THRAK
Corduba (Córdoba)
Rom
Baleares
Cumae
Herculaneum
Sardinien
Neapel
Pompeji
Vesuv
Paestum
Brundisium (Brindisi)
Gibraltar
Nova Carthago (Cartagena)
Olymp
EPIRUS
Korfu
Dodona
Palermo
Kephallenia
Theben
Karthago
Sizilien
Olympia
Korinth
MAURETANIEN
Syrakus
Peloponnes
Sparta
Kap Tainaron
Malta
Antikythera
AFRICA (römische Provinz)
Mittelmeer
Leptis Magna
Cyrene
CYRENE
Sahara
Timbuktu
Niger
Niger
Tschad-See
0 200 400 600 km

Aralsee
Syr-Darja
Wolga
Kaspisches Meer
Amu-Darja
Kaukasus
Schwarzes Meer
PONTOS
ARMENIEN
Konstantinopel
Halys
Hattusa
Ancyra (Ankara)
Vansee
Urmiasee
LYDIEN
Pergamon
KOMMAGENE
KLEINASIEN
Nemrud Dagh
MESOPOTAMIEN
Ninive
Nimrud
Ekbatana
Smyrna
Ephesos
Milet
Taurus
Antiochia
Euphrat
Tigris
Rhodos
LYKIEN
Patara
Ugarit
SYRIEN
Mari
Rhodos
Bagdad
Susa
Palmyra
AKKAD
Zypern
Kadesch
Syrische Wüste
Babylon
Nippur
Persepolis
LIBANON
Baalbek
Lagasch
Damaskus
Uruk
Ur
Jericho
Jerusalem
Madaba
Bethlehem
Persischer Golf
Petra
Kairo
Sinai
Akaba
Sakkara
Memphis
ÄGYPTEN
ARABIEN
Nil
Östliche Wüste
Wadi Hammamet
Abydos
Theben West
Theben/Luxor
Assuan
UNTER-NUBIEN
Nubische Wüste
Rotes Meer
OBERNUBIEN
Kerma
Meroë
SUDAN
Naga
Sana
Arabisches Meer
Khartum
PUNT?

/// Städte, Tempel und Häuser – wieder und wieder wurde in den Kulturen der Alten Welt gebaut, umgebaut, abgerissen und überbaut. Viele Bauwerke zerfielen, andere wurden – teilweise bis in die Gegenwart – genutzt, und einige schließlich von Archäologen ausgegraben. Räume sind nicht statisch, sondern unterliegen einem steten Wandel. Aufgabe des Forschers ist es, diesen Wandel sichtbar zu machen, um einen antiken Ort und seine Geschichte zu rekonstruieren.

So sind beispielsweise in den Ruinen des Palatin Spuren der Geschichte des Ortes vom 1. Jahrtausend v. Chr. bis heute lesbar. Aber auch das Wissen der Antike über die eigene Geschichte ist hier zu entdecken. An die Gründung Roms durch Romulus im Jahre 753 v. Chr. erinnerte ein Gebäude, das als „Hütte des Romulus" noch Jahrhunderte nach ihrer Errichtung touristisch präsentiert wurde. Dieser vermutete Wohnort des ersten römischen Herrschers wurde konsequent in die Anlage des Palatin als Sitz römischer Herrscher integriert.

Mit dem Erwerb eines Hauses auf dem Palatin durch Augustus beginnt eine Verwandlung des Areals, die den Hügel tiefgreifend veränderte. Bis in die Spätantike hinein bauten jetzt die römischen Kaiser auf dem Palatin. Der Weg zum Kaiser, seinen Empfangs- und Wohnräumen wurde dabei immer wieder neu gestaltet. An den Verwandlungen des Raumes lässt sich die Entwicklung der Herrschaftskonzeptionen ablesen, die zur Spätantike immer größer werdende Distanz zwischen Herrscher und Beherrschten ist in den Räumen erfahrbar

RÄUME VERWANDELN – DER PALATIN IN ROM ///

1 Apollo-Tempel. Kaiser Augustus ließ den ersten marmornen Tempel für den Gott Apollo auf dem Palatin errichten, der 28 v. Chr. geweiht wurde. Dieser dominierte weithin sichtbar das augusteische Ensemble. Volumenmodell nach einer Rekonstruktion von Stephan Zink, Rom, Palatin, letztes Viertel 1. Jh. v. Chr.

/// Von den Anfängen bis Augustus

Der Palatin hatte von alters her eine prädestinierte Lage in der besiedelten Hügellandschaft am Tiber. Von hier war die Tiberfurt gut zu überblicken und es kam ihm damit eine besondere strategische Bedeutung zu. Durch die gesamte Stadtgeschichte des antiken Rom hindurch spielte er eine zentrale Rolle. An seiner Nordflanke konnte durch Trockenlegung des Sumpfgebietes das Forum Romanum als Herzstück des öffentlichen Lebens und Verwaltungszentrum entstehen. Die Via Sacra führte am Fuß des Palatin entlang zum Kapitol, dem altehrwürdigen Hauptheiligtum der Stadt mit dem Tempel des Jupiter Optimus Maximus. Wer auf der höchsten Nordwestkuppe des Hügels wohnte bzw. residierte, befand sich mit diesem Kultzentrum auf gleicher Augenhöhe. Im Südwesten des Palatin und ihn damit aus der Topographie heraushebend, lag die eigentliche „Keimzelle" Roms, der Bezirk, der in engster Verbindung mit der mythologischen Gründungssage Roms steht. Er umfasste den Tempel der Victoria, der 294 v. Chr. errichtet worden war, den Tempel der Magna Mater als Schutzgöttin Roms, mit dem 204 v. Chr. begonnen wurde, vor allem aber zeigte man hier die strohgedeckte Hütte des sagenumwobenen Urkönigs Romulus, der nach der Überlieferung an dieser Stelle am 21. April des Jahres 753 v. Chr. die Stadt Rom gegründet hatte. Zusammen mit seinem Zwillingsbruder Remus hatte ihn ein machtgieriger Verwandter im Hochwasser führenden Tiber ausgesetzt, um das Erbe der beiden an sich zu bringen. Doch die Wanne mit den Säuglingen verfing sich an einem des Palatin und eine durch ihr Geschrei herbeigelockte Wölfin erbarmte sich ihrer und nährte sie. Was in den Augen der Römer kein Zufall sein konnte. Denn als Vater der Zwillinge galt der Kriegsgott Mars, und der Wolf war sein heiliges Tier. Die Höhle, in der die Wölfin die Kinder säugte, das Lupercal, war ein heiliger Ort und Ausgangspunkt des römischen Fests der Lupercalien. Spätestens ab dem 5. Jahrhundert v. Chr. wurde dieser Bereich des Palatin sakralisiert und mit den Tempelgroßbauten ab dem 3. Jahrhundert v. Chr. monumentalisiert.

Dort zu wohnen, an der kultischen Bedeutung dieses Platzes teilzuhaben, war attraktiv. Spätestens seit dem 2. Jahrhundert v. Chr. war der Palatin bevorzugter Wohnort der römischen Führungsschicht. Wer hier ein Haus hatte, zahlte dafür enorme Preise. Sechs Millionen Sesterzen kostete den Konsul Licinius Crassus sein Stadthaus, knapp fünfzehn Millionen wendete Aemilius Scaurus auf, der sein Atrium mit aus Griechenland importierten neun Meter hohen schwarzen Marmorsäulen schmückte. Dagegen waren die 3,5 Millionen, die der *homo novus* Cicero investierte, um dazuzugehören, schon fast ein Pappenstiel.

Der Palatin lag nicht nur verkehrsgünstig zum Forum Romanum, dem Versammlungsort der Bürgerschaft und des Senats, und in Blickbeziehung zum Kapitol mit dem Hauptheiligtum der Stadt. Von seiner Südseite überschaute man zudem den Circus Maximus, die größte Rennbahn des Reiches, die in ihrer letzten Ausbaustufe mit über 600 Metern Länge 150000 Zuschauern Platz bot. Der Palatin bot daher einen Logenplatz. Von hier konnten, hoch über der Menge, die darin stattfindenden Wagenrennen und Prozessionen beobachtet werden, darunter auch die Triumphzüge, die auf ihrem Weg vom Marsfeld zum Kapitol den Palatin einmal umrundeten und dabei durch den Circus Maximus führten. Im Rom der späten Republik war der Palatin nur einer von mehreren möglichen Wohnorten der römischen Oberschicht. Doch 150 Jahre später war der Platz besetzt: durch den Palast der römischen Kaiser.

Aber bis dahin war es ein weiter Weg. Augustus, der erste in der Liste römischer Herrscher, gab sich den Anschein eines Retters der Republik und wollte nur ihr erster Bürger, *Princeps*, sein. Tatsächlich aber war er der Alleinherrscher, der in seiner Person alle wichtigen Machtbefugnisse konzentrierte. Wie wirkte sich diese besondere Stellung architektonisch bei der Wahl und dem Ausbau seiner Residenz aus? Brauchte er überhaupt eine, wenn er vorgeblich nur der Erste unter Gleichen im Senat war? Durfte er andererseits darauf verzichten, da er es doch – wie alle wussten – eben nicht war? Welche Auswirkungen hatte diese prekäre politische Balance auf die Baupolitik des Augustus?

Nach dem Kaiser-Biographen Sueton (Augustus 5) wurde Augustus 63 v. Chr. zwar in einem Haus am südwestlichen Fuß des Palatin geboren, wuchs aber in der dreißig Kilometer außerhalb Roms gelegenen Kleinstadt Velitrae auf. Zum Erben Cäsars geworden, erwarb er 42 v. Chr. mit sicherem Gespür für seine gesellschaftliche Stellung das relativ bescheidene Haus des berühmten Redners Hortensius auf dem Palatin. Sechs Jahre später erweiterte er seinen Grundbesitz und kaufte die Nachbarhäuser. Auf deren Grund erbaute er einen Tempel für seinen Schutzgott Apollo, den er mit einer griechischen und lateinischen Bibliothek ausstattete. Das Haus des Augustus, der Apollo-Tempel und die Bibliothek bildeten damit eine architektonische Einheit. Der Tempelneubau auf einer über neun Meter hohen, künstlich geschaffenen Terrasse überragte alles und das Haus des Augustus war nun regelrecht unter den Schutz der von ihm verehrten Gottheit gestellt. Eine solche Verschränkung zwischen dem monumentalen Tempel einer Schutzgottheit und

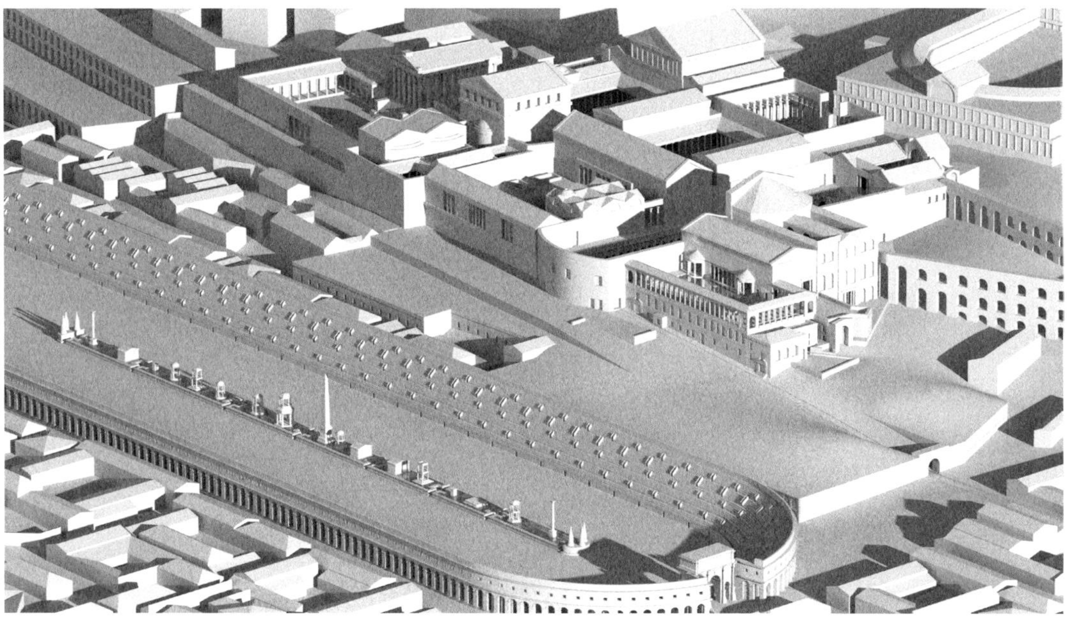

2 Die Kaiserpaläste in flavischer Zeit. Unter den flavischen Kaisern entstand ein großangelegter Palastneubau auf dem Palatin, mit dem die Topographie des Hügels nachhaltig verändert wurde. Virtuelles Rekonstruktionsmodell, Rom, Palatin, Ende 1. Jh. n. Chr.

dem Ort des Herrschers ist in den Residenzen hellenistischer Könige vorgeprägt. Die Verbindung – ein für Rom ungeheuerlicher Akt – verstärkte er, indem er auch den Kult der Vesta, der Schutzgöttin Roms, ihren Altar und ihr Standbild in sein Haus überführte. Ein geschickter Schachzug, mit dem er sein politisches Programm der Gleichsetzung seiner persönlichen Macht mit der des Staates dokumentierte. Als er 12 v. Chr. *Pontifex maximus* (oberster Priester) wurde, verlegte er dessen Amtslokal *(Regia)* vom Forum in sein Haus und erklärte es damit zu Staatseigentum, da der *Pontifex maximus* in einem öffentlichen Gebäude zu wohnen hatte. Folgerichtig konnten hier auch Senatssitzungen abgehalten werden. Spätestens jetzt war die Differenzierung zwischen privaten und öffentlichen Bereichen gänzlich aufgehoben und der „Drahtseilakt" zwischen Augustus dem Privatmann und Augustus dem Staatsmann zugunsten einer bisher vollkommen unbekannten Position, die man mit „kaiserlich" bezeichnen könnte, entschieden worden. Es war ihm gelungen, zentrale religiöse und politische Bereiche, die ursprünglich an unterschiedlichen Stellen in der Stadt existierten, um sein Haus zu versammeln und damit die Strukturen einer kaiserlichen Residenz festzulegen.

Sehr geschickt hat Augustus, indem er eine Bautradition hellenistischer Könige aufgriff, das aristokratische Wohngebiet auf dem Palatin mit einer neuen Bedeutung aufgeladen. Durch die Anbindung an das bestehende Kultzentrum wurde es sakralisiert und durch die Verlegung der *Regia* zu einem öffentlichen Gebäude gemacht. In diesem Ensemble aus Wohnhaus, Amtszentrale und Göttersitz war genug Platz für Senatssitzungen, Gesandtschaftsempfänge und Versammlungen großer Personenkreise; es hatte aber noch keine einheitliche Ausprägung, es war noch nicht **die** Architektur für den Palast des römischen Kaisers gefunden. Legitimiert wurde der ganze Vorgang durch die Nähe zur Hütte des Romulus. Augustus als der neue Gründer Roms versinnbildlichte diesen Status, indem er seinen Herrschaftsort an diesen seit den Anfängen heiligen Ort positionierte. Mit der scheinbaren architektonischen Zurücknahme der Wohnfunktion zugunsten kultischer und öffentlicher Nutzung wollte er zum Ausdruck bringen, dass er zwar ein Gleicher unter Gleichen war, aber nur über ihn die Götter selbst wachten, die nur ihm, Augustus, Würde, Ansehen und Einfluss eines neuen Romulus gaben. Neben dem Verwaltungszentrum, dem Forum Romanum, und dem religiösen Zentrum auf dem Kapitol war im Zentrum der Stadt am Westabhang des Palatin somit ein weiteres Zentrum entstanden: das Zentrum der Macht des römischen Herrschers.

/// Von Nero zu den Flaviern

Die Bauforscherin Ulrike Wulf-Rheidt untersucht die bauliche Entwicklung sowie die ursprüngliche Gestalt und Nutzung der einzelnen Palastteile in allen ihren Phasen und in ihrem jeweiligen Kontext. Ihr interdisziplinäres Team besteht neben Bauforschern und Geodäten auch aus Archäologen und Althistorikern, die sich den unterschiedlichsten Themen widmen. Im Ergebnis haben die Forschungen ein überraschend neues Bild der Entwicklung der Kaiserpaläste zutage gebracht. Nicht unter den Flaviern, wie allgemein angenommen, hat der Palast seine endgültige Ausprägung erhalten, sondern in trajanisch-hadrianischer Zeit. Was bisher als einheitlicher großer Wurf Kaiser Domitians und seines Architekten Rabirius galt, stellt sich

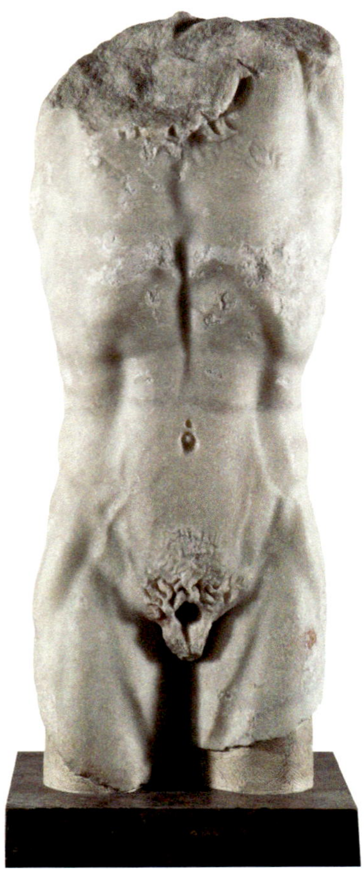

3 Torso des hängenden Marsyas. Er wurde in Rom auf der Südseite des Palatin unmittelbar über dem Circus Maximus gefunden.
Parischer Marmor, Höhe 88 cm, römische Kopie um 200 n. Chr. nach einem hellenistischen Vorbild, Antikensammlung, Staatliche Museen zu Berlin

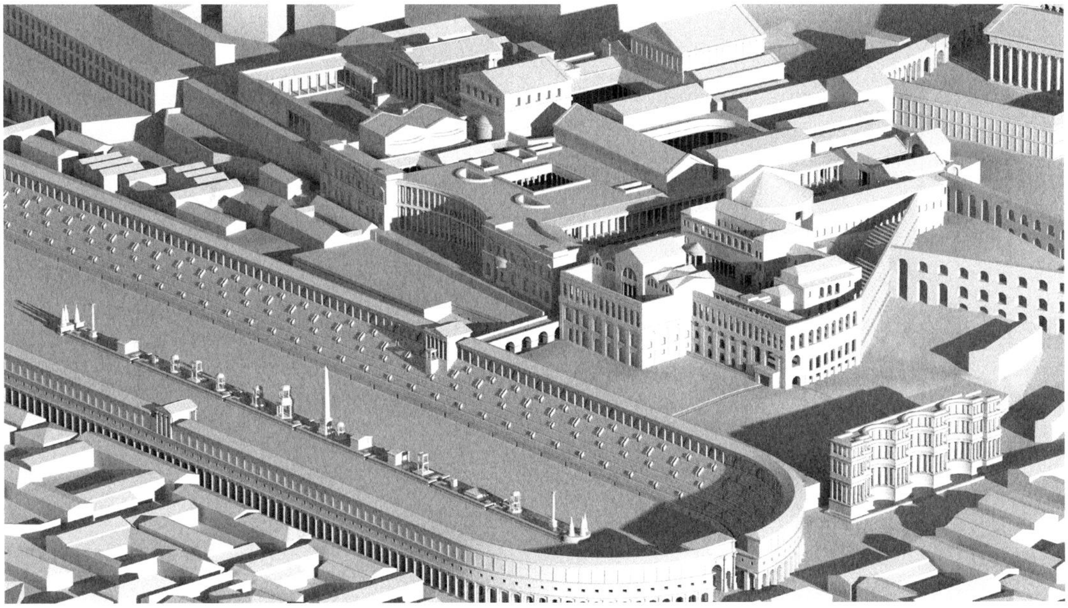

4 Der Kaiserpalast in severischer Zeit. Während der severischen Kaiserdynastie wurde der Palast besonders im östlichen Teil erweitert, nachdem unter Kaiser Trajan die Fassade zum Circus Maximus ausgebaut worden war. Auf hohen Unterbauten wurde eine Thermenanlage errichtet.
Virtuelles Rekonstruktionsmodell, Rom, Palatin, Ende 2./Anfang 3. Jh. n. Chr.

nun als ein Ort in ständiger Veränderung von frühflavischer (1. Jahrhundert) bis in maxentianische (4. Jahrhundert) Zeit dar.

Das Modell für den römischen Kaiserpalast war mit der Residenz des Augustus noch nicht gefunden. Sein Nachfolger Tiberius (14–37) wohnte bereits auf dem Palatin und schuf sich seinen eigenen Regierungssitz, indem er wie Augustus die Nachbarhäuser aufkaufte und sie umbaute. Roms überdrüssig, zog er sich ab dem Jahr 26 für den Rest seines Lebens nach Capri zurück. Caligula (37–41) und Claudius (41–54) hingegen begannen eine rege Bautätigkeit. Am Westabhang des Palatin wurde mit Hilfe von hohen, weithin sichtbaren Substruktionen eine große Plattform geschaffen, die so genannte *Domus Tiberiana*. Auf ihr „thronte" der Palast unübersehbar und beherrschend über dem Forum Romanum.

Kaiser Nero (54–68) gab sich damit nicht zufrieden. Der große Brand Roms im Jahre 64, der von den vierzehn Regionen der Stadt drei vollständig – darunter den Palatin – zerstörte und sieben stark beschädigte – eröffnete ihm die Chance, einen weitläufigen Teil des Stadtzentrums von Rom mit einem Riesenpalast zu überbauen. Von den gewaltigen Dimensionen des so genannten „Goldenen Hauses" *(Domus Aurea)* berichtet Sueton: „Seine Eingangshalle war so groß, dass in ihr eine 35 Meter hohe Kolossalstatue des Kaisers stehen konnte. Das Haus selbst war von solcher Geräumigkeit, dass es einen anderthalb Kilometer langen Säulengang besaß, desgleichen einen vorgelagerten See, so groß wie das Meer ... dazu Ländereien mit Feldern, Weinbergen und Viehweiden mit Wäldern" (Nero 31). Nero konnte sich kaiserliches Wohnen offenbar nur in Gestalt einer großartigen, riesigen Villenlandschaft mitten in der Stadt vorstellen. Mit diesem Palast, der aus zahlreichen Gebäudekomplexen in einem weitläufigen Park bestand und ein ganzes Stadtviertel einnahm, setzte Nero neue Maßstäbe. Die Villa als Ideal, der Wunsch nach einem Leben wie ein hellenistischer Fürst mit Bibliotheken und Pinakotheken, Parks und fürstlichen Wildgehegen hatte schon in der späten Republik den römischen Wohngeschmack beeinflusst und zu einer Übernahme von Villenelementen in römischen Stadthäusern geführt, und auch die Kaiser vor Nero hatten sich schon prächtig und luxuriös ausgestattete Villen außerhalb Roms geleistet. So zum Beispiel Tiberius mit der dramatisch über einem Steilabhang gelegenen Villa Iovis auf Capri oder die Villa der Augustusgattin Livia in Primaporta. Im Vergleich dazu sprengte die neronische villenähnliche Palastanlage alle Maßstäbe und setzte sich von den bescheiden wirkenden Vorgängerbauten provozierend ab. Allerdings blieb das Kerngebäude der Anlage eine *domus*, ein Haus, und wurde nie Villa genannt.

Der Sturz Neros brachte die Flavier an die Macht. Die Kaiser Vespasian (69–79) und sein Sohn

Titus (79–81) profilierten sich als „Volksfreunde“, indem sie die *Domus Aurea* teils niederrissen, teils für die öffentliche Nutzung umwidmeten. So entstand auf dem Gelände des künstlichen Sees das *Colosseum* als Amphitheater, und Neros private Thermen wurden zu denen des Titus und für die Allgemeinheit zugänglich. Der gängigen Forschungsmeinung nach war es der zweite Sohn Vespasians, Domitian (81–96), der, zusammen mit seinem Architekten Rabirius, ein ganz neues Palastkonzept entwickelte, das den gesamten Palatinhügel wirkungsvoll in Szene setzte.

Die dazu nötigen Erdbewegungen, um im nahezu gesamten Bereich des Palatin ein gleiches Bodenniveau zu erreichen, sowie die Konstruktion von bis zu zwanzig Meter hohen Untergeschossen müssen Tausende von Arbeitern beschäftigt haben und zeigen gleichzeitig die Leistungsfähigkeit der antiken Bautechnik. Von einem einheitlichen Neubau ist allerdings nach den neuen Forschungen nicht mehr auszugehen. Gut möglich, dass vorbereitende Arbeiten schon unter Vespasian begannen. Teile der flavischen Palastanlage, die ganz auf ein Hofzeremoniell ausgerichtet war, das den Kaiser als „Herr und Gott“ *(dominus et deus)* inszenierte, wurden aber erst unter Domitian verwirklicht.

Domitians Palast kombinierte drei ganz individuell ausgeformte Gebäudetrakte zu einem geschlossenen Ensemble: die *Domus Flavia* mit ihren großen hallenähnlichen Versammlungs- und Speiseräumen, die *Domus Augustana* mit ihrer Vielzahl von multifunktional nutzbaren Audienz- und Gelageräumen sowie die *Domus Severiana* mit Garten- und Landschaftselementen. Der Unterbau der *Domus Severiana* bildete eine Plattform für Aussichtsräume, an die unmittelbar ein stattliches, circa achtzig Zentimeter tiefes Wasserbecken anschloss. In den Räumen, die sich mit großen Fenstern zu diesem Bassin öffneten, muss man die Illusion gehabt haben, hoch über der Stadt wie in einer der beliebten Meervillen zu speisen. Von den Terrassen des Palastes bot sich ein prachtvoller Ausblick nicht nur

5 Blick vom Circus Maximus auf den Kaiserpalast in severischer Zeit. Unter Kaiser Trajan hatte der Palast eine neue Fassade bekommen und das Pulvinar (Kaiserloge) im Circus war über eine Brücke vom Kaiserpalast aus direkt erreichbar. Auf die Besucher der zahlreichen Veranstaltungen im Circus Maximus muss diese imposante Fassade eine große Wirkung erzielt haben. Rekonstruktionszeichnung, Rom, Palatin, Ende 2./Anfang 3. Jh. n. Chr.

6 Blick auf den Kaiserpalast mit dem *Septizodium* im Vordergrund. Mit der monumentalen Brunnenanlage bekam der Palast zur Via Appia hin einen repräsentativen Abschluss. Der Anblick des Palastes wurde in der severischen Zeit von der Badeanlage dominiert. Virtuelles Rekonstruktionsmodell, Rom, Palatin, Ende 2./Anfang 3. Jh. n. Chr.

auf den Circus Maximus, sondern an klaren Tagen bis in die Albaner Berge und im Süden bis ans Meer bei Ostia. Diese Landschaftsarchitektur erinnerte deutlich an das „Goldene Haus" Neros, mit dem Domitian, wie sein Spottname „der kahle Nero" beweist, in den Augen des Volkes die Übersteigerung seiner Person gemeinsam hatte. In dieses Konzept gehört auch das angrenzende *Gartenstadium*. Geschickt wurde eine Bodenvertiefung genutzt, um einen versenkten Garten in Form einer Rennbahn anzulegen, ebenfalls ein Element, das der Villenarchitektur entliehen ist.

Mit der in der *Domus Flavia* gelegenen *Aula Regia* (königliche Halle) und der gegenüberliegenden *Cenatio Iovis* (Speisezimmer Jupiters) wurden ganz neue Repräsentationsräume zur kaiserlichen Selbstdarstellung geschaffen. Die eine war ein prunkvoller Audienzsaal von dreißig Metern Länge und zwanzig Metern Breite mit einer Höhe von circa dreißig Metern. An den Wänden reihten sich Götterstatuen. Die andere Halle, von vergleichbarer Größe, diente als Speisesaal *(triclinium)*. Dieser Sprung ins Gigantische hatte weniger damit zu tun, dass die Einladungen zu Gelagen immer größeren Umfang annahmen. So soll der Kaiser zur Einweihung eintausend ausgewählte Römer zu Tisch geladen haben. Mit diesen in der Höhe gesteigerten Räumen beabsichtigte man eine ganz besondere, eine kaiserliche Aura zu erzeugen, die in den aristokratischen Häusern nicht zu spüren war. Bezeichnenderweise wurden in keiner der folgenden Ausbauphasen des Palastes Hallen von dieser Weitläufigkeit hinzugefügt. Offensichtlich hatte Domitian Repräsentationsräume geschaffen, die so hervorragend für das kaiserliche Zeremoniell geeignet waren, dass sie bis in die Spätantike weder umgebaut noch erweitert werden mussten.

Mit dem flavischen Neubau war am Ende des 1. Jahrhunderts ein hochkomplexes Gebilde aus mehreren Gebäudeteilen entstanden, in das geschickt große Gartenanlagen und Villenelemente integriert waren, die hier variationsreich eingesetzt wurden. Dieses Gebäudeensemble vereinte sämtliche Funktionen, die ein Palast benötigt. Zum ersten Mal in seiner Geschichte war der Palatin kompakt und vollständig bebaut. Von allen Seiten der Stadt konnte man die hoch gelegenen Gebäudetrakte, Tempel und Gärten des Kaisers sehen

7 Der Kaiserpalast in maxentianischer Zeit. Kaiser Maxentius ließ die severische Therme großflächig erweitern. Der gesamte Hügel war in der letzten Ausbauphase des Palastes mit Gebäuden besetzt, die sich zum Teil auf gewaltigen Unterbauten erhoben.
Virtuelles Rekonstruktionsmodell, Rom, Palatin, Anfang 4. Jh. n. Chr.

bzw. erahnen. Im Unterschied zu dem von den Zeitgenossen als problematisch empfunden Konzept des neronischen Palastes und im bewussten Gegensatz zur *Domus Aurea* waren die „Villenbereiche" zwar in den auf einem hohen Sockelgeschoss errichteten Palast integriert, doch dadurch auch den Augen des Volkes entzogen. Nach außen entwickelte der Palast eine geschlossene und einheitliche Architektursprache, er hatte ein urbanistisches Gewicht bekommen, das die Stellung des Kaisers eines Weltreiches städtebaulich höchst wirksam demonstrierte. Spätestens ab dieser Zeit war der Hügel mit seinen Bauten mit dem *palatium*, dem Palast des römischen Herrschers, gleichzusetzen.

/// Von Trajan …

Ein Modell für den römischen Palast, ein Idealtyp, wie er in der Literatur oft genannt wird, war damit noch immer nicht geschaffen. Denn es fehlte etwas, was in der späteren Kaiserzeit zunehmend wichtiger werden sollte: eine direkte Verbindung zum Circus Maximus. Im Circus mit seinen Wagenrennen begegneten sich Kaiser und Volk. Darauf hatte Domitian, nach neueren Forschungen, offenbar keinen Wert gelegt. Vielmehr schloss sich in der flavischen Phase der Palast mit einer Mauer regelrecht vom Circus ab. Erst unter Trajan (98–117), was durch zwei *in situ* befindliche Ziegelstempel datiert werden kann, wurde eine große zweigeschossige Exedra dem Palast vorgeblendet. Sie ermöglichte mit ihren Säulenportiken zum einen die unmittelbare Sicht auf das Circusgeschehen, zum anderen konnte sich hier der Kaiser architektonisch gerahmt dem im Circus versammelten Volk zeigen. Der Palast auf seiner hoch aufragenden künstlich geschaffenen Plattform besaß damit eine fast dreihundert Meter lange gestaltete Fassade, die den unterschiedlichen Gebäudeteilen ein einheitliches ungemein beeindruckendes Erscheinungsbild gegeben haben muss.

Mauerreste im Westen der *Domus Severiana* und die Darstellung des Pulvinars, der Kaiserloge im Circus Maximus, auf einem Fragment des marmornen Stadtplans von Rom *(Forma Urbis)* lassen vermuten, dass es eine Brücke zwischen Palast und Pulvinar gegeben hat. Über eine solche Verbindung wäre die Kaiserloge, die dem Kaiser und seinem Hof bei den Circusspielen vorbehalten war, direkt zu erreichen gewesen. Es spricht vieles dafür, dass erst ab dem 2. Jahrhundert eine engere stadträumliche Verbindung zwischen Palast und vorgelagertem Circus gesucht wurde, der innerhalb der kaiserlichen Propaganda in dieser Zeit demnach eine Aufwertung erfuhr. Denn offensichtlich bestand erst jetzt die Notwendigkeit, dass sich der Herrscher dem im Circus Maximus versammelten Volk an wenigen, architektonisch wirkungsvoll inszenierten Stellen zeigen und direkt vom Palast aus im Circus „erscheinen" konnte. Plinius der Jüngere, Statthalter von Bithynien und Pontus, hat in seinem „Panegyricus" auf Trajan die dadurch ausgedrückte Volksnähe herausgestrichen: „Sehenswert ist der Circus auch wegen der Art und Weise, in der Volk und Kaiser auf gleicher Stelle sitzen. Von einem Ende bis zum anderen ein einheitlicher Plan und eine ununterbrochene Reihe, und der Kaiser teilt als Zuschauer die öffentlichen Sitze, während er Spiele gibt" (51,4). Damit war der Circus zu einem untrennbaren Teilbereich des Palastes geworden. Er bildete zusammen mit der Fassade des Kaiserpalastes den zentralen, öffentlichen Kommunikationsort zwischen Herrscher und Beherrschten. Eine Erweiterung ins Öffentliche, die für die Spätantike von Rom bis Konstantinopel prägend werden sollte.

/// … zu Maxentius

Während des ganzen 2. Jahrhunderts, also der Zeit der Adoptivkaiser von Trajan bis Marc Aurel (161–180) und dessen Sohn Commodus (180–192), konnte der Kaiserpalast auf dem Palatin alle Bedürfnisse des Herrschens, des Repräsentierens, des Wohnens und des Verwaltens, des Zeremoniells und der sakralen Belange so gut befriedigen, dass er bis zur Verlegung der Residenz nach Konstantinopel im 4. Jahrhundert in seinen Grundzügen Bestand hatte. Die von 193 bis 235 herrschende Dynastie der Severer hat weder im Bereich der *Domus Augustana* noch der *Domus Flavia* größere Aus- oder Umbaubaumaßnahmen vorgenommen. Auch die *Domus Severiana* wurde von ihnen nicht als Erweiterung des flavischen Palastes errichtet, wie man im 19. Jahrhundert fälschlicherweise annahm, sondern war ein Wiederaufbau nach dem großen Brand Roms im Jahre 192. Die gängige Bezeichnung führt also in die Irre. Die aus Nordafrika stammenden Severer waren schon aus Gründen der Legitimation an einer ungebrochenen Fortführung der Tradition interessiert. Sowohl die großen Audienz- und Gelagesäle als auch die Alkovenräume sowie die Villenelemente wie das *Gartenstadium* behielt man bei. Die Plattform der *Domus Severiana* wurde um zwölf Meter gegen den Circus Maximus verschoben. Damit war Platz für eine Thermenanlage geschaffen, mit der die Aussichtsräume nochmals aufgewertet wurden. Neu war die Errichtung einer mehrstöckigen Brunnenanlage *(Septizodium)*, um die Schaufassade des Palastes gegen Südosten zur Via Appia hin zu komplettieren. Sie ist noch auf Zeichnungen des 16. Jahrhunderts ruinös aber aufrecht stehend zu sehen, bevor sie abgebrochen und ihre Bauteile in verschiedenen Kirchen Roms wieder verwendet wurden. Bestand hatte auch das Kultzentrum mit den drei großen Tempeln und der Romulushütte am Südwestabhang des Palatin. In allen Ausbauphasen niemals angetastet, was ihre Bedeutung beweist, blieb die sakrale Funktion des Palastes während seiner ganzen Nutzung stets erhalten. Durch den Neubau eines weiteren, riesigen Tempels für Elagabal an der Nordostspitze des Palatin in severischer Zeit wurde die sakrale Komponente noch zusätzlich verstärkt.

Im 3. Jahrhundert, in der Zeit der Soldatenkaiser, von denen die wenigsten je nach Rom kamen, gab es keine baulichen Veränderungen auf dem Palatin. Dies änderte sich erst – und zum letzten Mal –, als mit Maxentius (306–312) ein Kaiser herrschte, der die Hauptstadt nicht verließ und damit den Palatin bewusst als Herrschaftssitz wählte. Programmatisch hat er die südliche Fassade mit riesigen Substruktionen weiter ausgebaut und die Palastplattform im Südosten fast bis zum Circus Maximus erweitert. Den so gewonnenen Raum nutzte er für den Ausbau der severischen Therme, die mit ihrer neu gewonnenen Größe durchaus mit den öffentlichen Anlagen des Diokletian oder Caracalla konkurrieren konnte. Ein vorgelagertes Belvedere erlaubte einen grandiosen Blick in die Landschaft. Die ambitionierte Baupolitik dieses Kaisers, dem wir auch die gleichnamige Basilika, die größte Roms, verdanken, endete jäh mit seinem Tod in der Schlacht an der Milvischen Brücke, die Konstantin der Große gewann. Eben jener, der mit der Gründung seiner neuen Kapitale im Osten des Reiches die Ära des Palatin als Herrschaftsort beendete.

Im Rom des Mittelalters rückte der Palatin vom Zentrum, das sich in Richtung Vatikan verschob, an die Peripherie. Die Bauten verfielen, einige wurden als Klöster genutzt. Weinberge, Weiden, später Gärten traten an die Stelle der Kaiserpaläste, bis das Italien des Risorgimento seine große Vergangenheit mit dem Spaten des Archäologen wieder ans Licht brachte. Zur gleichen Zeit, 1883, notierte der Oberbaurat Georg von Dollmann, verantwortlich für das Schlossprojekt Ludwigs II. auf Herrenchiemsee, der König beabsichtige, „ein Palatium, einen Palast zu erbauen, welcher sowohl durch das Äußere, wie durch das Innere der Hoheit des Königs Ausdruck geben soll".

A e B Veduta degli Avanzi delle Case de Cesari sul Palatino. C Avanz
Casa Neroniana. F Luogo ov' era il Circo Massimo. G Avanzi delle sos

8 Ansicht des Palatin von Südosten im 18. Jh. Besonders die maxentianischen Unterbauten wurden zu einem beliebten Motiv der Zeichner und Architekten seit der Renaissance. Giovanni Battista Piranesi, 1756.

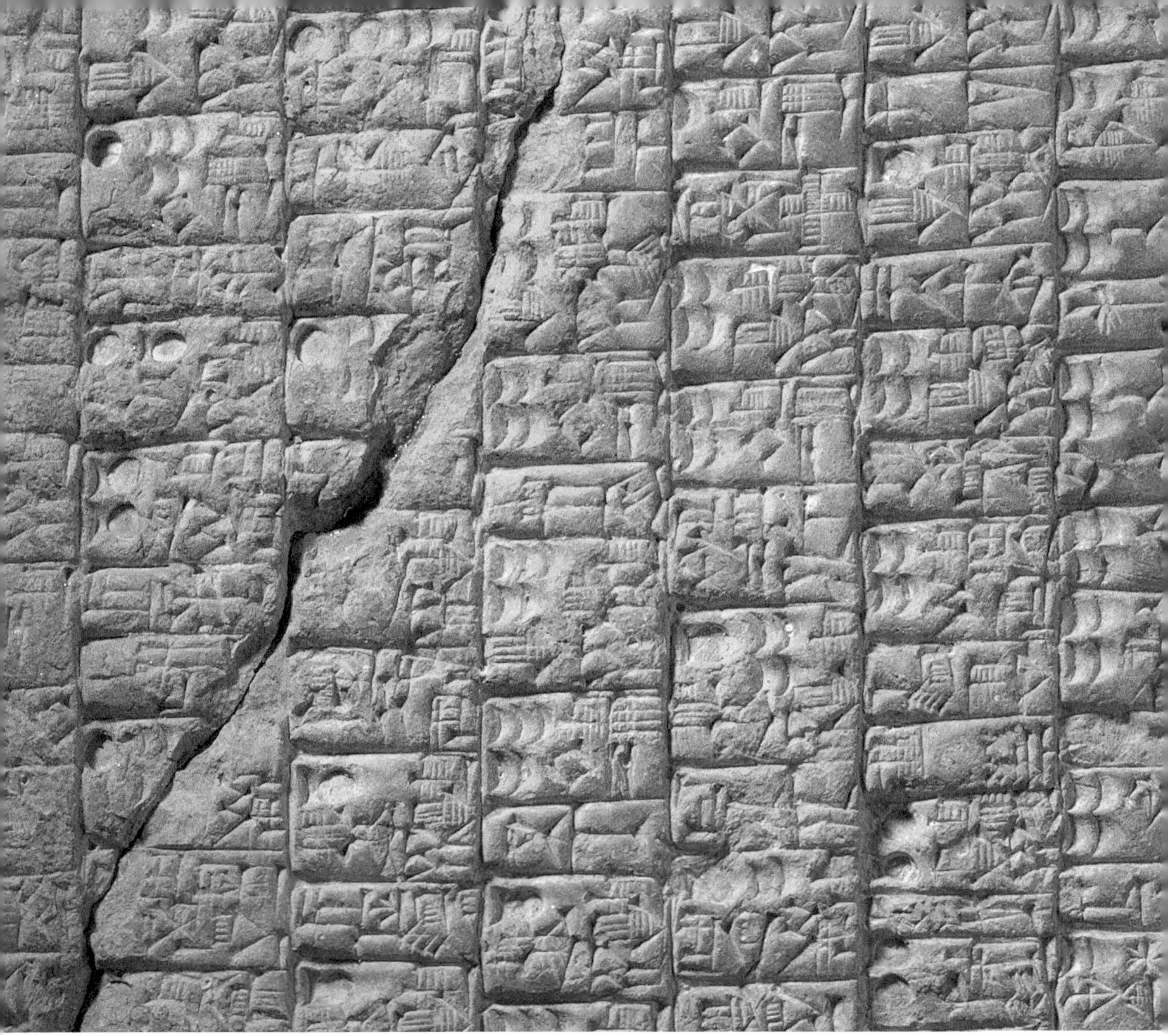

/// Landschaften unterliegen einem steten Wandel – er folgt natürlicher Dynamik oder wird durch den Menschen ausgelöst. Dies gilt heute ebenso wie im Altertum. Mensch und Umwelt treten wieder und wieder in ein wechselseitiges Abhängigkeitsverhältnis: Ackerbau, Viehzucht, die Erschließung immer neuer Ressourcen, Bevölkerungswachstum – sie verändern den Naturraum in Kulturraum. Insofern gleichen Landschaften, in die der Mensch sich mit seinem Handeln einschreibt, einem Palimpsest. Sie sind wie eine Manuskriptseite, deren Text immer wieder ausradiert und neu geschrieben wurde, ohne dass der vorherige spurlos verschwunden wäre. Heute bemüht sich die Forschung, diese Schichten freizulegen, die früheren Spuren lesbar zu machen und die Geschichte von Landschaften zu rekonstruieren. Dabei stößt man nicht selten auf Überraschendes: Neben bizarren Erklärungsversuchen stehen genaue Umweltbeobachtung, Erfahrungswissen und wieder und wieder der Versuch, zu systematischen Erkenntnissen zu gelangen. Einiges davon ist auch heute noch verwertbar, zum Beispiel Technologien, mit denen in trockenen Regionen die kostbare Ressource Wasser bestmöglich genutzt werden kann.

Ein Archiv ganz anderer Art entsteht in der Alten Welt mit der Erfindung der Schrift: Nahezu zeitgleich werden zum Ende des 4. Jahrtausends in Vorderasien und in Ägypten Schrift-Systeme entwickelt. Daten, Informationen und schließlich Wissen werden auf diese Weise unabhängig von Raum und Zeit, transportabel, vervielfältigbar, speicherbar. Es entstehen heute noch gültige Formen der Wissensordnung: Tabelle, Diagramm und Liste, Text, Archiv und Bibliothek – und damit Fundamente unserer modernen Informationsgesellschaft.

RÄUME LESEN, RÄUME SCHREIBEN ///

/// Die Umwelt verändert sich: Verlandung, Bodenerosion, Versalzung

Das Delta wächst. Unaufhaltsam schiebt es sich Jahr um Jahr vor. Verschlingt den Hafen von Priene und schneidet Myus vom blauen, klaren Wasser der Ägäis ab. „Den Meerbusen vor der Stadt machte der Fluss Maiandros zu einem See, indem er die Einfahrt mit Schlamm zuschüttete. Als das Wasser Süßwasser wurde und nicht mehr Meer war, entwickelten sich die Mücken in unendlicher Menge aus dem See, bis sie die Menschen zwangen, die Stadt zu verlassen. Die Myusier zogen sich nach Milet zurück und zu meiner Zeit war nichts mehr in Myus als ein Marmortempel", berichtet der Reiseschriftsteller Pausanias (7,2,10–11) im zweiten nachchristlichen Jahrhundert.

Aber Milet, das „Haupt von Ionien", einst die größte und bedeutendste Stadt an der Westküste Kleinasiens, war längst selbst betroffen von der immer weiter fortschreitenden Verlandung. In ihrer Blütezeit im 7. und 6. Jahrhundert v. Chr., als ihre Flotten bis nach Ägypten, Sizilien und ins Schwarze Meer ausschwärmten, als mehr als siebzig von Milet gegründete Kolonien sie stolz ihre Mutter nannten, war es die ideale Lage am Golf von Latmos gewesen, die den Aufstieg der Stadt begünstigt hatte. Direkt an seiner Spitze lag Milet mit seinen vier Häfen, von denen die Seerouten in alle Richtungen führten, während im Osten das Tal des Mäander den Zugang auf die anatolische Hochebene erschloss. Der Fluss, dessen schön geschwungene Schleifen dem Fachbegriff des „Mäandrierens" seinen Namen gab, strömte durch eine Auenlandschaft mit fruchtbaren, humusreichen Böden. Als Teil des Territoriums von Milet war dieses Hinterland, in dem achtzig Prozent der Bevölkerung die Nahrungsmittel erzeugten, ohne die eine Stadt nicht existieren konnte, die Basis für ihren Wohlstand.

Die Bauern und Hirten nutzten es intensiv. Der Wald wurde gerodet, Acker- und Weideflächen angelegt. Das Regenwasser, nicht mehr durch die Wälder gebunden, spülte Lehm und andere Sinkstoffe in den Fluss. Dessen Sedimentfracht, das ergaben geoarchäologische Untersuchungen, die der Geograph Helmut Brückner vermittels 200 Rammkernsondierungen durchführte, stieg durch Erosion in den Jahren ab 1000 v. Chr. um das Fünfzehnfache an. Mit einer Geschwindigkeit von zwei Kilometern pro Jahrhundert verwandelte sich der einst tief ins Land reichende Latmische Golf in eine 600 Quadratkilometer große Schwemmlandebene. Hafenstädte an seinem Rand, wie Priene und Myus, fielen schon 200 Jahre vor Milet trocken. Der römische Naturforscher Plinius beschreibt im 1. Jahrhundert n. Chr. die Stadt als „zehn Stadien (1,85 km, Anm. d. Verf.) vom Meer entfernt" (Naturkunde 5,113). Die früher vorgelagerte Insel Lade, 494 v. Chr. Schauplatz einer Seeschlacht zwischen Griechen und Persern, war schon zu Fuß erreichbar. Notgedrungen diente fortan der Mäander als Zugang zum Meer. Heute liegen die Ruinen von Milet mehr als zehn Kilometer von der Küste entfernt im Landesinnern.

Nach allem, was wir wissen, stellten die Einwohner keine Verbindung zwischen ihrem Handeln und den Umweltveränderungen her. Dass es notwendig war, die Wälder zu roden, um Ackerland und Bauholz zu gewinnen, galt als Selbstverständlichkeit. Der griechische Geograph Strabon spricht vom „Übel-

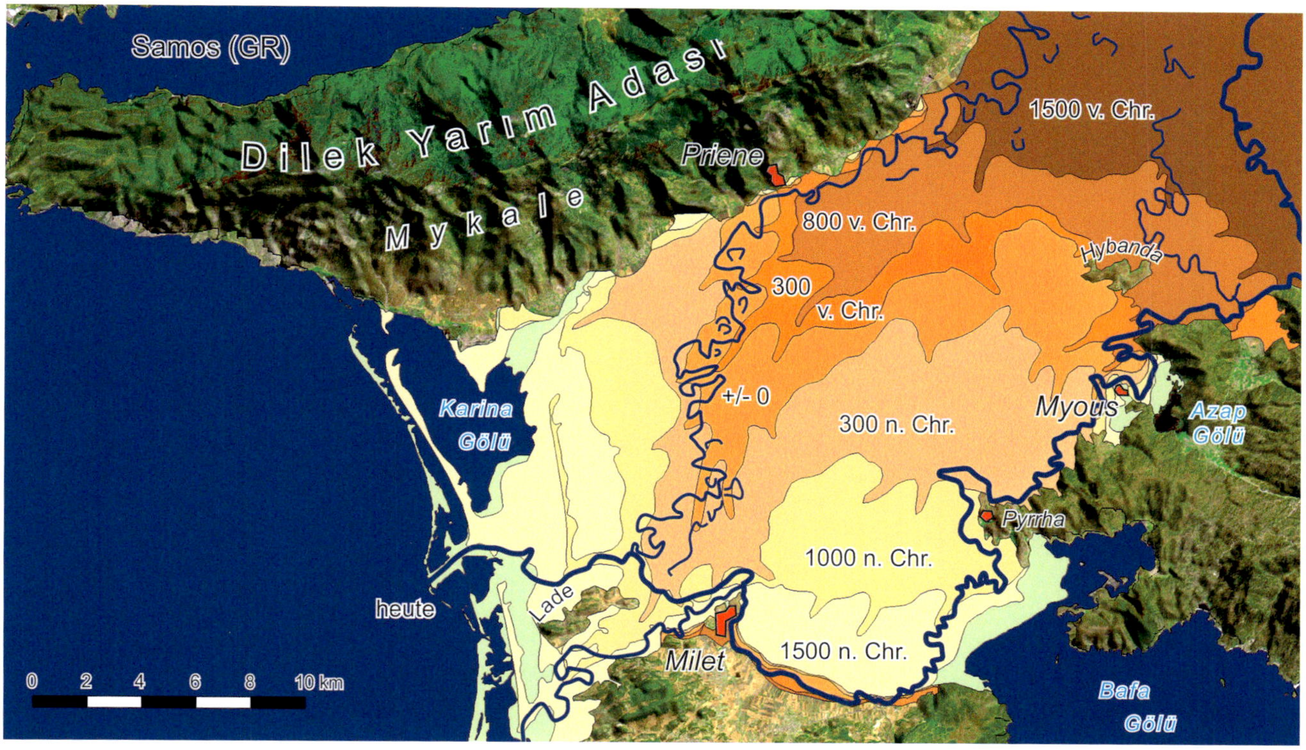

9 Verlandungsschema des Mäanders im Delta von Milet, Kleinasien. 3D-Modell auf der Basis geowissenschaftlicher Untersuchungen

stand, dass man vor lauter Holz keinen Feldbau treiben könne", weshalb man den Boden von Bäumen „reinigen" müsse (Geographica 14,6,5). Ebenso rühmt der römische Dichter Lukrez in seinem Lehrgedicht „Von der Natur der Dinge" die Abholzung der Wälder als ersten Schritt zur Zivilisation und zählt statt dessen die Bestandteile einer Kulturlandschaft auf: „Wiesen und Teiche, Kanäle, üppige Weinberge, Äcker, Ölbäume, köstliche Sorten von Baumobst, fruchtbares Strauchwerk und Reben" (5,1370–1378).

Dass sich Landschaften zu ihrem Nachteil veränderten, beschreibt der Philosoph Platon im Falle seiner Heimatstadt Athen. In seinem Dialog „Kritias" erinnerte er an den Urzustand des Landes, in dem die Berge bewaldet und Berge und Ebenen, „welche jetzt als Steinboden bezeichnet werden", mit fetter Erde von schier unglaublicher Fruchtbarkeit bedeckt waren. Im Gegensatz zu den „dünnen Fruchtböden" der Gegenwart hätte diese eine hohe Speicherkapazität für den von Zeus mit schöner Regelmäßigkeit gesandten Regen besessen, sammelte das Wasser in der Tiefe und sorgte so „an allen Orten für reichhaltige Quellen und Flüsse" (Kritias 111bc). Mit Blick auf seine Zeit beschreibt er somit Vorgänge, die wir heute als Erosionsprozesse definieren. Auch betont er, dass früher in Attika die Wälder gutes Bauholz lieferten, was gegenwärtig jedoch nur noch in entlegenen Gegenden der Fall sei. Einen Zusammenhang zwischen Abholzung und Erosion erkennt er nicht. Und so kann er letztlich nur konstatieren, was Ergebnis und Auslöser für eine Naturkatastrophe war: „Jetzt hat das Ereignis einer einzigen, besonders regnerischen Nacht die Akropolis ringsherum abgeschwemmt und von der Erde entblößt, da zugleich Erdbeben geschahen und eine gewaltige Wasserflut" (Kritias 112a). Man bemerkte also im Athen der klassischen Zeit Veränderungen der Umwelt, bekämpfte aber nicht die Ursachen, sondern reagierte nur auf die Symptome. Ein attischer Pachtvertrag aus den Jahren 354/344 v. Chr. bestimmte: „Die Erde aber, die aus Erdausschachtungen stammt, darf keiner wegbringen, außer auf das (gepachtete) Grundstück selbst" (IG II 22492 Z. 27–29). Den kostbaren Mutterboden zu erhalten und ihn von den Hängen nicht wegschwemmen zu lassen, dazu dienten Terrassenanlagen. Auch der Schutz besonders wertvoller Wälder rückte offenbar mehr ins Bewusstsein, denn in der berühmten Schrift des Platonschülers Aristoteles, der „Politik", werden unter den Staatsbeamten „Forstwarte" und „Waldaufseher" ausdrücklich erwähnt (1322a,30/1331b, 15).

10 Keilschrifttafel, Urkunde zur Vergabe von Feldanteilen.
Altbabylonisch, ca. 2400 v. Chr., Ton, gebrannt, 15,7 x 15,5 cm, Vorderasiatisches Museum, Staatliche Museen zu Berlin

Während man in Attika den Zusammenhang zwischen Abholzung und Erosion nicht begriff, wurden andernorts Ursachen für Veränderungen der Umwelt sehr wohl verstanden und man entwickelte nachhaltige Strategien im Umgang mit den von Menschen verursachten Problemen. Im Gebiet des „Fruchtbaren Halbmonds", insbesondere in Mesopotamien, dessen landwirtschaftliche Überproduktion auf Bewässerungsfeldbau beruhte, erkannte man schon früh das Problem der Versalzung und dessen Folgen. So verminderten sich beim Anbau von Weizen im Laufe der Jahre die Ernteerträge dramatisch. Dies basiert darauf, dass durch intensive Bewässerung die in der Erde enthaltenen Mineralien gelöst werden und der Grundwasserspiegel steigt. Trockenheit und hohe Temperaturen lassen das Wasser an der Erdoberfläche verdunsten, was im Lauf der Zeit zu einer schleichenden Versalzung führt. Lässt man den Boden als Brachland unbebaut, senkt sich der Grundwasserspiegel und das Salz kann mit überschüssigem Bewässerungswasser ausgeschwemmt werden (leaching). Die Anwendung dieser Methode belegen sumerische Texte. Künstlich angelegte Gräben (Drainagen) verhindern den Aufstieg des Grundwassers zur Oberfläche, das aber im Untergrund – verdunstungsfrei – die Wurzeln der Pflanzen versorgt. Die damit verbundene harte Arbeit war Gemeinschaftswerk und musste organisiert werden. Keilschrift-Urkunden aus der Region Lagasch im südlichen Mesopotamien dokumentieren eine ganze Reihe von Bodenpflege- und Verbesserungsmaßnahmen, die binnen eines Jahres den Salzbodenanteil *(ki-mun)* von zwanzig auf zwei Prozent reduzierten. Ein ähnliches Zeugnis aktiven ökologischen Landbaus sieht der Altorientalist Joachim Marzahn in der Tafel VAT 4625 der Berliner Keilschriftsammlung, die es erlaubt, den Prozess der Bodenverbesserung Schritt für Schritt nachzuvollziehen und damit gesichert nachzuweisen. Die von den Sumerern im 3. Jahrtausend mit Erfolg angewandten Methoden sind die gleichen, die noch heute die FAO (Food and Agriculture Organization of the United Nations) in den entsprechenden Regionen empfiehlt.

Als Mittel gegen die Verdunstung durch Sonneneinstrahlung pflanzte man Dattelpalmen als Schattenspender und Etagenbaum. Unter den weiten Fächern ihrer Blätter gediehen sowohl Obstbäume als auch Feldfrüchte. Durch die Wurzeln wurde mehr Feuchtigkeit im Boden festgehalten, die Biomasse vergrößerte sich. Diese geglückte Balance zwischen Ausbeutung und Schonung der landwirtschaftlichen Ressourcen war die eigentliche Voraussetzung für die Entwicklung der vorderasiatischen Hochkulturen. Angesichts der stetig steigenden Bevölkerungszahlen und des Nahrungsmittelbedarfs der immer zahlreicheren Städte wäre es sonst zu einem ökonomischen Kollaps gekommen. So aber erntete man zweimal im Jahr und der Ertrag des Hauptgetreides Gerste lag um das Doppelte und Dreifache über dem der Ernten im Griechenland der klassischen Zeit. Vergleicht man die Ergebnisse der alten Sumerer, Assyrer und Babylonier mit der Moderne, gehen sie eindeutig als Sieger durchs Ziel: Aktuell hat der Irak die Hälfte seiner landwirtschaftlichen Flächen durch Versalzung verloren.

/// Die nachhaltige Nutzung der Umwelt: Nilometer und Stauseen

Für den „Vater der Geschichtsschreibung", den Griechen Herodot, der das Land im 5. Jahrhundert v. Chr. bereiste, war die Sache klar: „Ägypten", schrieb er in seinen „Historien", „ist ein Geschenk des Nil." Und in der Tat wäre ohne den Nil, den größten Strom Afrikas, keine ägyptische Hochkultur entstanden. Von seinem letzten Zufluss, dem Atbara im nördlichen Sudan, durchquert der Nil auf seinem Lauf bis zum Mittelmeer 2700 Kilometer Wüste, in die er ein bis zu fünfundzwanzig Kilometer breites und bis zu 1500 Meter tiefes Tal gegraben hat. Über Jahrmillionen hat er es mit Kies und Schotter und zuletzt mit feinstem Nilschlamm angefüllt und damit eine Schwemmlandaue von ungeheurer Fruchtbarkeit geschaffen.

Im Sommer, wenn andere Flüsse austrockneten, setzte die Nilschwelle ein: Der Wasserspiegel des Nil begann im Juni zu steigen, bis er Mitte September bis Anfang Oktober seinen Höchststand erreichte. Das Niltal verwandelte sich in einen See, der alle Felder bedeckte. Zog sich das Wasser zurück, lagerte es Sedimente und Mineralien ab, so dass es keiner Düngung bedurfte. Auf den jetzt freiliegenden, abgetrockneten Äckern ließ es sich leicht pflügen und säen.

11 Nilometer des Satet-Tempels auf der Insel Elephantine bei Assuan. Das Bauwerk stammt aus der Zeit des Augustus, die verwendete Messskala und die Praxis der Nilmessung auf Elephantine lassen sich jedoch schon für das 3. Jahrtausend v. Chr. nachweisen.

Warum sich der Nil so verhielt, wusste kein Ägypter Herodot genau zu sagen. Eine Theorie erklärte sein Verhalten mit Jahreswinden, die vom Mittelmeer blasend den Fluss aufstauen würden. Diese Lösung erschien Herodot genauso unglaubwürdig wie die Behauptung, es sei die jährliche Schneeschmelze in Äthiopien, die den Fluss anschwellen lasse (2,19–22). Letzteres kam der Wahrheit schon ziemlich nahe. 500 Jahre später wussten es der Römer Plinius und der Grieche Strabon besser. Beide brachten die sommerlichen Regenfälle in Äthiopien ins Spiel (Naturkunde 5,11,55, Geographica 17,1,5), wobei Strabon betonte, diese Erkenntnis sei keine Vermutung, sondern aus Anschauung gewonnen. Übersetzt in unsere Begriffe, sind für die Nilschwelle tatsächlich der Sommermonsun in Äthiopien (Blauer Nil) und der tropische Zenitalregen in Zentralafrika (Weißer Nil) verantwortlich.

Das ganze Leben Ägyptens richtete sich nach dem Nil. Die drei Jahreszeiten trugen ihre Namen nach dem auf- und abschwellendem Strom, hießen *Achet* (Überschwemmung) von Juli bis November, *Peret* (Aussaat) von November bis März, und *Schemu* (Trockenzeit) von März bis Juli – wobei sich freilich der „bürgerliche" Kalender Ägyptens mit seinen 365 Tagen unmerklich gegen das natürliche Jahr verschob, so dass die kalendarische „Überschwemmungsjahreszeit" periodenweise in die Trockenzeit des Hochsommers fiel. Alles hing davon ab, dass der Nil genügend Wasser führte. Gab es zu wenig, herrschte Hungersnot, trotz eines gut ausgebauten Netzes von Bewässerungskanälen und Staubecken. Gab es zu viel, was allerdings selten vorkam, zerstörte der Fluss Wege und Stege, Dämme und Wasserräder, Häfen und Häuser. Rechtzeitig Bescheid zu wissen, wie die Ernte ausfallen würde, war von höchster Wichtigkeit. Schon seit der ersten Dynastie der Pharaonen, ab etwa 3000 v. Chr., zeichnete man die Nilstände auf. Später erbaute man spezielle Messanlagen, die Nilometer, von denen sich zwei auf der Insel Elephantine in der Nähe von Assuan erhalten haben.

Es war ein besonderer Ort, denn hier, an der alten Südgrenze Ägyptens, befindet sich der erste Katarakt, eine kilometerlange Abfolge felsiger Stromschnellen und Strudel, in dem die Ägypter die Nilquelle vermuteten. In einer seiner Höhlen saß Hapi, der Gott des Nil, der jedes Jahr das Wunder der Nilflut bewirkte. Wie es sich für einen Fruchtbarkeitsgott gehörte, war er fett. Schmerbäuchig und mit schwer herabhängenden Brüsten kombinierte

12 Darstellung des Nilgottes in seinem Quellloch auf dem so genannten Hadrianstor auf der Insel Philae.
2. Jh. n. Chr.

13 Klima und Kulturgeschichte des mittleren und unteren Nils: vom Mittel- bis ins Spätholozän:
Karte A: Paläoklimatische Bedingungen und neolithische Fundplätze (rote Punkte) zwischen 7000 und 5300 v. Chr.
Karte B: Paläoklimatische Bedingungen und neolithische Fundplätze (rote Punkte), aufgegebene Standorte (rote Kreise) und prädynastische Funde (gelbe Kästchen) zwischen 5300 und 3500 v. Chr.
Karte C: Paläoklimatische Bedingungen, Fundorte und Besiedelung in Ägypten (rote Kästchen) sowie Nubien (hellblaue Punkte). Rohstoffvorkommen und der Abbau von Kupfer, Zinn, Gold, Kalkstein sowie Sandstein sind mit Schaufel und Hammer symbolisiert. Die Zeitspanne erstreckt sich von 3500 bis 1500 v. Chr.

er männliche und weibliche Attribute von Fülle und Wohlstand. Blau war seine Haut, wie das Wasser, und seinen Kopf schmückten die „Wappenpflanzen" Unter- und Oberägyptens, Papyrus und Binse, die der Nil aus dem fernen Süden mit sich führte. In den Vatikanischen Museen kann man eine Kolossalstatue der Gottheit bewundern, majestätisch hingelagert und von sechzehn Knaben umspielt, die fröhlich auf seinem Leib herumklettern. Deren Zahl ist kein Zufall. Die Auflösung findet sich in Plinius' „Naturgeschichte": „Die richtige Höhe der Nilflut beträgt 16 Ellen (1 Elle = 0,52 m). Niedrigere Wasserstände bewässern nicht alles, höhere sind hinderlich durch das langsamere Abfließen. Diese verzögern durch den nassen Boden die Saatzeit, jene lassen sie durch den trockenen Boden nicht zu. Bis zu einem Wasserstand von 12 Ellen leidet Ägypten Hunger, bei 13 herrscht auch noch Mangel, 14 Ellen bringen Heiterkeit, 15 Sorglosigkeit und 16 Üppigkeit" (Naturkunde 5,11,58).

Die Nilometer in Assuan sind Teil von zwei Tempelanlagen. In der einen wurde der widderköpfige Gott Chnum verehrt, der Wächter der Nilquelle und Herr des Kataraktgebiets. Sein Nilometer, ein rechteckiges Becken, ist durch einen gedeckten Zuflussschacht mit dem Nil verbunden. Nördlich davon lag der Tempel seiner Gattin Satet, der Göttin von Elephantine, die mit einem Pfeilschuss die Quelle des Nil öffnete und damit die alljährliche Überschwemmung auslöste. Ihr Nilometer ist als geschlossener Treppengang konstruiert, der zum Fluss hinunterführt. An den Wänden beider Nilometer finden sich Messskalen. Sie belegen die exakte, jährliche Erfassung der Flutmaxima und dokumentieren die Pegelstände der Vergangenheit.

Dabei kam es, wie die Forschungen des Ägyptologen Stephan Seidlmayer über historische und moderne Nilstände ergaben, nicht in erster Linie darauf an, den höchsten Stand der Nilflut zu erfassen, sondern jenen untersten Schwellenwert, der dem Land wenigstens das elementare Auskommen garantierte. Erst wenn auf den Skalen der Nilometer dieser Punkt, in griechisch-römischer Zeit als *semeion* bezeichnet, abzulesen war, galt die Nilflut

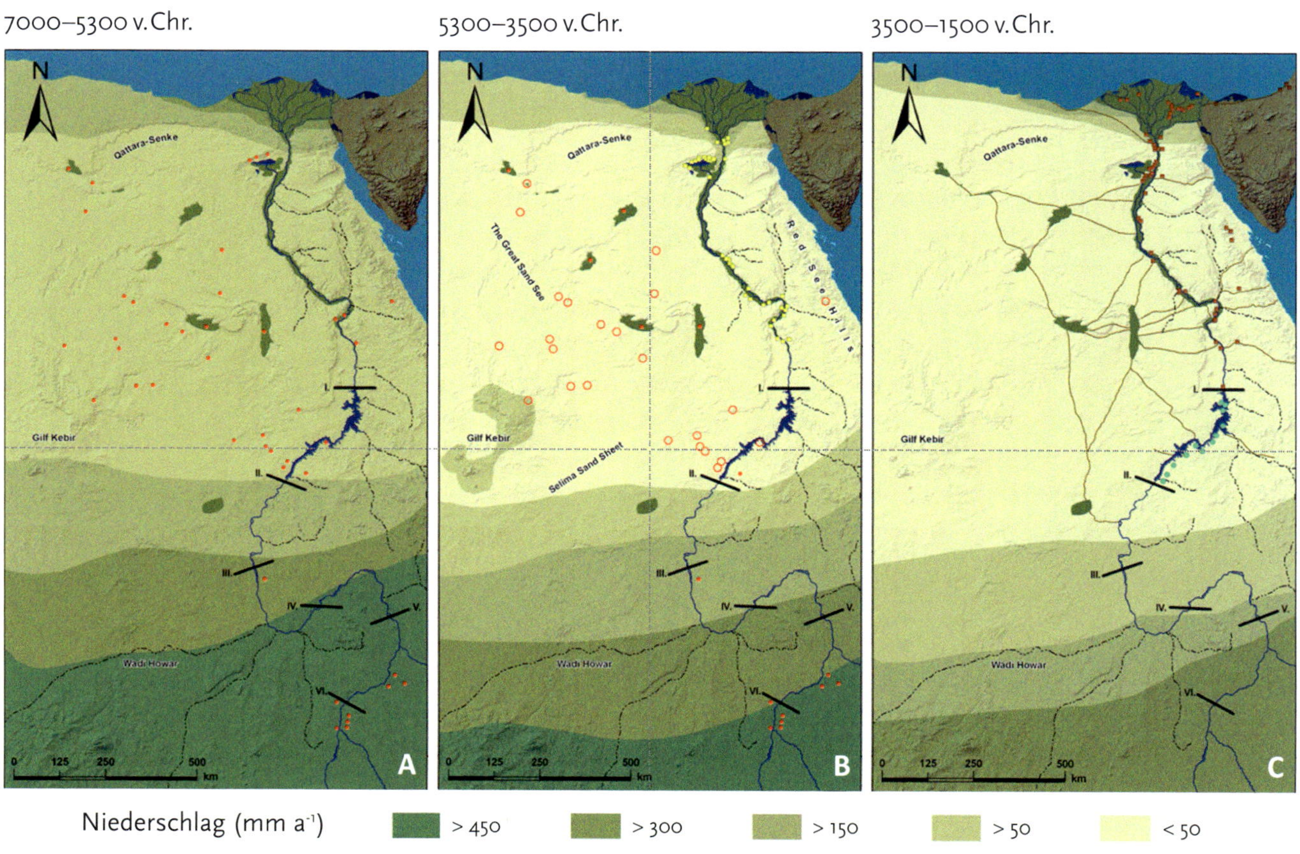

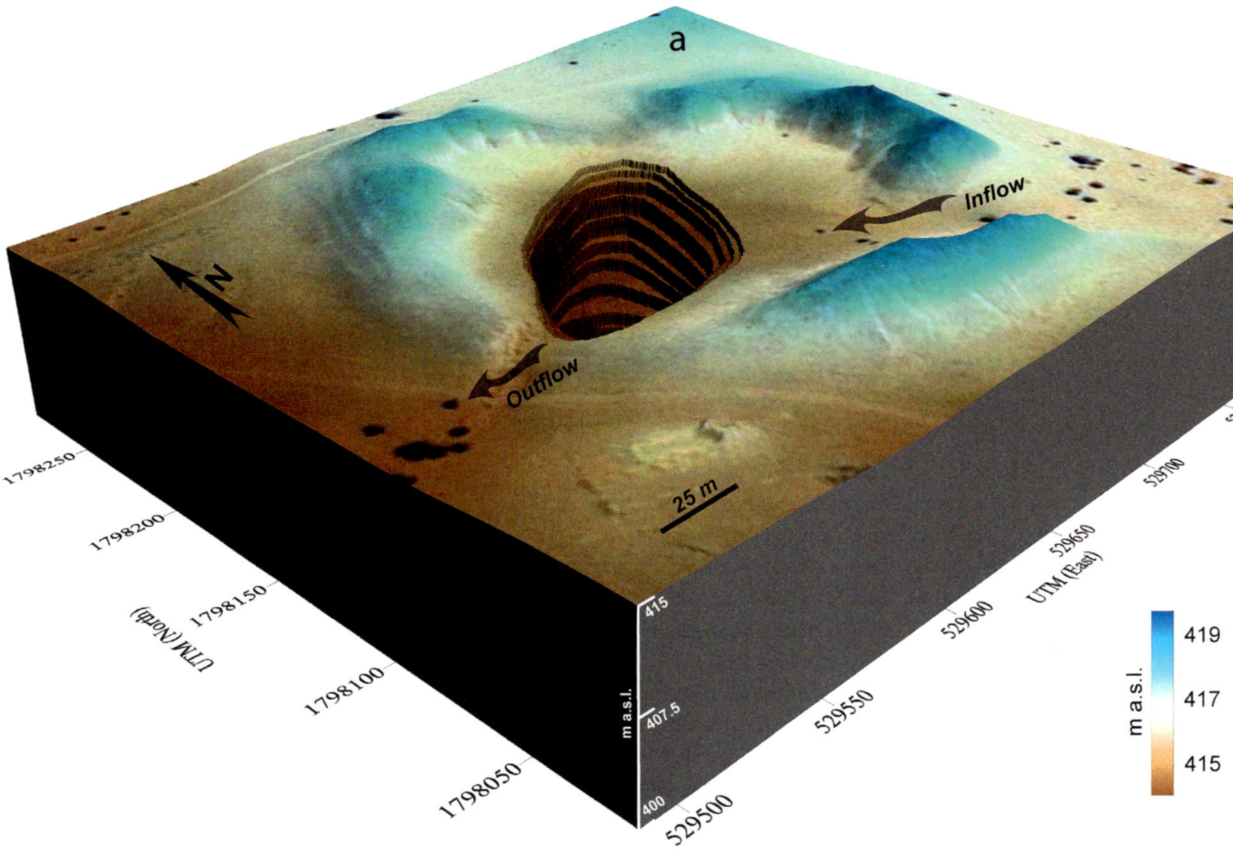

als eingetreten. Jetzt, noch bevor die Flut ihren höchsten Stand erreichte, feierte man das Fest der Semasia mit Prozessionen und stimmte den Hymnus auf Hapi an: „Heil dir, o Hapi, der du aus der Erde gekommen bist, der du gekommen bist, um Ägypten das Leben zu bringen!" Denn erst dann konnte man sich vor Hungersnöten sicher fühlen, war die Zeit des bangen Wartens vorbei, hatte sich die Gottheit jedem sichtbar dem Land zugewandt. – Was auch den Pharao und die Priesterschaft erfreute, denn die Besteuerung der Ernte musste bis zu einem gewissen Grad die Höhe der Flut berücksichtigen.

Die Vermessung des Nil zeigt, wie systematisch die Ägypter ihre Umwelt beobachteten und sich auf sie einstellten. Ihre empirischen Methoden sind uns so vertraut, dass ihre Aufzeichnungen direkt in moderne Untersuchungen über die historische Hydrologie des Flusses übernommen werden können. Andererseits waren naturwissenschaftliche Erklärungen der Nilschwelle, wie sie Herodot vergeblich von ihnen einforderte, für sie nicht relevant. Es genügte, zu wissen, dass die Götter den Nil für Ägypten geschaffen hatten. Damit fühlten sie sich privilegiert vor allen anderen. Als Herodot erzählte, Griechenlands Ernten hingen ganz allein vom Regen ab, fanden das die Ägypter sehr riskant und meinten, „die Griechen könnten eines schönen Tages elend Hunger leiden, weil sie für den Bedarf an Wasser allein auf Zeus angewiesen seien" (2,13).

Im Süden Ägyptens, im Gebiet des heutigen Staates Sudan, lagen die nubischen Königreiche. Ihre afrikanischen Herrscher, heute auch als „Schwarze Pharaonen" bezeichnet, orientierten sich zwar an der ägyptischen Hochkultur, veränderten sie aber und passten sie ihren Bedürfnissen an. Das Land Kusch, wie es die Ägypter und die Bibel nannten, war berühmt für seine reichen Goldfunde, seine Luxusprodukte Elfenbein und Straußenfedern – und seine Bogenschützen. Im 8. und 7. Jahrhundert v. Chr. hatte sogar eine kuschitische Pharaonendynastie für kurze Zeit das ganze Niltal vom

14 Rekonstruktion des „Großen Hafirs von Naga". Das Blockbild zeigt das antike handgegrabene Wasserbassin der meroitischen Stadt Naga. In der Mitte des Beckens befand sich das Reservoir mit einer Tiefe von bis zu 15 Metern und einem Fassungsvermögen von bis zu 37 Millionen Litern Wasser. Zu erkennen sind der Zufluss aus südöstlicher Richtung und sein Überlauf in Richtung Westen. Das Becken ist heutzutage vollständig zusedimentiert und nicht mehr in Benutzung.

sechsten Katarakt bis hinunter ins ägyptische Kernland beherrscht. Doch trotz dieser traditionellen Orientierung auf Ägypten hin, verschob sich der Schwerpunkt ihres Reiches im Lauf von 2000 Jahren immer mehr nach Süden. Vom 19. Breitengrad mit dem Zentrum Kerma wanderte er nilaufwärts, bis er in den Jahrhunderten zwischen 400 v. und 300 n. Chr. am 16. Breitengrad in Meroë lag, auf der „Insel", die vom Nil im Osten und dem Atbara im Westen gebildet wird. Dafür sind verschiedene Gründe verantwortlich. Zum einen entzog man sich durch die größere Entfernung dem von Ägypten ausgehenden politischen Druck, zum anderen entwickelte sich die Hauptstadt Meroë dank ihrer günstigen Lage zu einem Knotenpunkt des Handels. Von hier aus erreichte man Äthiopien und über das Rote Meer Indien, im Westen den Tschad und im Süden das Gebiet der großen afrikanischen Seen. Entscheidend aber war ein klimatischer Vorteil. Aufgrund seiner südlichen Position rückte das Reich von Meroë in die Zone des jährlichen Sommerregens, war also nicht ausschließlich auf den Nil angewiesen.

Im 3. und 2. Jahrhundert v. Chr. nutzte man diesen Vorteil konsequent und erschloss, verbunden mit der Anlage von festen Siedlungen, neue landwirtschaftliche Flächen auch im Landesinneren. Die nötige Bewässerung und die Versorgung von Mensch und Vieh lieferten mehr als 800 Hafire, Speicherbecken, mit denen man das jährlich niedergehende Regenwasser auffing. Die Anlage dieser Hafire ist eine bemerkenswerte ingenieurtechnische Leistung. Im Gegensatz zum allmählich steigenden Nil fällt in Nubien der Niederschlag sintflutartig in wenigen Tagen. Die tief in den Wüstenboden eingeschnittenen Täler der Wadis verwandeln sich in kürzester Zeit in reißende Flüsse. Der ausgedörrte, vegetationslose Boden, durch die Trockenheit hart und verkrustet, bildet eine kompakte, gleichsam zementierte Schicht, ohne genügende Fähigkeit, das Wasser zu speichern. Um es aufzufangen, wird deshalb ein kreis- oder hufeisenförmiger Erdwall am Ausgang eines Wadis angelegt. Der Nachteil wandelt sich zum Vorteil, denn durch den wenig durchlässigen Untergrund bedarf es nur noch einer ausreichenden Tiefe des Reservoirs, damit sich die Verdunstung des Wassers in Grenzen hält.

In Naga, einer der südlichsten Städte des Reiches von Meroë, 150 Kilometer nordöstlich des heutigen Khartoum und 37 Kilometer vom Nil entfernt mitten in der Trockensavanne gelegen, haben sich die Reste eines Hafirs aus meroitischer Zeit erhalten. Zwar sind die antiken Froschskulpturen, die das Wasser anlocken sollten, genauso verschwunden wie die lebensgroßen schützenden Löwenfiguren, doch geblieben ist der 4,5 Meter hohe Erdwall der Einfassung und das in seinen Ausmaßen beeindruckende Becken. Mit einer Tiefe von bis zu fünfzehn Metern und einer Fläche von 3,5 Hektar hatte es ein Volumen von 37 Millionen Litern. Zusammen mit zwei weiteren Hafiren reichte das vermutlich aus, um den Einwohnern der Stadt, vor allem aber dem Nutzvieh – Rindern, Schafen und Ziegen – genügend Brauchwasser für ein Jahr zu liefern. Wie viel Regen fallen muss und welche Oberflächenbeschaffenheit nötig ist, damit der Hafir vollläuft, jedenfalls solange es zumindest ein- bis zweimal im Jahr regnet, lässt sich berechnen. Eine Simulation des Niederschlags und seines Abflusses durch

die Geographen Brigitta Schütt und Jonas Berking ergab, dass mehr als vierzig Millimeter pro Quadratmeter innerhalb einer Stunde nötig sind, um den Hafir mit Wasser zu füllen.

Diese tradierte und bewährte Technik wird noch heute in der Region eingesetzt. Allerdings ist die Regelmäßigkeit der Niederschläge, die vor 2000 Jahren den Anbau von Getreide, Hirse und Baumwolle ermöglichte, nicht mehr gegeben. Doch mit großer Wahrscheinlichkeit, das ergaben die Forschungen der Wissenschaftler, würde das instand gesetzte Reservoir von Naga selbst unter den gegenwärtigen klimatischen Bedingungen zumindest alle zwei Jahre volllaufen. Keine schlechte Aussicht für die Vieh züchtenden Nomaden der Umgegend: Sie müssen mit wenigen, dazu noch sehr tiefen Brunnen auskommen, bei deren Wasser es sich um fossiles, also endliches Grundwasser handelt, das immer weiter absinkt.

/// Die Landschaft wird mit Bedeutung aufgeladen: Hortfunde der Bronzezeit

Selten war Europa kulturell geschlossener als in der Bronzezeit, dem Zeitabschnitt zwischen 2300 und 800 v. Chr., in dem man lernte, dem weichen Kupfer durch Zugabe von Zinn eine nie zuvor gekannte Härte zu verleihen. Die Elite der Krieger erfreute sich an den eleganten Schwertern, den festen Helmen, Schilden und Beinschienen, denen das neue Metall seinen schwarzen, ehernen Glanz verlieh. Die schärferen Beile und Sicheln erleichterten den Bauern den Alltag. Haarnadeln, Fibeln, Ringe und Armreifen aus Bronze befriedigten das Bedürfnis, sich zu schmücken. Von Südosteuropa ausgehend, verbreitete sich bis ins ferne Britannien eine ähnliche Sachkultur und die Vorstellung, wie mit diesen Dingen richtig umzugehen sei, unabhängig davon, dass keine politische Einheit, sondern Dutzende lokaler Zentren existierten. Der sich über Tausende von Kilometern erstreckende Raum war durch ein hervorragend funktionierendes Kommunikations- und Handelssystem so miteinander vernetzt, dass landwirtschaftliche Innovationen oder die Kunst der Metallbearbeitung sich mit ebensolcher Schnelligkeit verbreiteten wie Änderungen der Begräbnissitten oder die Anlage befestigter Siedlungen auf Höhen.

15 Bronzezeitlicher Hortfund aus Straupitz. Die bronzenen Objekte sind zwischen 2 und 17 cm lang.
Straupitz im Spreewald, Brandenburg, 12. Jh. v. Chr., Museum für Vor- und Frühgeschichte, Staatliche Museen zu Berlin

Ein prägendes Phänomen dieser Zeit sind Horte: in meist geringer Tiefe im Erdreich vergrabene Metallobjekte, deren Spektrum vom repräsentativen Schwert über eine Vielzahl von bronzenen Gebrauchsgegenständen bis zu winzigen Blechschnipseln reicht. Allein im nördlichen Mitteleuropa wurden bisher mehr als 2200 Horte entdeckt, die bis zu 7000 Einzelstücke umfassen können, aber das Phänomen existiert europaweit. Vermutete man anfangs, dass Schmiede ihren Rohstoff vergraben hätten, Schrotthändler ein Lager angelegt oder infolge kriegerischer Unruhen das wertvolle Metall als Schatz in den Boden gelangte, so ist mittlerweile die Wissenschaft davon überzeugt, es handele sich um Weihegaben, so genannte Votive, wie wir sie auch aus den antiken und christlichen Religionen kennen. Dabei folgt jeder Hort in seiner Zusammenstellung und im Arrangement seiner Stücke strengen Regeln. Dominierten zu Beginn der Bronzezeit Horte, die aus nie benutzten Beilen, Ringen oder Schwertern bestanden, so setzte sich ab dem 14./13. Jahrhundert v. Chr. von Ungarn her kommend die Mode des „Brucherzdepots" durch. In ihm wurden absichtlich zerbrochene, unbrauchbar gemachte Teile in einer genau festgelegten Ordnung kombiniert. Dabei fällt auf, dass immer nur ein einziges Fragment eines Objektes in den Boden gelangt, sich also die Bruchstücke nicht ergänzen lassen.

Wie in anderen archaischen Gesellschaften galt auch in der Bronzezeit das Prinzip des *„Do ut des"* – „Ich gebe, damit Du gibst." Wichtig war es, die Götter zur Annahme der Gabe zu bewegen, und nichts beeindruckte sie stärker, so der Glaube, als die Zerstörung des Opfergutes als radikalste, weil nicht mehr rückgängig zu machende Form der Schenkung. Umgekehrt ließ sich auf diese Weise der Dank an die Götter abstatten, sei es, dass eine Reise ohne Schaden bewältigt wurde, ein Handel erfolgreich abgeschlossen, ein Kriegszug siegreich gewesen war.

Während in der bisherigen archäologischen Forschung die Objekte, ihre Zeitstellung und spezifische Ordnung untersucht wurden, nimmt der neue Ansatz die Fundplätze selbst in den Blick. Bekannt und leicht zu deuten, waren immer die „Orte des Übergangs" von einer Welt in die andere, seien sie zwischen Land und Wasser in Mooren, Flüssen und Seen oder zwischen Erde und Himmel an markanten Plätzen im Gebirge. Die übrigen, die eigentliche Masse der Horte, liegen an uns heute wenig spektakulär erscheinenden Stellen. Dass sie aber nicht zufällig dort deponiert wurden, sondern eine „bronzezeitliche Raumkonstruktion, eine sakrale Landschaft" bildeten, erforscht eine Gruppe von

16 Lexikalische Liste, Schreibübungen in Keilschrift mit zweisprachigen Synonyma. Assur, mittelassyrisch, ca. 10. Jh. v. Chr., Ton, 16 x 22,2 cm, Vorderasiatisches Museum, Staatliche Museen zu Berlin

Prähistorikern unter der Leitung von Svend Hansen. Diese „Heiligtümer ohne Architektur" waren über Generationen im Bewusstsein der Menschen und in ihrem „kollektiven Gedächtnis" (M. Halbwachs) präsent. So fand sich in Sachsen-Anhalt bei der Ortschaft Schkopau ein Hort mit 125 Beilen, fein säuberlich im Kreis gelegt, unweit davon einer mit 36 Sicheln – und beide trennt ein Zeitabstand von 800 Jahren.

Mehrere Depots an fast gleicher Stelle sind starke Indizien für einen sakralen Ort. Der Weinberg beim brandenburgischen Straupitz, die höchste Erhebung der Lausitz, ist dafür ein typisches Beispiel. Die hier gefundenen beiden Horte liegen am Hang oder an dessen Fuß, verweisen also auf den dominanten Hügel, aber nehmen ihn nicht ein. Ein weiteres Charakteristikum lässt sich erst rekonstruieren, wenn man eine historische topographische Karte hinzuzieht. Beide Horte lagen einst

17 Zählsteine, so genannte Tokens, die verschiedene Arten von Gütern repräsentieren. Uruk, 4. Jt. v. Chr., Ton, gebrannt, ca. 1–7 cm, Vorderasiatisches Museum, Staatliche Museen zu Berlin

18 Gesiegelte Zahlentafel
Uruk, spätes 4. Jt. v. Chr., Ton, 4,2 cm, Vorderasiatisches Museum, Staatliche Museen zu Berlin

an der natürlichen Grenze zweier unterschiedlicher Landschaftsformen: im Süden das ausgedehnte Schwemmgebiet des Spreewaldes, im Norden die sandigen Höhenrücken der Lausitz. Von der Kuppe des Weinbergs war dieser Übergang deutlich zu erkennen. In den Horten selbst, obwohl sie fast zeitgleich im 12. Jahrhundert v. Chr. in den Boden gebracht wurden, materialisieren sich zwei ganz unterschiedliche Formen des Wissens, wie mit den Göttern umzugehen sei und welche Räume man dazu benötigt. Der eine folgt dem „modernen" Fragmentierungsmodell, weist siebzehn Objektkategorien auf und holt seine Opfergaben teilweise von weit her: Schwerter vom Oberrhein und aus dem Donauraum, Sicheln und Anhänger aus Ungarn. Der andere beschränkt sich auf Beile, Armringe, Lanzen und Spangenbarren, meist unversehrt und aus lokaler Produktion. Durchaus denkbar, dass der Weinberg und sein Umland als eine großräumige Sakrallandschaft fungierte, die inmitten der landwirtschaftlich genutzten Umgebung als eine herausgehobene, von überirdischen Mächten beseelte „Insel" wahrgenommen wurde. Ein Raum, der dem bronzezeitlichen Betrachter real und imaginiert zugleich erschien. Das gleiche Muster einer rituellen Inszenierung findet sich in Nordböhmen, wo der Liščin (Goldberg) gleichsam von Horten eingerahmt erscheint. Auch hier wie am Weinberg liegen sie am Fuß und am Hang des auffälligen Basaltkegels, keiner auf seinem Gipfel, auf den sie sich beziehen. Ebenso deutlich ist auf alten Karten die Landschaftsgrenze zu erkennen, der Übergang von einer Talterrasse ins Mittelgebirge.

Aber es müssen nicht unbedingt Berge sein. Sakrale Landschaften lassen sich auch entlang von Kommunikationslinien konstruieren. Im Salzkammergut in der Gegend von Bad Aussee hat man entlang des Flüsschens Traun auf einer Strecke von nur achtzehn Kilometern fast vierzig Horte lokalisiert. Die Fundstellen lagen allesamt auf halber Hanghöhe, in unmittelbarer Nachbarschaft eines alten alpinen Verkehrsweges. Oftmals finden sich die Horte in direkter Nähe von großen Findlingen und erratischen Felsblöcken. Es liegt nahe, hier eine Tradition zu vermuten, wie sie uns später in Jupitersäulen oder Schutz gewährenden Kreuzen auf Passübergängen begegnet. In allen drei Fällen glaubte man, zum Durchqueren des gefährlichen Gebirges göttlichen Beistand zu benötigen.

/// Der Raum der Schrift – die mediale Revolution

Als man im 4. Jahrtausend v. Chr. in Mesopotamien die Schrift erfand, entstand sie nicht deshalb, weil ein Dichter sein Epos für die Ewigkeit aufbewahrt wissen wollte, sondern als Versuch, Wirtschaft und Gesellschaft zu organisieren. Im verdichteten Raum der im Zweistromland entstehenden Städte wurde die Schrift entwickelt, um zu kalkulieren und zu planen. Sie stellt eine Reaktion des Menschen auf die komplexer werdende Gesellschaft dar. Am Beginn war gar nicht abzusehen, welche kulturelle Dynamik aus der besonderen Interaktion zwischen Raum und Wissen in Schriftlichkeit entstehen würde. Am Ende dieses Prozesses steht eine Kulturtechnik, mit der sich der Mensch einen Sekundär-Raum, eine zweite Erde, erschuf, ein machtvolles Instrument, mit dem Informationen gespeichert und Wissen unabhängig von Raum und Zeit wei-

19 Mathematischer Problemtext mit geometrischer Zeichnung.
Uruk, altbabylonisch, 1894–1595 v. Chr., Ton, gebrannt, 7,1 x 7,5 cm, Vorderasiatisches Museum, Staatliche Museen zu Berlin

tergegeben werden konnte. Parallel zur Schrifterfindung vollzog sich eine andere, mit ihr engstens zusammenhängende Entwicklung: die Einrichtung eines schematischen Verwaltungsjahres zu 360 Tagen, das im Bereich der Wirtschaftsverwaltung verwendet wurde.

Am Anfang war die Zahl. Mit aus Ton geformten Zählsteinen konnten einfache Güter und Haustiere dargestellt werden: Schweine, Schafe, Getreidesäcke, Bierkrüge. Als Könige und Tempel Steuern erhoben, reichten diese Zeichen zum Erfassen komplizierterer Sachverhalte nicht mehr aus. Die Bürokratie musste wissen, auf welchen Acker sich ihre Forderung bezog, wie viel Abgaben auf ihm lasteten, was angebaut wurde und wer dafür verantwortlich war. Die Schrift wurde zum Mittel politischer Kontrolle. Wortzeichen standen für Begriffe. In Listen – unseren Sachwörterbüchern vergleichbar – stellte man sie zusammen und lernte sie auswendig. Mit der Zeit kamen Varianten hinzu, etwa doppelte Bedeutungen. So konnte das Zeichen für „Fuß" auch „gehen" meinen. Weitere Möglichkeiten ergaben sich aus Kombinationen: „Brot" und „Mund" nebeneinander geschrieben, las sich als „essen". Man wählte Ton als Schreibmaterial und Griffel aus Schilfrohr als Schreibwerkzeug, denn beides war im Überfluss vorhanden. Was damit einsetzte, beschreibt die Altorientalistin Eva Cancik-Kirschbaum als eine mediale Revolution von unglaublicher Reichweite. Die Sumerer hatten ihren Computer erfunden. Fortschrittsbesessen und innovativ verbesserten sie ihn laufend weiter.

Der Schreibvorgang wurde beschleunigt, denn statt des spitzen Griffels, mit dem man die Zeichen in den feuchten Ton ritzte, benutzte man nun die entsprechend schräg beschnittene Schmalseite des Griffes als „Stempel": Die Schriftzeichen entstanden als Kombination aus den keilförmigen Eindrücken. Und eine weitere, entscheidende Veränderung fand statt: Die frühe Schrift gab Informationen wieder, aber nicht lautgetreue Sprache. Dazu mussten zu den Wortzeichen Silbenzeichen treten bzw. sie ersetzen. So konnte man gesprochene Sprache relativ lautgetreu schreiben, egal, um welche es sich handelte, und damit eine große Vielfalt von Sachverhalten verbalisieren. Auf diese Weise erweiterten sich die Anwendungsmöglichkeiten der Schrift immens, umfassten Mythen, Königsinschriften, Beschwörungen, Gebete, das ganze Spektrum religiöser, literarischer und wissenschaftlicher Inhalte. Das Denken erhielt damit einen vollständig neuen Raum. Gleichzeitig differenzierte sich der Schriftgebrauch für die Belange der Verwaltung und des

21 Henka, ein hoher Beamter und Vorsteher der Pyramidenstätte des über 100 Jahre früher verstorbenen Königs Snofru, sitzt mit untergeschlagenen Beinen und hat auf seinen Knien den eingerollten Teil des Papyrus liegen.
Vermutlich Dahschur, 5. Dynastie, um 2450 v. Chr., Kalkstein, 40 x 29 cm, Ägyptisches Museum und Papyrussammlung, Staatliche Museen zu Berlin

20 Elfenbeinetikett mit Angabe des Inhalts und des Fülldatums eines Ölgefäßes.
Abydos, 2999–2952 v. Chr., Elfenbein, 4,7 x 4,3 cm, Ägyptisches Museum und Papyrussammlung, Staatliche Museen zu Berlin

Wirtschaftens weiter aus. Man erfand die Tabelle, um Ernteerträge über mehrere Jahre darzustellen, stellte Wörterbücher zusammen, legte Steuer- und Tributlisten an und kombinierte Text und Bild im Diagramm dort, wo nützlich, weil anschaulich, etwa bei der Feldvermessung oder bei Kaufverträgen. Hier produzierte die Schrift neue Techniken, wird zu einem erkenntnistheoretischen Medium, aus dem eigenes Wissen entsteht.

Ägypten liefert die Parallele. Die Hieroglyphenschrift, die um 3300 v. Chr. endgültig Gestalt annimmt, resultiert aus dem Bestreben, eine sich immer mehr ausdifferenzierende Gesellschaft zu organisieren und ein Abgabensystem zu etablieren. Erst 500 Jahre später dient sie den Bedürfnissen von Religion, Literatur und Wissenschaft. Trotz ihrer mehr als tausend verschiedenen Schriftzeichen und trotz ihrer konkreten Bildhaftigkeit ist sie keine

22 Der Eckorthostat vom Eingang des Nördlichen Hallenbaus der Burg von Sam'al (Türkei) gehört zu einer Gruppe von Steinreliefs, die Szenen aus dem höfischen Leben darstellen.
Um 730 v. Chr., Basalt, 115 x 113 cm, Vorderasiatisches Museum, Staatliche Museen zu Berlin

Bilderschrift, sondern besteht ganz überwiegend aus Lautzeichen. Ihre Anwendungsgebiete sind denen des Vorderen Orients gleich. Mit der Keilschrift teilt sie die Begeisterung für Listen, seien es Landregister oder die Aufzählung von Festungen. Ebenso bedient man sich wie in Babylonien des Diagramms, beispielsweise in Handbüchern der Mathematik. Offenbar existiert eine innere Logik hin zur Visualisierung, der alle Kommunikationssysteme folgen. Dass aber vor allem anderen die Bedürfnisse von Wirtschaft und Finanzen den Ausschlag für die Entwicklung oder die Übernahme einer Schrift geben, zeigen die Griechen, die sie nicht wegen Homer, sondern aus Handelsgründen einführten.

Für uns, die wir in hoch alphabetisierten Gesellschaften leben, deren Ökonomie und Wissenschaftskultur ohne Schriftgebrauch schlicht zusammenbrechen würden, ist es kaum vorstellbar, was für ein „Herrschaftswissen" die Schrift im alten Orient repräsentierte. Nicht einmal ein Prozent der Bevölkerung konnte schreiben und lesen. In Ägypten durfte sich glücklich schätzen, wer im Alter von fünf bis zehn Jahren ausgewählt wurde, eine „Schreiberschule" zu besuchen. Sie waren in den „Lebenshäusern" der Tempel untergebracht, in denen man die heiligen Schriften aufbewahrte, oder der Staatsverwaltung zugeordnet. Eine Karriere als Beamter oder in der Tempelverwaltung war damit programmiert. Der Beruf war so angesehen, dass sich Mitglieder der Oberschicht, ohne ihn je ausgeübt zu haben, in der typischen Sitz-Haltung der Schreiber abbilden ließen: mit untergeschlagenen Beinen. Wenn möglich, vererbte man den Beruf auf den eigenen Sohn, und Ägypten kennt ganze Familiendynastien, die sich über Generationen in einflussreichen Stellungen hielten. Die Schrift, so ungemein hoch schätzte man ihr Prestige, war nicht von Menschen erfunden worden, sondern göttlichen Ursprungs. Thot, der in Gestalt eines Pavians oder des heiligen Vogels Ibis dargestellt wurde, hatte sie den Menschen geschenkt, mit dem Ziel, Ordnung und Recht durch Gesetze zu schaffen. Als „Herrscher der Bücher" sammelte sich in ihm alles Wissen, als „Herr der Zeit" kontrollierte er die Zahlen, war damit zuständig für alles Rechnungswesen und selbst für die dem Menschen zugemessene Lebenszeit. In seiner Eigenschaft als Schreiber war er der Stellvertreter des höchsten Gottes, des Sonnengottes Re, war sein Sprecher, der „Herr der Gottesworte" und als sein „ältester Sohn" derjenige, der ihm am nächsten von allen Göttern stand. In Thot sah die Schreiberzunft Ägyptens die eigene bedeutende Rolle gespiegelt, ihre Funktion als Elite des Wissens, und verehrte ihn als ihren Patron. Im Jenseits würden sie weiter schreiben, dort wartete auf sie das „Gerät des Thot", ihr gewohntes Werkzeug. Es bestand aus Schilfbinsen, deren Stängel zu einem feinen Pinsel zerkaut wurden. Mit ihm trug der Schreiber die meist rote oder schwarze Farbe auf, die er zuvor auf einer Holz- oder Steinpalette angerührt hatte. Das dazu nötige Wasser trug er in einem Lederbeutel oder Napf bei sich. Bevor er seine Arbeit begann, spendete er daraus einen Spritzer für Thot und wusste durch dieses Opfer den Gott an seiner Seite.

Eine ähnlich hohe Wertschätzung genossen die Schreiber im Zweistromland. Als wichtige Persönlichkeiten und Fachleute erscheinen sie zusammen mit den Herrschern auf Reliefs, die Szenen aus dem Hofleben darstellen. Ihr Gott war Nabu, der als Herr der Schreibkunst auch die Weisheit verkörperte. Ganz ähnlich dem Verhältnis Thots zu Re galt Nabu als Sohn des Götterkönigs Marduk, den er in hellenistischer Zeit sogar an Popularität und Bedeutung übertraf.

/// Kommunikation in Raum und Zeit

In Ägypten setzte sich die Keilschrift nicht durch. Denn die ägyptische Schrift war so gut, dass es keinen Grund gab, sie durch eine fremde zu ersetzen. Außerdem entwickelte die Schreiberzunft für den Alltagsgebrauch eine praktische, vereinfachte Form der Hieroglyphen, die so genannte hieratische Schrift. In Vorderasien triumphierte dagegen die Erfindung der Sumerer – und wurde zum Exportschlager. Ihre Schrift wurde für viele Sprachen zwischen Kaukasus, Mittelmeer, Persischem Golf und Iran adaptiert. Erst sehr viel später sollte mit der aramäischen und danach der griechischen Buchstabenschrift ein Schriftsystem eine vergleichbar hohe Verbreitung im Vorderen Orient erreichen. Als bestes Beispiel für diesen sprach- und schriftlich pluralistischen Raum gilt der Friedensvertrag, den der Pharao Ramses II. mit dem Hethiterkönig Hattusili III. abschloss. Vorausgegangen waren Kämpfe zwischen Hethitern und Ägyptern über die Vorherrschaft in Syrien, die in der unentschieden verlaufenden Schlacht von Qadesch 1279 v. Chr. gipfelten. Der Staatsvertrag, datiert auf den 21. November 1259 v. Chr., gilt als erster zwischen zwei Großmächten in der Geschichte der Menschheit. Sein Text ist uns

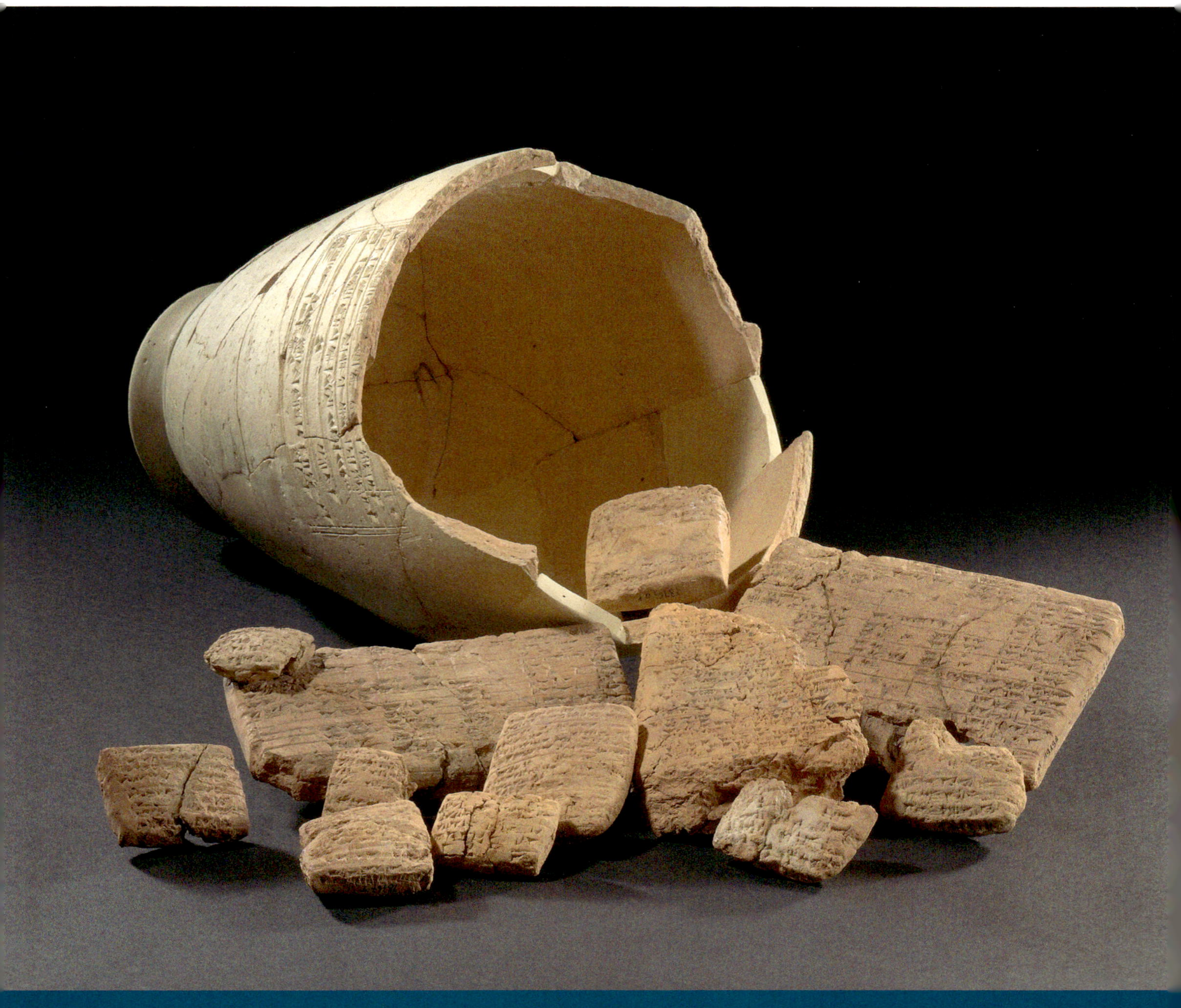

23 Privates Tontafelarchiv. Der Tonkrug beinhaltet die Familien- und Geschäftsurkunden einer Brauerfamilie aus Assur. Die Inschrift auf dem Gefäß gibt einen Hinweis auf die genaue Datierung dieses Archivs. Die Keilschrifttafeln stammen aus der Zeit des ersten Regierungsjahres des Königs Tiglat-pilesar I.
Assur, 1115–1076 v. Chr., Ton, Topf ca. 32,5 cm, Vorderasiatisches Museum, Staatliche Museen zu Berlin

in zwei Versionen überliefert. Die eine fand sich als Inschrift am zentralen Tempel von Karnak, im heutigen Luxor, sowie im Totentempel des Pharao, die andere auf zwei Tontafeln in den Ruinen der einstigen Hethiterhauptstadt Hattusa, zweihundert Kilometer östlich von Ankara. Während die Ägypter ihre Fassung des Vertrages in Hieroglyphen schrieben, benutzten die Hethiter die Keilschrift und fassten den Text auf Hethitisch ab. Die Schrift machte eine Verbindung über Tausende von Kilometern und eine Verständigung möglich.

Die ägyptische Schrift zu entziffern gelang erst durch den Fund des Steins von Rosette, der in drei Sprachen, Griechisch, Demotisch und in Hieroglyphenschrift, beschrieben ist. Zufällig kam er am 15. Juli 1799 im Nildelta bei französischen Schanzarbeiten im Rahmen der Ägypten-Expedition Napoleons zum Vorschein. Doch der schwarze Basaltstein wäre unbeachtet geblieben, hätte nicht ein Pionieroffizier das Kommando geführt, der die Bedeutung des zweitausend Jahre alten Steines ahnte und es durchsetzte, dass der 762 Kilo schwere Brocken mitgenommen wurde, obwohl man sich auf dem Rückzug befand. Nun zahlte es sich aus, dass Napoleon von 167 Wissenschaftlern begleitet wurde, darunter Orientalisten, die den Stein begutachteten und ihn in Alexandria zwei Jahre aufbewahrten. Als die Briten die Stadt am 31. August 1801 besetzten, war ihnen das Fundstück so wichtig, dass sie sich im Kapitulationsvertrag seinen Besitz bestätigen ließen. Noch im gleichen Jahr verschifften sie ihn nach London und stellten ihn 1802 im Britischen Museum aus. Dort steht er bis heute.

/// Speichern

Was man als Bewohner von Uruk oder Babylon aufbewahrte, unterscheidet sich kaum von unserer Zeit. Abrechnungen, Besitzurkunden, Quittungen verschwanden in Tontöpfen, wie unsere Steuererklärungen und Kontoauszüge in Pappkartons im Keller. Ähnlich den Fachbibliotheken in heutigen Anwaltskanzleien und Arztpraxen legten die antiken Mediziner, Opferbeschauer, Astrologen und Schreiber Büchersammlungen für den Eigengebrauch an. Unterschiedlich war nur das Medium, sei es die Tontafel oder die aus Papyrus gefertigte Buchrolle. Private Bibliotheken für die Oberschicht und die Gebildeten waren üblich und galten als Statussymbol. Während Cicero über die hohen Ausgaben für Bücher klagte, waren die römischen Feldherren besser dran und bedienten sich kostenlos bei den geschlagenen Gegnern. So reklamierte Aemilius Paulus die Bibliothek des Makedonenkönigs Perseus für sich, Sulla sicherte sich die Bücher des Aristoteles und Lucullus brachte von seinen Feldzügen die Büchersammlung des König Mithridates nach Rom. Bibliotheken waren Teil der mesopotamischen und ägyptischen Tempel, fanden sich in den Palästen und waren als öffentliche der Stolz ihrer griechischen und römischen Stifter. Keine aber war so berühmt und so gut ausgestattet wie die von Ptolemäus I. im 3. Jahrhundert v. Chr. in Alexandria gegründete. Ihr Anspruch, alle griechischen und die wichtigsten fremdsprachigen Werke zu sammeln, soll zu einem Bestand zwischen 500000 und 700000 Schriftrollen geführt haben. Bescheiden wirkte dagegen die größte Bibliothek Roms, die von Kaiser Trajan gestiftete Ulpia mit circa 50000 Büchern. Erlesen war der Bestand der Bibliothek von Rhodos. Der inschriftlich erhaltene Bücherkatalog, der die Bestände erschloss, listet unter anderem die vorhandenen Werke des Historikers Theopompos von Chios auf: je ein Exemplar seiner Reden auf die Städte Sparta, Olympia, Athen und Ionien, die Herrscher Maussolos, Philipp II. und Alexander den Großen, seine Schrift gegen Platon, dazu zwei Exemplare seines Sendschreibens an den zyprischen Stadtkönig Euagoras – alles Werke, die verloren gegangen sind. Nummerierte Regale und Schränke erleichterten die Orientierung, auf Etiketten wurden Autor, Werk und Herkunft genannt. Wie bei uns gab es Bibliotheksordnungen. In der Regel wurde nicht ausgeliehen, sondern der Lesesaal benutzt. Aus Athen haben sich die Öffnungszeiten der Pantainos-Bibliothek erhalten: die ersten sechs Stunden nach Sonnenaufgang, womit man den Nachmittag zur freien Verfügung hatte, wie es dem üblichen Tagesablauf der besseren Kreise entsprach. Wohl stand es jedem Athener frei, die Bibliothek zu betreten, aber nur der Gebildete, des Lesens und Schreibens Kundige, profitierte davon. Mancher Gelehrte verstand das offenbar allzu wörtlich. In einer Bibliothek des Zweistromlandes warnte eine Tontafel vorm Bücherklau und drohte mit der Verfluchung des Täters.

/// Die Beobachtung des Raumes und der Gestirne, der Blick zum Horizont war in den Kulturen der Alten Welt von großer Bedeutung. Akribisch und über viele Jahrhunderte hinweg zeichnete man in Babylonien und Assyrien Himmels- und Wetterphänomene auf. Es sind dies die ersten schriftlich gefassten Langzeitbeobachtungen der Menschheitsgeschichte überhaupt! Auf der Basis dieser Daten versuchte man, die Gesetzmäßigkeiten von Himmel und Erde zu verstehen.

Auch aus dem prähistorischen, schriftlosen Europa kennen wir Denkmäler, die Informationen zu Himmelsphänomenen archivieren. Auf der Himmelsscheibe von Nebra ist astronomisches Wissen mit einer bestimmten Konstellation von Gestirnen wiedergegeben – ein singuläres Objekt!

Klarer wird der Bezug zu Horizontbeobachtungen bei gebauten Anlagen über ihre Positionierung in der Landschaft. Dies gilt für viele der mehr als 150 neolithischen Kreisgrabenanlagen, die ab circa 4900 v. Chr. in Mitteleuropa errichtet wurden. Mit ihrer Struktur aus Graben, Wall, Palisaden und einzelnen Durchlässen sind sie so in die Landschaft gesetzt, dass sich Blickachsen auf markante Landschaftspunkte und astronomische Phänomene am Horizont ergeben.

Die Anlagen genau auf diese astronomischen Phänomene auszurichten setzt eine Langzeitbeobachtung voraus. Wie und von wem diese durchgeführt und dokumentiert wurde, wissen wir nicht. Die Kreisgrabenanlagen waren Gemeinschaftsleistungen; als zentrale Orte erfüllten sie eine wichtige soziale Funktion.

HORIZONTE ERFASSEN ///

24 Neolithische Kreisgrabenanlage von Ippesheim mit fiktivem Dorf. Mittelfranken, ca. 4900–4700 v. Chr., 3D-Rekonstruktion basierend auf den Befunden der Ausgrabung

/// Kalender der Steinzeit

Zu Beginn des 5. Jahrtausends v. Chr., zu einer Zeit, die wir Neolithikum, die Jungsteinzeit, nennen, verbreitet sich von Ungarn bis Mitteldeutschland ein einzigartiges Phänomen. Binnen 200 Jahren, etwa von 4900 bis 4700 v. Chr., werden circa 150 Bauwerke errichtet, die wir als Kreisgrabenanlagen bezeichnen. In Größe und Aufwand unterschiedlich, ist ihre Bauweise im Prinzip gleich. Ein kreisrunder leerer Platz, dessen Durchmesser dreißig bis achtzig Meter betragen kann, wird von einer blickdichten, zwei Meter hohen bis zu fünffach gestaffelten Holzpalisade umschlossen, vor der einer oder mehrere konzentrische Gräben liegen. Tore, über schmale Erdbrücken erreichbar, führen in die Anlagen hinein.

Welchen Sinn hatten diese Bauwerke? Warum unterzog sich die bäuerliche Bevölkerung der Mühe, Tausende von Bäumen zu fällen und tiefe Gräben ohne erkennbaren praktischen Nutzen auszuheben? Der Prähistoriker Wolfram Schier hat bei Ippesheim in Mittelfranken eine dieser Kreisgrabenanlagen untersucht. Bei einem Gesamtumfang von 202 Metern betrug ihr Durchmesser 65 Meter. Der davor liegende Graben war ursprünglich 3,5 Meter tief und schätzungsweise vier Meter breit. Zugang gewährten insgesamt sieben Tore.

Während die frühere Forschung in völliger Unterschätzung der steinzeitlichen Kulturen eine Nutzung als Viehkral, Verteidigungsanlage, geschützter Marktplatz, allenfalls als Heiligtum für denkbar hielt, zeichnen moderne Untersuchungen ein differenzierteres Bild. So gelang im Fall von Ippesheim der Nachweis einer erstaunlich präzisen astronomischen Orientierung. Drei der Tore waren so konstruiert, dass sich die Sonnenaufgänge zur Sommer- und Wintersonnenwende (Solstitien) durch Peilung über Horizontmarken taggenau bestimmen ließen. Ebenfalls präzise zu beobachten – vermutlich durch ein extrem enges Sichtfenster der Innenpalisade – war der Sonnenuntergang zur Tag- und Nachtgleiche im Frühjahr und im Herbst (Äquinoktien). Voraussetzung dafür waren nicht nur astronomische, sondern auch genaue Gelände-Kenntnisse, um die Anlage richtig zu verorten.

Mit diesen vier Daten ließ sich das Jahr nicht nur exakt einteilen und markieren, sondern es ergab einen monumentalen Kalender, an dem sich die genauen jahreszeitlichen Angaben und korrespondie-

25 Grundrissplan mit der Rekonstruktion der Peilung auf Sonnenstände in der Kreisgrabenanlage von Ippesheim.

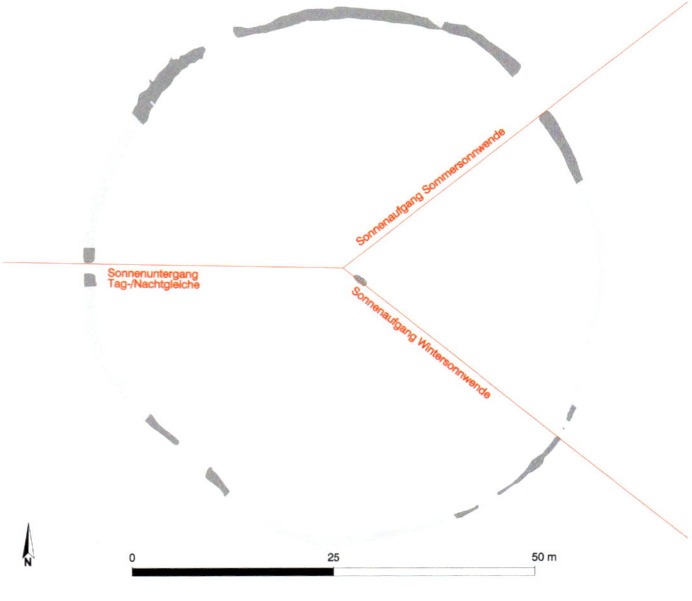

rende Wetterphänomene ablesen ließen. Es liegt nahe, dass diejenigen, die es anzuwenden wussten, seien es Priesterastronomen oder Klanoberhäupter, einen Statusvorteil und Prestigezuwachs genossen. Von vornherein war die Kreisgrabenanlage darauf ausgerichtet, dieses Wissen als etwas Besonderes zu präsentieren, den Gegensatz von Innen und Außen, von Sakral und Profan, zu betonen. Dazu dienten die absichtsvoll Y-förmig, konkav angelegten Gräben, deren Tiefe sich scheinbar ins Bodenlose erstreckte. Wagte man trotzdem den Schritt über die Erdbrücke, betrat man durch immer neue Palisadenreihen den Innenraum, war man der Außenwelt entrückt. Gut vorstellbar, welche Wirkung es gehabt haben muss, wenn in finsterer, kalter Winternacht die Bauern auf Geheiß des Priesters sich im Heiligtum versammelten, um genau an diesem Tag, der Wintersonnenwende, das Gestirn an der vorbestimmten Stelle in einer Lücke der Palisade aufgehen zu sehen.

Die Verehrung der Sonne dürfte im Mittelpunkt der kultischen Handlungen in den Kreisgrabenanlagen gestanden haben. Durch ihre Kontrolle des Kalenders gewährleisteten die Priesterastronomen, dass die jährlichen Feste, Ausdruck der Kommunikation zwischen Göttern und Menschen, zur richtigen Zeit abgehalten wurden. Gleichzeitig stärkten die praktizierten Rituale durch ihren regelmäßigen Ablauf die Gewissheit um die Wiederkehr der Sonne und der damit verbundenen ständig wiederkehrenden Naturphänomene. Doch nach ungefähr zweihundert Jahren verloren diese ersten Heiligtümer im europäischen Raum ihre inszenatorische Kraft und wurden verlassen. Dass man sich bis zuletzt ihres sakralen Charakters bewusst war, belegt in Ippesheim die Opferung einer Frau. Als man die Anlage aufgab, setzte man sie kopfunter in senkrechter Position in einer schachtartigen Grube in der Mitte der Anlage bei. Offenbar glaubte man, dass es eines speziellen Abschlusszeremoniells bedurfte.

Dass in den jungsteinzeitlichen Gesellschaften beachtliches astronomisches und Wissen um Größen- und Längenverhältnisse tradiert wurden, obwohl man nicht über die Schrift verfügte, beweist auch die Kreisgrabenanlage im bayerischen Meisternthal. Sie hat die Form einer Ellipse. Ihre beiden Brennpunkte, die wahrscheinlich durch Pfähle markiert waren, wurden genau zu den Solstitien bei Sonnenauf- und -untergang durch die nach Osten bzw. Westen orientierten Tore beleuchtet. Diese weltweit erste Ellipsenkonstruktion produzierte noch den Nebeneffekt, dass diese Ost-West-Achse eine geradlinige Sichtverbindung an den Tagen der Äquinoktien, dem 21. März und dem 23. September, ergab. Mit Frühlings- und Herbstanfang sind damit zwar zwei Höhepunkte des landwirtschaftlichen Jahrs beschrieben, doch die oftmals behauptete Funktion der Kreisgrabenanlagen als „Taktgeber" von Aussaat und Ernte wird seit Längerem be-

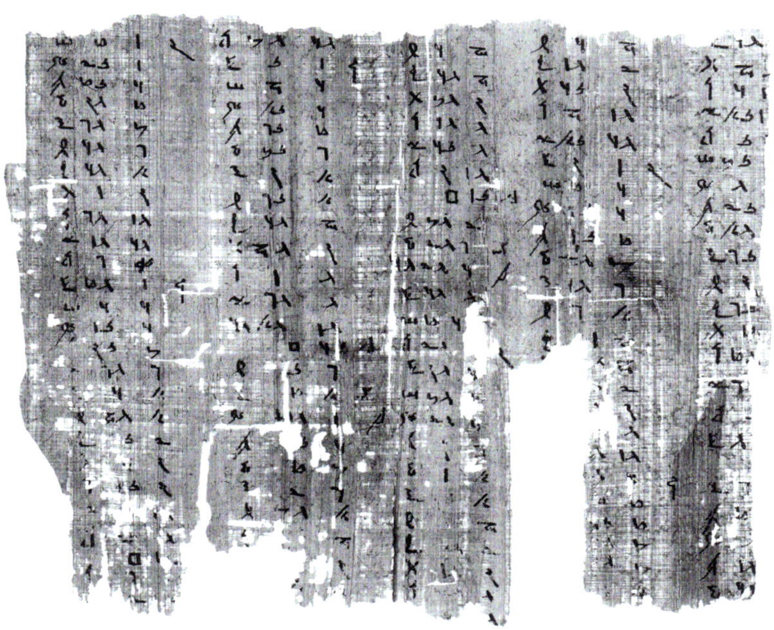

26 Papyrus mit einer in Demotisch geschriebenen Sternenliste.
Ägypten, 1. Jt. v. Chr., Papyrus, 30 x 130 cm, Ägyptisches Museum und Papyrussammlung, Staatliche Museen zu Berlin

27 Himmelsscheibe von Nebra. Mittelberg nahe Nebra, Sachsen-Anhalt, um 1600 v. Chr., Bronze, Goldblech, 31,5 cm, Landesmuseum für Vorgeschichte, Halle

zweifelt. Schließlich wurde auch vorher und nachher Ackerbau betrieben und 99 Prozent der neolithischen Siedlungen verfügten nicht über Kreisgrabenanlagen und überlebten doch. In praxi stehen für das Einbringen der Saat etwa vier Wochen zur Verfügung, in denen man heute wie damals abhängig von den Wetterverhältnissen den günstigsten Zeitpunkt wählt, der allemal wichtiger ist als ein präzises durch Himmelsbeobachtung festgelegtes Datum. Das wusste auch der römische Naturforscher Plinius: „Da die Sache ja nur die Bauern angeht, ist übertriebene Genauigkeit sinnlos" (Naturkunde 18,205).

/// Himmelsscheibe und Goldhüte

Zweitausend Jahre später finden wir das astronomische Wissen der Bronzezeit repräsentiert auf der „Himmelsscheibe von Nebra". Die zwei Kilo schwere, im Durchmesser 32 Zentimeter breite Bronzescheibe wurde um 1800 v. Chr. geschmiedet. Sie gilt als die weltweit älteste symbolische Darstellung der Zeichen, die genutzt werden können, um die Regelhaftigkeit der Naturphänomene zu erkennen. Deren Kenntnis verbreitete sich um diese Zeit auch in Mesopotamien und Ägypten, allerdings in anderer, schriftlicher Form, etwa als Listen oder Sternenkataloge. In ihrer Ursprungsversion erschien die Scheibe nicht grün wie heute, wo sich in Jahrtausenden eine Patina gebildet hat, sondern schwarzbraun. In Goldapplikationen wurden ein Voll- und ein Sichelmond aufgebracht, das so genannte „Neulicht", das den Beginn eines Monats bezeichnet, dazu 32 Sterne. Sieben von ihnen sind zu einem Sternhaufen zusammengefasst, in denen die Forschung die Plejaden erkennt, jenes Sternbild, das in Verbindung mit dem jungen Mond und dem Vollmond im Frühjahr und Herbst Anfang und Ende des bäuerlichen Jahres anzeigt. „Wenn das Gestirn der Plejaden, der Atlastöchter, emporsteigt, dann beginne die Ernte, doch pflüge, wenn sie hinabgehn", reimte der um 700 v. Chr. lebende griechische Dichter und Bauer Hesiod (Werke und Tage 5,383–385).

Was die übrigen Sterne betrifft, so stellen sie höchstwahrscheinlich jene dar, deren heliakischer (zur Sonne gehörig, von griech. Helios) Aufgang auf den Tag genau die Jahreszeit bestimmt. In der Nähe der Sonnenbewegung am Himmel befinden sich nämlich ungefähr dreißig helle Sterne, die die Sonne jeweils einmal im Jahr für einige Zeit infolge der großen Sonnennähe überstrahlt und damit für

28 Goldener Zeremonialhut (so genannter Berliner Goldhut). Süddeutschland, späte Bronzezeit, 1000–800 v. Chr., Gold, getrieben, Höhe 74,5 cm, Museum für Vor- und Frühgeschichte, Staatliche Museen zu Berlin

den Beobachter unsichtbar macht. Dann gibt es einen Tag, an dem sie nach der Unsichtbarkeit kurz vor der Sonne im Osten aufgehen und deshalb für ein paar Momente sichtbar werden, bevor die aufgehende Sonne sie wieder überstrahlt. Bekanntestes Beispiel für dieses Phänomen ist der Sirius im Sternbild Canis major, dessen heliakischer Aufgang um den 19. Juli herum den Beginn der Nilschwelle in Ägypten anzeigte und unserem Begriff der besonders heißen Tage, der Hundstage, den Namen gab.

In späterer Zeit wurden zwei Horizontbögen auf der Himmelsscheibe aufgebracht, mit denen sich an ihrem mutmaßlichen Entstehungsort in der Nähe von Halle der Sonnenlauf bestimmen ließ, nämlich ihre Aufgänge zwischen Winter- und Sommersonnenwende. Bislang ungeklärt bleibt, warum man die Bögen einigermaßen lieblos über den Sternsymbolen anbrachte und dadurch zwei verdeckte und ein drittes störendes kurzerhand versetzte. Mit der Ergänzung einer „Sonnenbarke" am unteren Rand wurde die Scheibe zum Kultobjekt ähnlich dem um 1400 v. Chr. entstandenen „Sonnenwagen von Trundholm" (vgl. S. 103, Abb. 77). Beide verbindet die Vorstellung von einer Reise der Sonne am Tag durch den Himmel, in der Nacht durch die Unterwelt. Die Vermutung wird dadurch gestützt, dass man ihren Rand ohne Rücksicht auf die Horizontbögen lochte. Sie diente nun als ein Ritualgegenstand, den man wahrscheinlich an einer Stange oder an einer Wand aufhängte, vielleicht sogar an einem ledernen Kleidungsstück befestigt auf dem Rücken trug. Auf dem Mittelberg bei Nebra hat man sie in einem typischen bronzezeitlichen Hort (vgl. S. 35 ff., Abb. 15) an einem herausgehobenen Ort etwa um 1600 v. Chr. zusammen mit qualitätvollen Beigaben niedergelegt.

Der Forstarbeiter, der 1953 in der Nähe von Nürnberg eine Schonung rodete, stieß knapp unterhalb des Waldbodens auf ein störendes Blech, zerhackte es und warf es achtlos beiseite. Seine Frau, die ihm mittags das Essen brachte, hob es auf, da es golden schimmerte. Tatsächlich war es Gold, wie ein Zahnarzt herausfand. Doch statt als Plombe, wie eigentlich geplant, endete der Fund im Germanischen Nationalmuseum. Heute, nach erfolgreicher Restaurierung, präsentiert er sich im strahlenden Glanz: der Goldkegel von Ezelsdorf-Buch. Drei andere Goldhüte haben sich ebenfalls über die Zeiten erhalten, darunter der in der Ausstellung gezeigte „Berliner Goldhut". Mit einer Höhe von 74,5 Zentimetern und einem Gewicht von 450 Gramm zählt er nicht nur zu den größten Exemplaren, sondern ist auch das am besten erhaltene; wie die anderen ist er aus papierdünnem Goldblech aus einem Stück getrieben und über und über mit Ornamenten bedeckt. Früher herrschte die Meinung vor, die Hüte hätten als zeremonielle Kopfbedeckungen gedient. Heute überwiegt Skepsis aufgrund der fragilen Konstruktion, des geringen Durchmessers und einer Rezeptionsgeschichte, die sich mehr an mittelalterlichen Vorbildern als an prähistorischen Erkenntnissen orientierte. Sicher ist nur, dass die Goldhüte als Ritualgegenstände dienten, wahrscheinlich sogar als Kennzeichnung einer Elite von Eingeweihten, nennen wir sie Priester oder Seher, die eintretende Finsternisse, Planetenkonstellationen und die Daten des Sonnenlaufs berechnen konnten und in der spätbronzezeitlichen Gesellschaft eine führende Rolle spielten.

/// Sterne beobachten

Das Wissen der Erbauer der Kreisgrabenanlagen, des Schöpfers der Himmelsscheibe und der Zelebranten der Goldhüte existierte nur so lange, wie es mündlich weitergegeben werden konnte. Je exklusiver es behandelt wurde, desto wahrscheinlicher war sein Verlust. In Mesopotamien, insbesondere in Babylon, war dagegen die Weitergabe von Wissen kein Problem. Mit der Schrift (vgl. S. 37ff.) verfügte man über ein Medium, das Erkenntnisse und Erfahrungen für jeden, der lesen konnte, konservierte. Bereits aus dem 17. Jahrhundert v. Chr. sind uns Sterntafeln überliefert, die, 21 Jahre lang sorgfältig geführt, akribisch die heliakischen Auf- und Untergänge der Venus aufzeichnen. Im 1. Jahrtausend v. Chr. nahmen diese „Astronomischen Tagebücher", die von dem Wissenschaftshistoriker Gerd Graßhoff eingehend untersucht worden sind, enzyklopädische Ausmaße an und erstreckten sich fortlaufend über sechs Jahrhunderte. Die Altorientalistin Eva Cancik-Kirschbaum hat dieses systematische Beobachtungsprogramm der Bewegungen von Sonne, Mond, Sternen und Planeten „das größte Langzeitforschungsprojekt der Menschheitsgeschichte" genannt. Dabei beeindruckt vor allem die Präzision dieser Messwerte. Denn obwohl die Astronomen an ganz unterschiedlichen Orten des Zweistromlandes maßen, existierte offensichtlich ein gemeinsames Messverständnis der Gelehrten, das es erlaubte, die in die Zentrale nach Babylon geschickten Aufzeichnungen miteinander zu vergleichen. Aus den täglich eingehenden Rapporten wurden Monatsberichte erstellt und diese wiederum in Jahrbüchern zusammengefasst.

Gestützt auf diese Daten der Himmelsbeobachtung, gelang es den Astronomen, immer präziser die Bewegungen und Konstellationen von Mond und Planeten sowie das Eintreten von Mond- und Sonnenfinsternissen vorauszusagen. Vor allem aber erlaubten sie eine taggenaue Feststellung des Kalenders. Der in Mesopotamien wie in allen anderen frühen Kulturen ursprünglich benutzte Mondkalender zeichnet sich zwar durch leichte Erkennbarkeit aus, hat aber den Nachteil, dass er nicht mit dem Sonnenjahr übereinstimmt. Die zwölf Mondmonate von 29 bzw. 30 Tagen ergeben nur 354 Tage. Bereits nach drei Jahren hinkt das lunare Jahr dem solaren um einen Monat hinterher. Aufgabe des je-

29 Berechnungstabelle der mathematischen Astronomie. Babylonien, 48–47 v. Chr., Ton, gebrannt, 7 x 21,8 cm, Vorderasiatisches Museum, Staatliche Museen zu Berlin

30 Standfigur des Tschaitschai. Er trägt zu einem kurzen Schurz das priesterliche Leopardenfell, dessen Kopf vorn auf dem Gürtelknoten aufliegt. Unterhalb hängt eine Instrumententasche, die den Träger als Astronomen ausweist. Ägypten, 18. Dynastie, 1323–1319 v. Chr., Grauwacke, Kalkstein, 27,5 x 8 cm, Ägyptisches Museum und Papyrussammlung, Staatliche Museen zu Berlin

weiligen Hofastronomen war es dann, den König zu einer Korrektur aufzufordern: „Man möge einen Monat einschalten. Alle Sterne des Himmels sind im Rückstand. Zum Schlechten darf der Monat Adaru nicht vorübergehen. Man soll schalten!" Der Monat Adaru, der unserem März entspricht, wurde also verdoppelt, um Mond- und Sonnenjahr wieder anzugleichen.

Um das Jahr 1000 v. Chr. fasste ein MUL.APIN (Pflugstern) genanntes Traktat das astronomische Wissen der Babylonier zusammen. In ihm sind jene 36 Sterne bzw. Sternbilder aufgeführt, die durch ihren heliakischen Auf- oder Untergang die Jahreszeit bestimmen helfen. Darunter auch die Plejaden, deren Rückstand, wie auf der Himmelsscheibe (siehe oben) dargestellt, ein Schaltjahr anzeigt. Die stetige Verbesserung der Kalendergenauigkeit erreichte ihren Höhepunkt, als man feststellte, dass alle neunzehn Jahre sieben zusätzliche Monate nötig sind, um Mond- und Sonnenjahr zu synchronisieren (wovon im 5. Jahrhundert v. Chr. der Grieche Meton profitierte, als er den attischen Kalender ohne Quellenangabe reformierte!), und die babylonische Astronomie die exakte Dauer des Sonnenjahres mit einer Abweichung von nur 4,5 Minuten berechnete.

/// Regeln erkennen, Zeichen deuten

Kalender sind hervorragend geeignet, vergangene oder zukünftige Ereignisse zeitlich zu bestimmen. In den frühen Zivilisationen machte man sich dazu die regelmäßigen astronomischen Perioden zunutze. Der Tag begann meistens mit dem Untergang der Sonne und wurde in eine Nacht- und Tageshälfte eingeteilt. Sah man am Abendhimmel kurz nach Sonnenuntergang die schmale Mondsichel nach Neumond zum ersten Mal, fing der Monat an. Dieses Neulicht genannte Phänomen wiederholte sich alle 29 oder 30 Tage. Ebenso steht die Sonne nach einem Jahr wieder am gleichen Ort unter den Sternen und geht dabei am gleichen Punkt des Horizonts auf und unter. An diesen sichtbaren Regelmäßigkeiten der Gestirne orientierten sich die frühen Kalender. Prinzipiell haben sie nur lokale Geltung. An anderen Orten mit verschiedener geographischer Breite und Länge können die Monate an unterschiedlichen Tagen beginnen. Mit wachsender Größe und zunehmendem Organisationsgrad der Siedlungen und Herrschaftsbereiche veränderten sich die Anforderungen an die Kalender. Sie sollten nun nicht mehr nur lokal, sondern für alle verbindlich und einheitlich sein. Außerdem forderten Administration und Wirtschaftsplanung eine schematische Berechnung der jeweiligen Kalendereinheiten. Aus diesem Grund wurde im 2. Jahrtausend in Babylon neben dem zivilen Kalender, der immer noch auf der Beobachtung der Himmelsphänomene basierte, ein schematischer eingeführt, der das Jahr auf 360 Tage plus eine kleine Schaltperiode von fünf oder sechs Tagen festlegte und damit dem babylonischen Sexagesimalsystem mit der Grundeinheit sechzig optimal entsprach. Die zwölf Monate hatten jeweils dreißig Tage zu sechs Wochen mit fünf Tagen. Die Tage gliederten sich in zwölf, die Woche zählte sechzig Doppelstunden. Diesen Übergang zum Sonnenjahr bildet auch das babylonische Welterschaffungsepos „Enuma elisch" (vgl. S. 76ff., Abb. 57) aus dem 12. Jahrhundert v. Chr. ab. Der Schöpfer der neuen Welt, der Gottkönig Marduk, entwirft eine Astromechanik, die genau dieser Jahreseinteilung entspricht. Sogar die 36 heliakischen Sterne werden erwähnt. Der Verfasser des Epos hat damit bewusst einen völlig neuen Zeitraum konstruiert und ihn göttlich legitimiert.

Ein genauer Kalender dient nicht nur politischen, wirtschaftlichen oder administrativen Zwecken. Religion und Kult benötigten ihn, um die Götterfeste zum richtigen Zeitpunkt zu feiern, gute und schlechte Tage festzulegen. Dieses durch

31 Peilstab und Sonnenuhr des Stundenpriesters Hor.
oben: Peilstab mit Inschrift „Wachen über den Fest-Ablauf. Jedermann gemäß seinem Stunden(dienst) einteilen. Gehört der Person des Stundenpriesters Hor, dem Gerechtfertigten, dem Sohn des königlichen Prinzen Hor-udja, des Gerechtfertigten, dem Sohn seiner Mutter, Isis-Chemnis."
unten: Sonnenuhr mit Inschrift „Ich kenne den Gang der beiden Lichtscheiben (d.h. von Sonne und Mond) und aller Sterne an deren (jeweiliger) Stätte. Gehört der Person des Stundenpriesters Hor, Sohn des Hor-udja." (Übersetzung D. Werning)
Vermutlich Abydos, Ägypten, 26. Dynastie, 664–525 v. Chr., Dattelpalmrippe, Bein, 34,2 x 3,4 cm bzw. 11,5 x 1,7 cm, Ägyptisches Museum und Papyrussammlung, Staatliche Museen zu Berlin

und durch rationale System, das sich mit heutigen prognostischen Datenerhebungen vergleichen lässt, erfreute sich großer Beliebtheit und fand seinen Niederschlag im „Babylonischen Almanach", der in der zweiten Hälfte des 2. Jahrtausends v. Chr. niedergeschrieben wurde. Noch wichtiger war es freilich, die Zeichen (*Omina*) zu deuten, mit denen die Götter ihren Willen kundtaten. Man fand sie in der Natur, wenn Blitze niederzuckten und der Donner grollte oder die Sonne sich verdunkelte. Man prüfte die Leber der Opfertiere auf auffällige Veränderungen. Vor allem aber suchte man *Omina* in den Bewegungen der Gestirne, von denen jedes zwar kein Gott war, aber stets einen repräsentierte. So sprach Marduk, der höchste, durch den Planeten Jupiter, Ischtar, Göttin der Fruchtbarkeit, durch Venus, Nergal, der Gott der Unterwelt, durch Mars. Hochbezahlte Spezialisten, Priester, Astronomen arbeiteten am Königshof und in den Tempeln, um den Willen der Götter aus den unzähligen Konstellationen zu erforschen, die Sterne und Planeten, Sonne und Mond gegeneinander einnehmen konnten. Handbücher listeten die Zeichen auf und erklärten sie. Das berühmteste, „Enuma Anu Enlil" genannt und niedergeschrieben auf siebzig Tafeln, enthielt Tausende von ihnen und wurde als unverzichtbares Nachschlagewerk für alle Sterndeuter zwischen Bosporus und Oxus zum Exportschlager. Durch die Warnungen der *Omina* ließen sich Naturkatastrophen wie Überschwemmungen und Erdbeben vorausahnen, verwiesen die Götter auf drohende Seuchen oder einen beabsichtigten Königsmord. Indem sie durch die Zeichen ihren Willen kundtaten, machten sie den Menschen gleichzeitig ein Angebot, durch Opfer und bestimmte Rituale das nahende Unheil abzuwenden.

Mit dem im MUL.APIN-Traktat konzentrierten Wissen steigerte sich mit einem Schlag die Genauigkeit der Prognosen. Die babylonischen Astronomen hatten erkannt, dass die scheinbare Sonnenbahn (Ekliptik) auf immer gleichem Weg einen schiefen Kreis über den Himmel und durch die Sternenbilder zieht. Daraus entwickelten sie im nächsten Schritt den Tierkreis (Zodiak) mit den bis heute bekannten zwölf Tierkreiszeichen und wiesen einem jedem einen Abschnitt von 30 Grad auf der Himmelskugel zu. Damit verfügten sie über ein effizientes Koordinatensystem zur Berechnung der Planeten-Konstellationen. Am Ende waren sie imstande, die täglichen Positionen von Mond, Sonne und Planeten (Ephemeriden) zu bestimmen, nicht nur für die Gegenwart, sondern auch für Vergangenheit und Zukunft. So genau, dass ihre Sternenlisten nicht nur von Griechen (Ptolemäus' „Handbuch der Astronomie"), Ägyptern („Demotische Sternenkarte") und Indern übernommen wurden, sondern ihre Zahlenwerte für die Mondphasen noch bis ins 17. Jahrhundert in Europa in Gebrauch waren. Der Himmel, einst ein chaotisches System stellarer Bewegung, war berechenbar geworden, seine Erscheinungen als nach immer gleichen Mustern ablaufend erkannt. Man wusste, welcher Planet wann wieder welche Position einnehmen würde, und begriff die Regelmäßigkeit von Mond- und Sonnenfinsternissen im natürlichen Ablauf des Kosmos. Darauf war Verlass, denn seine Gesetze garantierten die Götter als die Urheber und Schöpfer der Himmelsmechanik.

Die Arbeit der Astronomen wandelte sich. Zwar suchten sie weiterhin nächtelang den Himmel nach ungewöhnlichen Zeichen ab, doch bezüglich des Laufs der Sterne konnten sie sich darauf verlassen, dass sie erscheinen würden, wie es berechnet war. Eher gefordert war nun ihre Fähigkeit, die Konstellationen der Planeten in den Sternbildern zu interpretieren. Neue Anwendungsbereiche erschlossen sich. Ab dem 5. Jahrhundert v. Chr. wird immer mehr das Horoskop zum eigentlichen Gegenstand astronomischer Tätigkeit. Zunächst reserviert für den Herrscher und die Tempelaristokratie, ist es bald für jedermann zugänglich – sofern er zahlt. Für jeden Einzelnen ließ sich nun die Geburtsstunde errechnen und aus Sternen, Raum und Zeit ein Blick auf das künftige Leben werfen. Eine Möglichkeit, die damals wie heute die Menschen faszinierte und dem Individuum eine nie zuvor gekannte Bedeutung zuwies. Dass die babylonischen Gelehrten das Horoskop zu einem Zeitpunkt öffentlich machen, als die traditionellen Arbeitgeber, König und Tempel, unter dem Druck ausländischer Mächte zusammenbrechen, mag ein Zufall sein – oder die schiere Notwendigkeit, seinen Lebensunterhalt jenseits der politischen und religiösen Institutionen am Markt verdienen zu müssen. So kam es, dass die Begründer der mathematischen Astronomie, die Entschlüssler der von den Göttern geschaffenen Himmelsgesetze, die Vertreter der Ratio gegen den Mythos, am Ende nicht als forschende Wissenschaftler, sondern als Magier und „Astrologen" im Bewusstsein der Moderne präsent sind: Opfer ihres eigenen, so unglaublich erfolgreichen Produkts, des Horoskops.

/// In vielen Kulturen ist in einem sehr konkreten Sinn der Mensch das Maß aller Dinge. Fuß, Schritt, Elle, Hand und Finger dienen als grundlegende Einheiten, um Längen zu bezeichnen.

Nun sind die Menschen unterschiedlich. Will man Vergleichbarkeit herstellen, ist es sinnvoll, einen Standard festzulegen – ein Verfahren, das aus der Alten Welt wohlbekannt ist. Ein solches Standardmaß konnte dann zum Beispiel in Stein festgehalten und öffentlich aufgestellt werden. Ungeachtet solcher Standardisierungsprozesse ist für die Alte Welt eine große Vielfalt an Maßsystemen charakteristisch, in der sich die Vielfalt politischer Einheiten und kultureller Eigenständigkeiten widerspiegelt. Nur in bestimmten Kontexten konnten sich überregionale Normen entwickeln, indem sie beispielsweise im Imperium Romanum verbindlich für alle Bewohner festgelegt wurden.

Die Vermessung des Raumes war wichtig: In Mesopotamien und Ägypten basierten Steuerschätzungen auf der Vermessung der landwirtschaftlichen Flächen, für den Bau von Straßen und Kanälen mussten die notwendigen Erdbewegungen kalkuliert werden.

In einigen Kulturen der Alten Welt war die regelhafte Anlage von Städten und die Verteilung des Landes in gleichgroße Grundstücke ein Ideal: Dies hatte Konsequenzen für die Entwicklung von Vermessungstechniken, zum Beispiel im Römischen Reich.

Das Wissen der römischen Landvermesser und der Einsatz spezieller Vermessungsgeräte sind uns in Schriften überliefert. Aber nicht immer liegt regelhaften Siedlungsgrundrissen oder komplexen Architekturen wie den Kreisgrabenanlagen eine entsprechende Vermessungstechnik mit ihren Geräten bzw. mathematischen Kenntnissen zugrunde. Beobachtung, einfache Messhilfen wie Messstricke und Erfahrungswissen haben in den Kulturen der Alten Welt erstaunlich ausgefeilte Gebäude, Siedlungen und Städte hervorgebracht.

DIE WELT VERMESSEN ///

/// Maße und Gewichte

Kein Markt ohne Maße. Gleich ob in Athen, Rom, Luxor oder Babylon, jeder Käufer wollte sich darauf verlassen können, dass Gewichte, Maße und Längenangaben einheitlich festgelegt waren. Zweifelte man an der Ehrlichkeit des Verkäufers, war die Aufsicht nicht weit. Im *Ponderarium*, dem Eichamt, verfügte der zuständige römische Beamte über ein beeindruckendes Sortiment von Mustergewichten, mit denen sich rasch überprüfen ließ, ob das gekaufte Pfund *(libra)* Oliven wirklich 327 Gramm entsprach. In Athen besaß der zuständige Aufseher, der *Agoranomos*, einen Eichtisch mit Vertiefungen speziell für Hohlmaße, und eine Marmorstele wies ein offizielles Maß-Muster für Dachziegel auf. In Ägypten sorgte die Polizei dafür, dass das gebräuchliche Standardmaß (ein *heqat* zu 4,8 Liter) stets gestrichen voll war, genauso in Babylonien, das mit dem *sutu* zu 0,8 Liter die tägliche Gerstenration festlegte. Was danach kam, die Unterteilung in kleinere Einheiten, war so verschieden wie die Möglichkeiten der Metrologie, konnte das bei uns übliche Dezimalsystem sein oder eins, das nach Zwölfteln, Vierzigsteln oder Fünfteln teilte. Doch alle diese Maße bezogen sich auf eine bestimmte Norm an einem bestimmten Ort. Alles Messen und Wiegen war lokal gebunden. Global hingegen war, dass allen Betrügern harte Strafen drohten. Prügel und Peitschenhiebe, Gefängnis und hohe Geldbußen wurden über diejenigen verhängt, die auf unseriöse Weise ihren Profit steigern wollten. Überhaupt keinen Spaß verstand man in Mesopotamien, wenn es sich um das Nationalgetränk Bier handelte. Wer schändlicherweise dem Gerstensaft Wasser hinzufügte, endete in selbigem: Er wurde ertränkt.

Allen antiken Kulturen gemeinsam ist die Idee, den menschlichen Körper als Maß zu nehmen. Fuß, Elle, Schritt, Handbreite und -spanne, die ausgebreiteten Arme (Klafter) und Finger werden überall als Messeinheiten für die Länge und Breite benutzt. Die Maße sind deshalb ähnlich, aber nirgendwo gleich. Standardisierungen von Maßen erfordern kollektive Vereinbarungen und konnten zur Erschließung von Herrschaftsgebieten genutzt werden. Beispielsweise als die Assyrer, die führende Macht im Vorderen Orient, den unterworfenen Städten ihr Maß aufoktroyieren: die Elle ihrer Hauptstadt Nippur (51,8 cm). Oder als der ägyptische Pharao eine Königselle (52,3 cm) verbindlich festlegt und die Römer ihre Meile (1481,5 m) als Entfernungsangabe auf den Straßen des Imperiums durchsetzen. Doch wirkliche „Gesetzeskraft" erreichten diese Normierungen höchstens phasenweise. In praxi existierten oftmals die lokalen Maßeinheiten fort. Wie bei den Münzsorten wurde beständig umgerechnet. Ein Zustand, der noch in der Neuzeit selbstverständlich erschien, bis ins 20. Jahrhundert reichte und teilweise andauert, vergleicht man unser Dezimalsystem mit den angelsächsischen Maßen inch, foot und mile.

Die Chance, in den multiethnischen Gesellschaften des Vorderen Orients für Vereinheitlichung zu sorgen, ließ sich kein großer Herrscher entgehen. Im Gegensatz zu Religion, Sprache und Sitten war die Normierung der Maße leichter durchzusetzen – und effektiver. Denn der König machte damit noch dem geringsten Untertanen klar, dass eine übergeordnete Instanz vorhanden

33 Maßstab von Manching. Aus dem keltischen Oppidum von Manching bei Ingolstadt an der Donau stammt dieser Maßstab, der nach Schubert einem halben „keltischen Fuß" entspricht. Die Markierungen erlauben die Unterteilung des Fußes in 1/16-Schritten. Die Maßeinheit findet sich in vielen Gebäuden der von ca. 250 bis 50 v. Chr. datierten Siedlung.
Eisen, Bronze, 15,45 cm, Archäologische Staatssammlung München

32 Metrologisches Relief mit der Darstellung von Maßeinheiten, die auf anthropomorphen Prinzipien aufgebaut sind: „ionischer Klafter" (ausgebreitete Arme) und „attischer Fuß" (Fußabdruck).
Vermutlich Ostgriechenland, um 460 v. Chr., Kalkstein, 116 x 80 cm, Ashmolean Museum of Art and Archaeology, University of Oxford

34 Ägyptische Elle des Maya, des obersten Finanzbeamten unter Tutenchamun.
Ägypten, 18. Dynastie, 1336–1327 v. Chr., Holz, 52,3 cm, Musée du Louvre, Paris

war, die sein Leben bestimmte. Bezeichnend, dass in der Zeit der persischen Besetzung Ägyptens die pharaonische Königselle durch die persische abgelöst wurde. Mit der Kontrolle über das Maß verfügte der Herrscher zudem über ein starkes ökonomisches Instrument. Einheiten ließen sich je nach Bedarf verkleinern oder vergrößern, lauteten aber trotzdem gleich. So wurde das *sutu*-Maß (siehe oben) des täglichen Nahrungsbedarfs in Mesopotamien variabel gehandhabt, änderte aber seine Bezeichnung nicht: In den Jahren guter Ernten enthielt es einen Liter, bei schlechten weniger.

Gewichte einfach nur als Gewichte zu gestalten, in Barrenform oder als Kegelstümpfe, wie wir sie noch aus unserer jüngsten Vergangenheit kennen, reizte weder Ägypter noch die Bewohner des Zweistromlandes. Kreativ griffen sie auf ihre Haustiere zurück und formten Enten, Rinder, Steinböcke und Hasen aus Stein oder Metall. Waren es Gewichte in Löwenform, wusste man gleich, dass sie aus dem kriegerischen Assyrien stammten. Aber wer konnte sagen, ob die eingeritzte Gewichtsangabe stimmte? In Ur im Tempel des Mondgottes Nanna bürgte der König persönlich für die Richtig-

35 Babylonische Gewichte. Metrologische Einheiten existierten in praktischer Anwendung in Babylon vor allem in Form von Gewichten. Sie sind in verschiedenen Gestalten und Materialien überliefert.
Babylon, neu-/spätbabylonisch, Mitte 1. Jt. v. Chr., Bronze, Blei, diverse Maße, Vorderasiatisches Museum, Staatliche Museen zu Berlin

36 Waage und Gewicht. Eschmunein (Ägypten), Spätzeit, 664–332 v. Chr., Bronze (Waage) und grauer Stein (Gewicht), Länge des Balkens 40 cm, Durchmesser der Waagschalen 11,4 cm, Ägyptisches Museum und Papyrussammlung, Staatliche Museen zu Berlin

keit: „Für den Gott Nanna, seinen Herrn, hat Schulgi, der starke Mann, König von Ur, König der vier Weltgegenden, das Gewicht von fünf Minen genau festgelegt." Mit einer Balkenwaage, wie wir sie von Darstellungen der Justitia, der Göttin der Gerechtigkeit, kennen, ließ sich leicht überprüfen, ob das Gegengewicht stimmte. Auch der römische Architekt Vitruv hat ihre Erfindung gelobt, denn „vermittelst der Gewichte der Schnellwaagen und anderer Waagen das Gewicht zu prüfen schützt das Leben vor der Übervorteilung durch Mindergewicht" (Über Architektur 10,1,6). Die ungleicharmige Schnellwaage arbeitet mit einem verschiebbaren Gegengewicht und einer eingravierten Skala, von der das Gewicht abgelesen wird. In Rom wurde die für die Händler verbindliche „Ur-Waage" im Tempel des Saturn, des Gottes des Reichtums, aufbewahrt.

Waren, deren Gewicht und Masse fürs Wiegen ungeeignet waren, wurden geschüttet. Korn handelte man als Hohlmaß (Eimer) oder in Säcken, Fische in Körben, gut dokumentiert im Neuen Testament durch die Speisewunder Jesu (Joh. 6,13; Mk. 6,43 und 8,7). Flüssigkeiten, wie Öl, Wein, Bier oder die bei den Römern beliebte Fischsoße *Garum* wurden in Amphoren, die Plastiktüten der Antike, abgefüllt. Als Gewichtseinheit für Stoffe galt der Ballen. Kupfer, Zinn, Bronze und Eisen kamen als Barren in verschiedenen Gussnormgrößen zu den Händlern. Ansonsten wurde auf dem Markt im Gegensatz zu unserer „Wiegegesellschaft" nicht gewogen, sondern gezählt. Der in unseren Supermärkten bei Obst und Gemüse verlangte Grammpreis spielte keine Rolle. Ob Geschmack und Aussehen der angebotenen Lebensmittel stimmten, stellte jeder Käufer per Augenschein und herzhaften Biss in die Ware selber fest.

/// Landvermessung

Die für die Länge gefundenen Körpermaße wurden auch in der Landvermessung angewandt. In Mesopotamien fällt auf, dass sich die Felderpläne stark von der tatsächlichen Feldgröße unterscheiden. Sie sind nicht maßstäblich und offenbar hielt man das gar nicht für nötig. Das Ziel war nicht die möglichst genaue kartographische Darstellung, sondern den steuerlichen Ertrag einigermaßen vernünftig zu schätzen. Dazu war es ausreichend, eine Vorstellung von der Geometrie des Feldes zu ha-

37 Gewicht in Entenform. Babylon, frühes 8. Jh. v. Chr., Kalkstein, 17,4 x 8,1 cm, Vorderasiatisches Museum, Staatliche Museen zu Berlin

38 Sichelgeld (23 Stücke). Sichelblätter wie diese Knopfsicheln haben in der Jungbronzezeit häufig einheitliche Gewichte – ein deutlicher Hinweis auf ein standardisiertes Gewichtssystem in Mitteleuropa. Depot von Krosno Odranskie, Krossen (Polen), 12. Jh. v. Chr., Bronze, Länge 3–15 cm, Museum für Vor- und Frühgeschichte, Staatliche Museen zu Berlin

ben, zu wissen, wer rechts und links als Nachbar anschloss, schließlich die Fläche und den potenziellen Ertrag zu kennen. Verfügte man dann noch über eine Rechenmethode, die diese Informationen zahlenmäßig erfasste, brauchte man keinen Maßstab. Hätten die Babylonier gewollt, hätten sie ihn zeichnen können (vgl. S. 76).

In Ägypten bediente man sich einer Knotenschnur, um die Felder zu vermessen. Dies war wegen der Nilschwelle, die Markierungen und Grenzsteine zerstörte, jedes Jahr aufs Neue erforderlich. Es war Sache der Schreiber, diese „Inspektion der Grenzen" vorzunehmen. Die mit Wachs und Harz sorgfältig gepflegten Messstricke hatten eine Länge von hundert Ellen, maßen also ungefähr fünfzig Meter. Diese Strecke hieß *Chet*. Ein *Chet* im Quadrat, die Grundform eines Feldes, kam auf eine Fläche von 2756,5 Quadratmetern.

Griechen und Römer entwickelten das System einer rationalen Raumaufteilung bei neu gegründeten Städten und neu aufgeteiltem Land bis zur Perfektion. Schon in archaischer Zeit wurden die griechischen Stadtneugründungen, die so genannten Kolonien, regelmäßig aufgeteilt, ein System, das der im 5. Jahrhundert v. Chr. lebende Architekt Hippodamos von Milet verfeinerte. Hippodamos soll seine durch die Perser zerstörte Heimatstadt und die Hafenstadt Athen, den Piraeus, geplant haben. In seinem System wurde die Stadt aufbauend auf einem gleichmäßigen Raster für alle funktionalen Bereiche wie Wohnquartiere, Markt, Heiligtümer etc. strukturiert. Diese strikte Symmetrie und die Ausrichtung auf Achsen finden sich in der „Centuriation", der römischen Landvermessung, wieder. Durch richtige Berechnung der Maße und Proportionen ergab sich dann, nach den Vorstellungen der Antike, die Schönheit der Stadtanlage ganz von selbst.

Am Anfang der Vermessung steht in den meisten Fällen die Inbesitznahme neuen Landes. Im Fall des Imperium Romanum wurde erobertes Gebiet dazu genutzt, Kolonien zu gründen, um ehemalige Soldaten anzusiedeln. Um das Land gerecht an die Veteranen zu verteilen, vermaß man es und verloste

39 Goldene Lockenringe als prämonetäre Gewichtseinheiten im Tauschverkehr. Pecs (Ungarn), 1. Hälfte 2. Jt. v. Chr., Gold, Durchmesser 1–3 cm, Museum für Vor- und Frühgeschichte, Staatliche Museen zu Berlin

40 Ölmessgefäß mit Inschrift.
Kleinasien, 10./11. Jh. n. Chr., Marmor, 47,9 cm, Skulpturensammlung und Museum für Byzantinische Kunst, Staatliche Museen zu Berlin

anschließend die Grundstücke. Jeder Veteran erhielt ein Landlos. Feldmesser *(Agrimensores)* legten bei der Vermessung zunächst mit Hilfe der Sonne die Himmelsrichtungen fest. Dann wählten sie den Schnittpunkt, von dem aus das Gelände in zwei Achsen unterteilt wurde. Zum Abstecken von rechten Winkeln benutzten sie ihr Standardgerät, die *Groma*. Es ist von verblüffender Einfachheit. Ein gleichschenkliges eisernes Kreuz wird auf einem mannshohen Holzstativ montiert und an den Enden mit an Fäden herabhängenden Bleiloten beschwert. Durch Visieren über die beiden senkrecht hängenden Fäden, das heißt über eine Achse, wird die Grundlinie festgelegt, über die andere der rechte Winkel. Damit erhält man den *Decumanus maximus*, der als Ost-West-Achse verläuft, und den *Cardo* von Süd nach Nord. Parallel zu den beiden Achsen legen jetzt die Feldmesser weitere Linien fest, die sich rasterförmig ins Land erstrecken. Am Ende ergibt sich ein grobmaschiges Gitter rechtwinkliger quadratischer Flurstücke, bestehend aus je hundert Parzellen (deswegen der Name „Centuriation" von lat. *centum*, hundert). Abhängig von der Bodenbeschaffenheit ist ihre Größe unterschiedlich.

Nach dem gleichen Prinzip wird auch eine römische Stadt neu gegründet. Im Zentrum der Stadt werden *Decumanus* und *Cardo*, die beiden Hauptstraßen der Stadt, festgelegt. An ihrem Schnittpunkt wird das Forum angelegt, daneben ein Sakralbezirk mit Tempeln. Theater und Thermen komplettieren die öffentlichen Gebäude. Eine Mauer dient nicht nur als Begrenzung, sondern ist Ausdruck eines von den Göttern geheiligten und unter ihrem Schutz stehenden Bereiches. Außerhalb erstrecken sich die Landlose der römischen Bürger, in einem weiteren

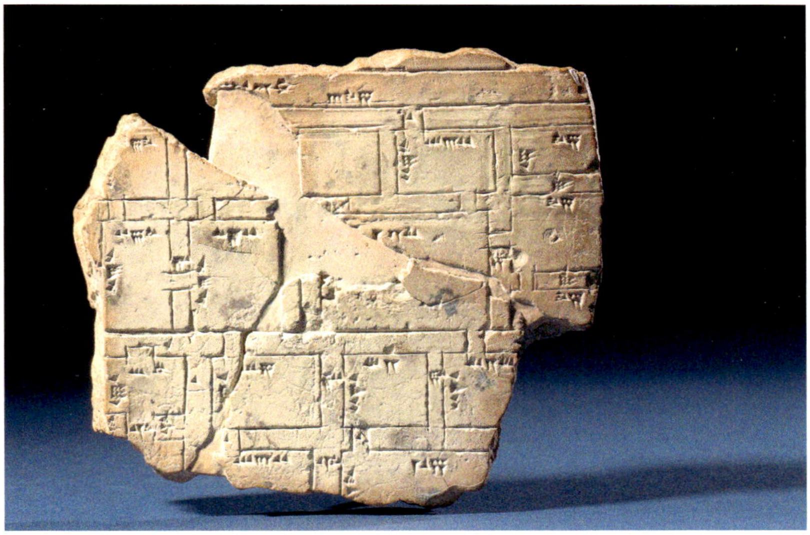

42 Tontafel mit Grundriss eines Hauses.
Vermutlich Babylon, neubabylonisch, Mitte 1. Jt. v. Chr., Ton, 11,8 x 10,2 cm, Vorderasiatisches Museum, Staatliche Museen zu Berlin

größeren Kreis als Reserve die noch nicht verteilten, aber bereits vermessenen Parzellen. Jenseits davon liegt unvermessenes und nicht verteiltes Land. Roms Herrschaft manifestiert sich augenfällig in dem von ihm gegliederten Raum.

Wer einmal eine neu gegründete römische Stadt besuchte, konnte sich in jeder anderen ohne Probleme orientieren, denn sie waren alle nach dem gleichen Muster angelegt. Die Veteranen kannten das Modell schon aus ihrer Militärzeit. Die Marschlager, die eine römische Armee jeden Abend im Feindesland errichtete, und die festen Legionslager, in denen die Soldaten stationiert waren, entstanden nach dem gleichen Prinzip. Mit unverhohlener Bewunderung beschreiben die Besiegten, seien es der Grieche Polybios oder der Jude Flavius Josephus, die logistische Meisterleistung, eine marschierende Armee in der Stärke mehrerer Legionen (30000 bis 40000 Mann) in vorzüglicher Ordnung in die von den Feldmessern mit der *Groma* abgesteckten Lager einrücken zu lassen. Wie in der Stadt legte ihr Fadenkreuz die beiden Hauptstraßen, die Via Praetoria und die Via Principalis, fest und lag in ihrem Schnittpunkt das Forum der Legion, das Stabsgebäude *(principia)*. Rechtwinklig waren die Lagerstraßen und genau bestimmt, welche Kohorte auf welcher Freifläche ihre Zelte aufzuschlagen hatte. Statt nach hellenistischem, griechischem oder etruskischem Einfluss zu suchen, könnten auch die Legionslager die Vorbilder der römischen Rasterstädte gewesen sein.

41 Sitzstatue des Gudea. Auf den Knien hält der Beamte Gudea einen Grundrissplan mit eingetragenem Längenmaß.
Tello (Irak), altbabylonisch, um 2120 v. Chr., Diorit, 61 x 41 cm, Musée du Louvre, Paris

Die Rechtshistorikerin Cosima Möller ist die Leiterin eines Projekts, das erstmals das grundlegende Werk römischer Vermessungstechnik, den „Corpus Agrimensorum Romanorum“, in einer wissenschaftshistorischen Ansprüchen genügenden Edition ins Deutsche überträgt und kommentiert. Dabei soll zum ersten Mal auch die juristische Seite des „Corpus“ gewürdigt werden.

/// Straßenbau

Im Frühjahr 143 n. Chr. besuchte der aus Kleinasien stammende griechische Rhetor Aelius Aristides Rom und hielt vor Kaiser Hadrian und seinem Hofstaat eine viel beachtete Rede. Darin lobte er ausdrücklich den römischen Straßenbau: „Um Fahrwege anzulegen, in menschenleeren Gegenden Poststationen einzurichten, habt ihr den ganzen Erdkreis vermessen, Flüsse mit Brücken überspannt und Berge durchstochen“ (Romrede 101). Auf ihre Straßen waren die Römer in der Tat stolz. Auf dem Forum Romanum stand eine mit Goldbronze überzogene Marmorsäule, 20 v. Chr. von Augustus errichtet, der „Goldene Meilenstein“ *(milliarium aureum)*. Auf ihm waren die Entfernungen zu allen großen Städten des Reiches angegeben. In ihrem Endausbau im 2. Jahrhundert n. Chr. wiesen die Reichsstraßen eine Streckenlänge von circa 80000 Kilometern auf. Die bekanntesten sind die Via Appia, die Rom mit dem süditalienischen Hafen Brundisium (Brindisi) verband, die Via Egnatia durch Nordgriechenland und den Balkan, die Via Domitia von Oberitalien nach Südfrankreich und die Via Claudia Augusta, die über Reschen- und Fernpass die Alpen querte.

43 „Corpus Agrimensorum Romanorum". Der Text beschreibt die Ausmessung und Anordnung römischer Siedlungen mit Hilfe einer *Groma* von ihrem Zentrum aus, nämlich dem von Nord nach Süd verlaufenden *Cardo maximus* und dem von Ost nach West verlaufenden *Decumanus maximus*.
450–550 n. Chr., Papier, Karton, 64 x 42,5 cm, Herzog August Bibliothek Wolfenbüttel

Die Römer hatten, wie vor ihnen Assyrer und Perser, den großen militärischen Nutzen befestigter Straßen schnell begriffen. Sie waren der Schlüssel für die Beherrschung des Raumes, denn sie erlaubten den Legionen das Fahren und Marschieren bei jeder Witterung. Deswegen mussten sie dauerhaft und frostsicher sein. Ihre Fundamentierung in vier Schichten, ihre Randbefestigung mit Bord- und Ankersteinen (Widerlager), ihre Drainage durch parallel laufende Gräben unterscheidet sich im Prinzip nicht vom modernen Straßenbau. Ihre Haltbarkeit bis weit ins Mittelalter ist legendär, und noch im 19. Jahrhundert, als das rumänische Bukarest den Bau einer neuen Magistrale beschloss, stieß man unter dem Schutt der Jahrhunderte auf eine völlig intakte römische Pflasterung. Pragmatisch griffen die Römer auf bereits vorhandene Straßen zurück, korrigierten sie aber dort, wo ihnen der Verlauf nicht optimal erschien. Ihre Trassenführung war auf schnelle Verbindung von einem Ort zum anderen angelegt, verlief oft schnurgerade und vermied große Steigungen und Gefälle. Mit natürlichen Hindernissen hielt man sich nicht lange auf. Flüsse wurden überbrückt, Berge untertunnelt, Sümpfe mit Dämmen passierbar gemacht. In diesem „Sieg über die Natur" manifestierte sich nicht zuletzt der kulturell-technische Überlegenheitsanspruch des römischen Imperiums.

Im Gegensatz zu heute gab es keine kategorisch festgelegte Bauordnung, wie eine Straße im Endzustand auszusehen hatte. Sowohl die Breite, zwischen sechs und vierzehn Metern, als auch der Straßenbelag (Pflaster, Feinkiesschüttung, planierte Pisten in den Wüstengebieten) variierten. Rechts und links der eigentlichen Straße lief meist ein zwei bis drei Meter breiter „Sommerweg", den die Soldaten mit ihren genagelten Sandalen dem harten Pflaster vorzogen.

Wie die Straßen und Teile des rätischen Limes zeigen, hatten die Vermessungsingenieure kein Problem damit, eine exakt ausgemessene Gerade durchs Gelände zu ziehen, das Gefälle zu bestimmen oder Kurvenradien zu berechnen. Zum Visieren benutzte man die bereits beschriebene *Groma* (siehe oben), zum Nivellieren, um den Höhenunterschied zwischen zwei Punkten festzustellen, den *Chorobates*, eine Wasserwaage, die allerdings den Nachteil hatte, mit ihrer Länge von fast sechs Metern ziemlich unhandlich zu sein. Praktischer im Gebrauch war die *Dioptra*, die aus einer Scheibe mit Gradeinteilung und drehbarer Visiereinrichtung bestand. Wollte man Winkel messen oder nivellieren, wurde der gewünschte Punkt anvisiert und auf der Scheibe der Winkel abgelesen. Mit der *Dioptra*

44 Statue des Senenmut, eines hohen Würdenträgers in der Zeit der Hatschepsut, der einen Messstrick in den Händen hält.
El-Buha, 18. Dynastie, um 1460 v. Chr., silifizierter Sandstein, 21 x 8,2 cm, Musée du Louvre, Paris

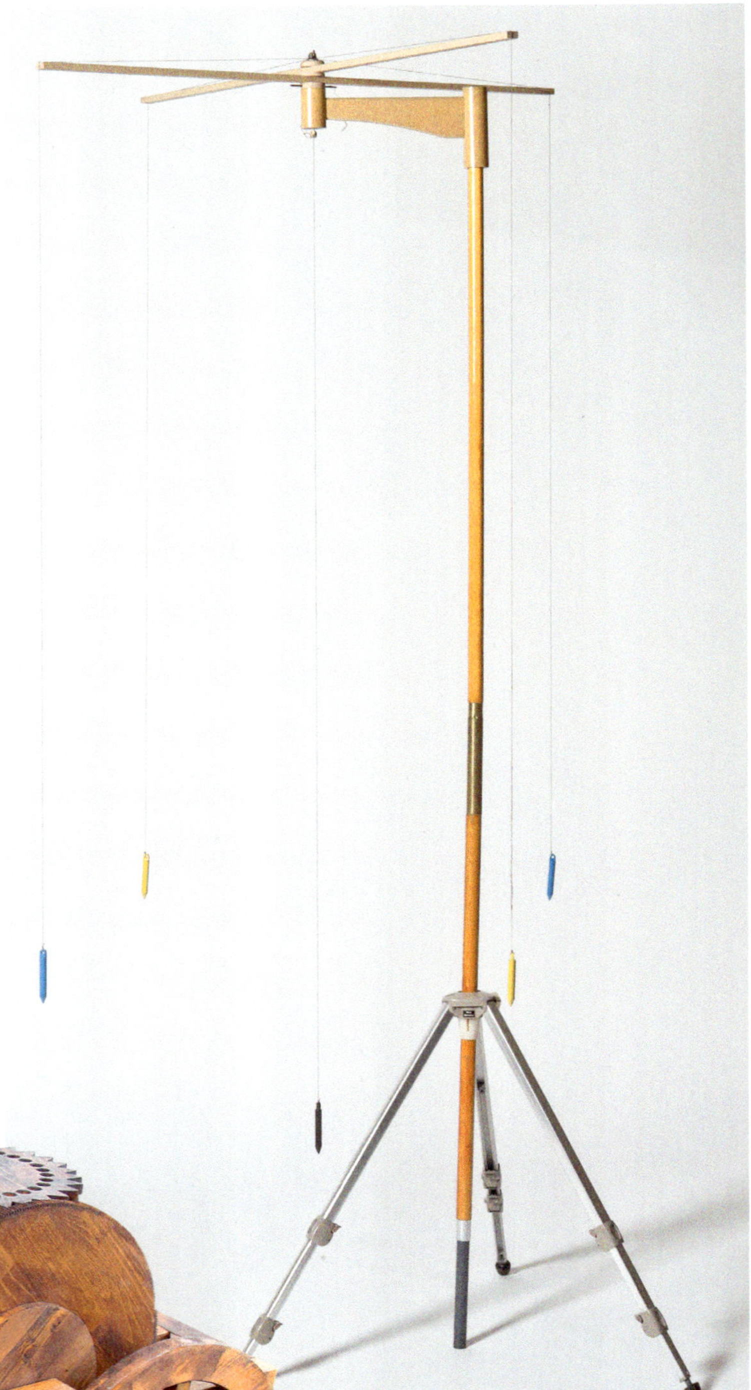

45 Moderner Nachbau einer *Groma*.
Holz, 220 cm,
Privatsammlung Berlin

ließ sich auch die Breite eines Flusses oder die Höhe eines Berges exakt bestimmen. Für das Messen größerer Entfernungen wurde ein Hodometer eingesetzt, ein Wagen, dessen Räder den Durchmesser von vier römischen Fuß (29,5 Zentimeter) haben mussten. Daraus errechnet sich ein Umfang von 12,5 Fuß. Schiebt man nun den Wagen über die zu messende Strecke, ergeben 400 Umdrehungen genau eine römische Meile (1481 Meter). Ist sie absolviert, ertönt ein akustisches Signal. Aus einem mitlaufenden Zahnkranz fällt eine Kugel in einen am Hodometer befestigten Kasten. Am Schluss des Messvorgangs zeigt die Anzahl der im Kasten befindlichen Kugeln die zurückgelegten Meilen an.

An markanten Punkten standen entlang der Straßen Meilensteine als Streckenanzeiger. In republikanischer Zeit noch von relativ bescheidener

46 Nachbau eines römischen Messwagens (Hodometer) zur Streckenvermessung.
Holz, 150 x 110 cm, Privatsammlung Florenz

47 Meilenstein aus Sontheim. 212 n. Chr., Felsgestein, 214 x 43 cm, Archäologisches Landesmuseum Baden-Württemberg, Stuttgart

Größe und Anzahl, erreichten sie in der Kaiserzeit eine Höhe von bis zu drei Metern, vermehrten sich epidemisch – allein 6000 Exemplare haben sich erhalten – und wurden zu einem Medium kaiserlicher Propaganda. Die Entfernungsangabe vom nächsten Ort trat in den immer länger werdenden Inschriften gegenüber den Angaben, die den Kaiser und seine Leistungen rühmten, zurück. Bis zu zehn Zeilen des Inschriftenformulars der Meilensteine nahmen Name, Titel, Ämter und Siege des jeweiligen Herrschers in Anspruch. Erst dann folgte die Meilenangabe. Oftmals wurde sie auch nur noch aufgemalt und nicht wie die Kaisertitulatur eingemeißelt. Oder sie verwies auf eine Stadt, die man gar nicht erreichen wollte, wenn man als einheimischer Händler unterwegs war: 675 Meilen seien es bis Rom, liest man, völlig korrekt, auf einem Meilenstein aus der römischen Stadtgründung Savaria (Szombathely) in der Provinz Pannonien (Ungarn). Nicht um Reiseinformation ging es hier, sondern um eine imperiale Botschaft, die sich in der Distanzangabe ausdrückte. Dieser Raum, so weit und groß, verkündete der Meilenstein allen, die ihn passierten, wird nicht nur von Rom beherrscht, sondern seine römischen Bürger, sich empfindend als „Schutzwall des Reiches", sind sich der Verbindung zu ihrem Ursprung stets bewusst und sicher.

/// Der Kosmos ist in erster Linie ein Raum der Götter. Sie schufen einst Himmel und Erde, sie sind in den Naturphänomenen der ihnen zugeordneten Bereiche permanent präsent: Der griechische Sonnengott Helios führt während des Tages seinen Sonnenwagen über das Firmament; Zeus schleudert Blitze und donnert; Poseidon wühlt das Meer auf. In ähnlicher Weise verkörpern in Ägypten und im Alten Vorderen Orient weibliche und männliche Gottheiten Aspekte von Natur und Lebenswelt – verursachen beispielsweise die Nilschwemme oder stehen für den täglichen Sonnenlauf und den jährlichen Wechsel von Wachstum und Vergehen.

Götter sind fester Bestandteil vieler antiker Weltbilder. Sie verkörpern oder bewirken Phänomene und stehen dabei gleichberechtigt neben rationalen wissenschaftlichen Erklärungen, ja sie werden sogar Teil dieser Erklärungen.

GÖTTER BEHERRSCHEN DEN RAUM ///

49 **Metope mit dem Sonnengott Helios und seinem aus dem Meer aufsteigenden Viergespann vom Athena-Tempel in Ilion.**
Troja, frühhellenistisch, nach 300 v. Chr., Marmor, 200 x 85,8 cm, Antikensammlung, Staatliche Museen zu Berlin

/// Erde, Luft und Himmel

Was unser naturwissenschaftliches Weltbild lehrt, wussten die Alten bereits aus Erfahrung: Ohne Licht, Luft, Erde und Wasser gibt es kein menschliches Leben. Es waren die Götter, die den Raum schufen, damit es entstehen konnte. Schu, der Gott der Luft und des belebenden Atems, hatte nach dem Glauben der Ägypter die Himmelsgöttin Nut und den Erdgott Geb gezeugt. Wie eine große Schale wölbte sich die mit Sternen bedeckte nackte Nut über Geb, auf dessen Leib die Pflanzen sprossen. Dass dafür – und für die Menschen und Tiere – Raum genug blieb, verdankten sie Schu. Denn als Träger des Himmels stützte er Nut und schuf so den Luftraum, in dem er als unbeschränkter Herrscher über die vier Winde und über Nebel und Wolken, genannt die „Knochen" und „Mauern" des Schu, gebot. Licht spendete der Sonnengott Re, dessen Barke auf dem Rücken Nuts den Himmel überquerte und der jeden Tag zwischen ihren Schenkeln neu geboren wurde. So wichtig und lebensnotwendig erschien den Ägyptern das Gestirn, dass sie seine Göttlichkeit in den verschiedensten Aspekten verehrten. Als Re-Harachte priesen sie den „Horus des Horizontes", den Gott des Auf- und Untergangs. Besondere Namen bezeichneten den morgendlichen, mittäglichen und abendlichen Sonnengott. In der Gestalt des falkenköpfigen Horus begriff man ihn als Beschützer des Pharao und Lichtgott. Sonne und Mond stellten seine Augen dar. Dagegen trat der Mondgott Thot in die zweite Reihe zurück, wiewohl er als ältester Sohn des Sonnengottes als dessen Stellvertreter galt, der seine Stelle einnahm, wenn dieser unter den Horizont sank.

Auch in Mesopotamien führte kein Weg an der Sonne vorbei. Schamasch, der Sonnengott, spendete Leben, durchdrang alles und sah alles. Aus diesen Eigenschaften ergab sich seine Rolle als Richter und Rächer, als Garant für Gerechtigkeit, der sich um die Schwachen und Kranken kümmerte bzw. diese soziale Verantwortung an den König delegierte, der in seinem Auftrag regierte. Das Urelement Licht verkörperte auch der Mondgott Sin, der als kosmische Uhr die Zeit bestimmte und das Schicksal eines jeden Menschen kannte. Fuhren Blitz und Donner hernieder, schlug Hagel die Ernte klein und drohte eine Überflutung der Äcker, war der Wettergott Adad die Ursache, den es mit einem Opfer zu versöhnen galt. Sein Beiname „der laute Gott" fasste treffend seine negativen, zerstörerischen Eigenschaften zusammen. Aber er konnte auch anders sein. Der von ihm gesandte Regen sorgte für Fruchtbarkeit und gab dem doppelgesichtigen Gott den ihn rühmenden zweiten Namen „Herr des Überflusses".

48 **Der Mondgott Thot in Paviansgestalt.**
Ägypten, Spätzeit, 664–332 v. Chr., Serpentinit, 16,5 x 8,8 cm, Ägyptisches Museum und Papyrussammlung, Staatliche Museen zu Berlin

50 Römische Statuette der Mondgöttin Luna, die vom nächtlichen Himmel herabschwebt. 1. Jh. n. Chr., Bronze, Höhe 11 cm, Antikensammlung, Staatliche Museen zu Berlin

Im Gegensatz zu Ägypten und Mesopotamien spielten in Griechenland und Rom der Sonnengott Helios/Sol und die Mondgöttin Selene/Luna keine bedeutende Rolle. Die Götter des Olymp, des höchsten griechischen Berges, den man als ihren Wohnsitz ansah, waren ihnen übergeordnet. An ihrer Spitze stand der Göttervater Zeus, der sich von hier aus zusammen mit seinen Mitgöttern frei im Raum bewegte und deren Allgegenwart und Macht Himmel und Erde erfüllte. So erzählt der Mythos von der Fähigkeit des Zeus, den Lauf des Mondes anzuhalten (vgl. S. 96), und wie er den Phaeton, den Sohn des Sonnengottes, mit seinem Blitz erschlägt, weil dieser vergebens versucht, den Sonnenwagen seines Vaters zu beherrschen, und durch sein Ungeschick die Erde in Brand zu setzen droht. Helios und Selene stammten noch von den alten, vorolympischen Göttern, den Titanen, ab. Man brauchte sie nötig, aber eigentlich mächtig wie die babylonischen und ägyptischen Sonnengötter waren sie nicht. Selten bildete sich ein eigener Kult um sie, und so mussten sie sich von den Griechen die Bezeichnung „barbarische Götter" (M. P. Nilsson) gefallen lassen, weil man sie nur in den Barbarenländern durch Opfer verehrte. Die Funktionen, die sie dort erfüllten, wurden in Griechenland und Rom von Apollon/Apollo und Zeus/Jupiter wahrgenommen, die dann entsprechende Beinamen erhielten.

Zeus/Jupiter war bei Griechen und Römern Herr des Himmels, gebot über Blitz und Donner, sorgte als *Nephelegeretes* (Wolkensammler), wie er bei Homer genannt wird, für Regen und war damit Wetter- und Fruchtbarkeitsgott zugleich. Hinzu kamen all die Eigenschaften, die in Ägypten und Mesopotamien den Sonnengott auszeichneten. Über den Parteien stehend, schützte Zeus das Recht und wachte über den Eidschwur. Bei der Dreiteilung der Welt, bei dem ihm der Himmel, seinen Brüdern Poseidon und Hades Meer und Unterwelt zugefallen waren, hatte er dafür gesorgt, dass die Menschen das Land gerecht unter sich aufteilten, weswegen ihm die Grenzsteine heilig waren. Als König der Götter war ihm der Adler als sein heiliges Tier zugeordnet, auch führte er als Symbol eine goldene Waage, mit der er den Menschen das ihnen zugemessene Schicksal abwog. Seiner Bedeutung als *Deus Optimus Maximus* entsprach es, dass seine Tempel, beispielsweise der kapitolinische in Rom, auf den höchsten Hügeln der Städte errichtet wurden.

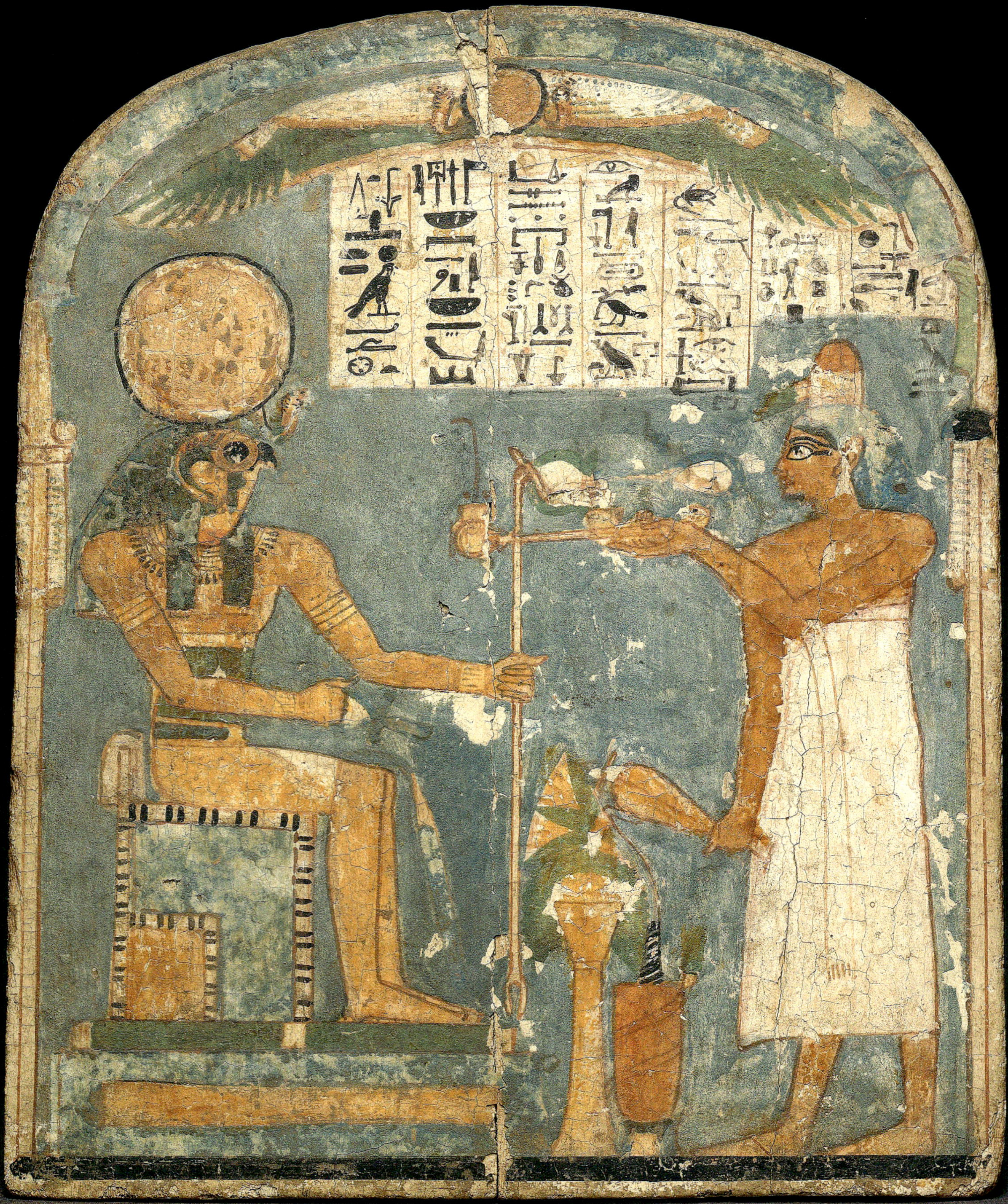

51 Stele des Padichonsu. Ägypten, Spätzeit, 664–332 v. Chr., Holz, stuckiert und bemalt, 26,5 x 22,5 cm, Ägyptisches Museum und Papyrussammlung, Staatliche Museen zu Berlin

Für die Fruchtbarkeit des Bodens sorgte Demeter/Ceres. Sie war als Ackergöttin und Göttin des Korns die wichtigste Vegetationsgottheit. Ihren Zorn zu erregen zog Missernten und Hungersnot nach sich. Als Schwester des Zeus gehörte sie zu den zwölf großen olympischen Göttern, und der Mythos erzählt, dass selbst der Göttervater sich ihrem Willen beugen musste, als Demeter das Korn in der Erde nicht keimen ließ. Denn Hades, der Gott der Unterwelt, hatte ihre Tochter Persephone in sein Reich entführt. Um die Menschheit nicht hungers sterben zu lassen, griff Zeus ein und sandte den Götterboten Hermes zu Hades. Sie aus der Zwangsehe ganz zu befreien gelang zwar nicht, aber jeweils im Frühjahr durfte sie für die Hälfte des Jahres zu ihrer Mutter zurückkehren. In Rom war der Kult für Ceres einer der ältesten. Ihr Tempel stand auf dem zentralen Rindermarkt und war das Hauptheiligtum der Plebejer. Ein Altar der Göttin befand sich in jedem Bauernhaus, als Kopfbedeckung trug sie eine Ährenkrone. Zusammen mit Dionysos/Bacchus, dem Gott, der den Weinstock hatte entstehen lassen, sorgte sie für die Grundlage der Ernährung: Wein und Brot. Die besänftigende Wirkung dieses Mahls zivilisierte selbst Barbaren und galt als bestes Mittel gegen tierische Wildheit und Rohheit.

/// Urelement Wasser

Vom Wasser als Basis, aus dem das Leben entstanden ist, erzählen die Schöpfungsmythen aller antiken Kulturen. In Ägypten hieß das Urgewässer Nun. Er existierte bereits vor der Weltschöpfung, trug die Erde als eine schwimmende Scheibe und enthielt alles Wasser der Welt. Aufgefasst als kosmische Erscheinung, als „Vater der Götter", gebar er den Weltschöpfer Atum, der in einer Lotosblüte an seiner Oberfläche erschien. Von einem solchen Gewässer wusste auch Mesopotamien, unterteilte es aber in zwei Geschlechter. Den männlichen Grundwasserozean Apsu, der die Quellen und Flüsse speiste, und den weiblichen Salzwasserozean Tiamat (akkadisch „das Meer"). Aus diesem Urelement Wasser entstand das Universum, wie es der babylonische Weltschöpfungsmythos „Enuma elisch" (vgl. S. 76ff., Abb. 57) beschreibt: „Als oben die Himmel noch nicht benannt waren, unten die Erde noch keinen Namen besaß (also noch nicht existierten, Anm. d. Verf.), da gab es schon Apsu, den Ersten, ihren Erzeuger, und die Allmutter Tiamat, deren Kinder sie alle werden sollten, und sie taten beide ihre Wasser zusammen ..., da wurden die Götter in ihrer Mitte erschaffen." Diesem Modell, und wahrscheinlich von ihm beeinflusst, folgte die griechische Vorstellung vom weltumspannenden Okeanos, dem Urozean, aus dem die Götter und alle Dinge entstanden und den man sich als Ursprung aller Meere, Flüsse und Quellen dachte. Um die Gezeiten des Atlantiks zu erklären, entwickelten die Griechen die Vorstellung einer „Meerlunge"

52 Glasierter Ziegelorthostat aus Zweitverwendung in der Wand eines spätassyrischen Wohnhauses, der einen Danksagenden vor einer Sonnengottheit zeigt. Assur, neuassyrisch, 8. Jh. v. Chr., Ton, gebrannt, 56 x 27,5 cm, Vorderasiatisches Museum, Staatliche Museen zu Berlin

53 Attisch-rotfigurige Amphora (Detail) mit der Darstellung des Gottes Zeus. Er hält in seiner linken Hand das Blitzbündel, das aus zwei gegenständigen Lotosblüten gebildet ist und ihm als Waffe diente.
Locri (Italien), 480–470 v. Chr., Keramik, Höhe 45,8 cm, Antikensammlung, Staatliche Museen zu Berlin

(Pytheas von Massilia), deren Atemzüge sie mit Ebbe und Flut gleichsetzten.

Gott des Meeres und damit gleichzeitig der Fische und des Fischfangs war Poseidon, aber er herrschte auch an Land, wie die Beben bewiesen, die er auslöste, wenn er das Zeichen seiner Macht, den Dreizack, in die Erde bohrte. Denn das Land ruhte nach antiker Vorstellung auf dem Meer und tatsächlich greift es mit seinen zahlreichen Buchten und Golfen tief in das griechische Festland hinein. Poseidon, der „Herr des Salzmeers", war nicht nur als Verursacher von Erd- und Seebeben verrufen, wie jenem, das 426 v. Chr. die Region um den Golf von Korinth mit einem gewaltigen Tsunami zerstörte – „Erderschütterer" nennt ihn Homer in der „Ilias" – er war auch als Herr der Winde für Stürme und Unwetter auf See verantwortlich. Seine besondere Spezialität waren Vulkanausbrüche wie der vom Geographen Strabon (Geographica 1,3,16) beschriebene auf der Insel Thera (heute Santorin bzw. Thira), wodurch im Jahre 197 v. Chr. eine neue Insel aus dem Meer auftauchte. So sehr fürchteten die Rhodier seinen Zorn, dass sie flugs einen Tempel für Poseidon auf dem entstandenen Eiland erbauten. Sein Beiname „Asphalios", der sicher Gegründete, war ein aus der Not geborener Euphemismus, der ihn besänftigen sollte, gerade weil vor seinem Wüten nichts Bestand hatte. Sein römisches Pendant Neptun kam weitestgehend ohne diese Gewaltkomponente aus, sei es, dass die Römer nicht in einem so erdbebengefährdeten Gebiet wie dem östlichen Mittelmeer wohnten, sei es, dass sie, um eine Naturkatastrophe wie den verheerenden Ausbruch des Vesuv 79 n. Chr. zu erklären, der die Städte Pompeji und Herculaneum in Schutt und Asche legte, auf den römischen Gott Volcanus zurückgriffen. Als Schmiedegott repräsentierte dieser die gebändigte Kraft des Feuers, die aber jederzeit in Brand und Vernichtung umschlagen konnte.

Ägyptens Beziehung zum Wasser war auf den Nil hin fixiert. Um die jährliche Überschwemmung auszulösen, das Fest des Nilgottes Hapi zu feiern, beteiligten sich viele Götter (vgl. S. 29ff.). Der eigentliche Gott des Wassers aber war der krokodilgestaltige Suchos oder Sobek, der dem Land Fruchtbarkeit schenkte, indem er „das Kraut grünen macht" und „die Nilflut aus den Quelllöchern von Elephantine kommen lässt" (Pyramidentexte). Doch letztlich sahen die Ägypter im periodischen Steigen und Fallen der Wasser nur das Abbild des einen großen Gottes Osiris und seiner Geschichte von Tod und Wiederauferstehung.

54 Relief mit Darstellung eines Wettergottes, erkennbar am Blitzbündel in der linken Hand. Es stammt von der Burg von Sam'al (Türkei), wo man stets auf günstigen Niederschlag angewiesen war und die dafür zuständigen Götter entsprechend ehrte.
9. Jh. v. Chr., Basalt, Höhe ca. 140 cm, Vorderasiatisches Museum, Staatliche Museen zu Berlin

55 Fragment eines Tempelreliefs mit dem Nilgott Hapi.
Medinet Habu, 25. Dynastie, 746–655 v. Chr., Sandstein, 85 x 39 cm, Ägyptisches Museum und Papyrussammlung, Staatliche Museen zu Berlin

/// Aus dem Weltraum auf den Blauen Planeten zu blicken und sich in Länder und Städte hineinzoomen zu können – das ist heute eine ganz vertraute Ansicht der Erde. Der Mensch in der Antike vermochte das nicht. Allenfalls von Bergen und Türmen konnte er hinunterblicken, einen Ausschnitt sehen, nicht aber seine Welt aus der Vogelperspektive betrachten. Er stand mit beiden Beinen fest auf dem Boden.

Dennoch schuf er wie aus der Vogelperspektive Bilder von Städten und Ländern. Er zeichnete Stadtpläne maßstäblich getreu. Er ordnete sein Wissen über die Welt in Listen von Städten und Völkern. Der griechische Geograph Ptolemäus konstruierte Listen von Städten und Orten mit ihren Längen- und Breitengraden. Man war also sehr wohl in der Lage, sich auf der Erde zu verorten. Straßen beschrieb man als Abfolge von Orten und Entfernungen, wie auf einem großen, als Ehrenmonument errichteten römischen Pfeiler aus der kleinasiatischen Stadt Patara. Fast alle diese Formen der Orientierung und Darstellung von Räumen nutzen wir noch heute.

Dass viele antike Darstellungen der Welt dennoch nicht unseren Sehgewohnheiten entsprechen, zeugt nicht von einem Unvermögen der antiken Kartographen. Karten haben immer ganz bestimmte Funktionen und spiegeln ein bestimmtes Weltbild wider. Babylon kann so per Karte zum „Nabel der Welt" erklärt werden. Auf der römischen Tabula Peutingeriana ist die Darstellung des Mittelmeeres der Form einer Schriftrolle angepasst. Betont wird in der Karte das römische Straßennetz und damit gleichzeitig die Durchdringung und Beherrschung des Raumes. Eine Mosaikkarte aus Jordanien rekonstruiert die literarisch überlieferte Topographie des Heiligen Landes und erfindet dabei eine sakrale Topographie, die zur Entstehungszeit der Karte in dieser Form nicht existierte.

DIE KARTIERUNG DER WELT ///

56 Stadtplan von Nippur.
Nippur (Irak), kassitische Zeit, um 1500 v. Chr., Ton, 21 x 18 cm, Hilprecht-Sammlung der Universität Jena

/// Stadtplan von Nippur und *Mappa mundi* aus Babylon

Der Schreiber, der um 1500 v. Chr. den Stadtplan des sumerischen Nippur (südöstlich des heutigen Bagdad) entwarf, hielt es offenbar nicht für wichtig, jedes Haus und jede Straße einzuzeichnen. Das war kein Unvermögen. Akribisch hatte er Stadtmauern, Kanäle und den Fluss Euphrat maßstäblich korrekt und in der richtigen Lage zueinander eingetragen, die sieben Tore mit ihren Namen bezeichnet, genauso wie den Marktplatz, Sehenswürdigkeiten und den Tempel des Götterkönigs Enlil. Als die Archäologen Nippur ausgruben, stellten sie eine fast hundertprozentige Übereinstimmung mit ihren Befunden fest. Wozu der Stadtplan diente, wissen wir nicht, nur, dass sein Material, eine Tontafel, kein einfaches Medium für diesen Zweck war. Mit äußerster Sorgfalt musste mit dem Griffel die Zeichnung in die feuchte Masse geritzt und eingedrückt werden, damit sich keine unschönen Erhebungen bildeten.

Davon abgesehen verfügten die Sumerer, Assyrer und Babylonier über all jene mathematischen Kenntnisse, die nötig waren, um Grundstücke zu vermessen, Tempelgrundrisse zu zeichnen oder Baupläne zu entwerfen. Die dem Satz des Pythagoras zugrunde liegenden Zahlenverhältnisse wendeten sie, schon tausend Jahre vor dem griechischen Mathematiker, an, genauso wie die Einteilung des Kreises in 360 Grad. Auf ihren Karten finden sich explizit berechnete Himmelsrichtungen. Allein das Wort „Karte“ kannten sie nicht.

Angesichts dieser Fähigkeit, Räume zu erfassen und exakt abzubilden, muss mit der aus dem 7./6. Jahrhundert v. Chr. überlieferten babylonischen Weltkarte eine andere Absicht verfolgt worden sein. Ihre moderne Bezeichnung *Mappa mundi* meint so viel wie „Abbild der Welt“. Die Intentionen ihres Schöpfers hatten freilich weniger mit Kartographie zu tun, sondern vielmehr mit einer propagandistischen Weltsicht, die Babylon, damals das politische, religiöse und kulturelle Zentrum Mesopotamiens, in den Mittelpunkt rückte. Die Welt besteht in diesem geometrischen Konstrukt aus zwei konzentrischen Kreisen. Zwischen ihnen befindet sich ein Salzwasserozean, der auf seiner Außenseite an acht Fabelwelten angrenzt, an seiner Innenseite einen kleineren Kreis, das feste Land, umschließt. Mitten im Zentrum liegt Babylon, in dem ein Quadrat für den berühmten Turm von Babel, den Tempel des Stadtgottes Marduk, steht. Damit enthält die *Mappa mundi* eine doppelte Bedeutungsebene. Sie dokumentiert einerseits die alte politische Vormachtstellung Babylons, die in dieser Konstellation nur in dieser Zeit belegt ist, und zum anderen die theologische Suprematie der Stadt, die seit der Mitte des 2. Jahrtausends unbestritten ist. Denn der Turm von Babel ist der Mittelpunkt der Welt, die Achse, die Erde und Himmel miteinander verbindet. Hier wölbt sich der „Urhügel“, von dem die Schöpfung ihren Ausgang nahm.

Eine dritte Bedeutungsebene erschließt der Text, der auf der babylonischen Weltkarte ein Drittel ihrer Vorderseite und die ganze Rückseite bedeckt. Er ist in Keilschrift geschrieben, die in dieser Zeit, als die aramäische Alphabetschrift bereits im Alltagsleben dominierte, schon auf dem Rückzug war und nur noch als Repräsentationsschrift und als Schrift der Überlieferung eine Rolle spielte.

57 Babylonische *Mappa mundi.*
7.–6. Jh. v. Chr., Ton, 12,4 x 8,2 cm,
British Museum London

59 Fragment vom Sockel einer Kolossalstatue. Die ägyptischen Fremdvölkerlisten geben Auskunft über die bekannten Territorien und Regionen. In ihrer akribischen und detaillierten Aufzählung erschlossen sie den Raum des Vorderen Orients, lange bevor es Karten gab.
Ägypten, 18. Dynastie, um 1370 v. Chr., Granodiorit, 46 x 39 cm, Ägyptisches Museum und Papyrussammlung, Staatliche Museen zu Berlin

Das auf dieser Tontafel gespeicherte Wissen war nur einer kleinen Elite zugänglich – erzählte aber von dem Schöpfungsmythos „Enuma elisch", der jedes Jahr zum Neujahrsfest in großen Prozessionen vergegenwärtigt wurde: wie nämlich Marduk das Ungeheuer Tiamat bändigt, den Leichnam in zwei Teile reißt und daraus Himmel und Erde formt. Wie er aus den toten Augen des drachenartigen Wesens Euphrat und Tigris entspringen lässt, aus dessen Rippen die Berge auftürmt und mit dessen Schwanz das Oben und Unten miteinander verbindet. Wie er endlich als krönenden Abschluss Babylon erbaut. Statt des Chaos herrscht nun Harmonie. Auf der Karte ausgedrückt durch die Reduktion der Welt auf die einfachste geometrische Form: des mit einem Zirkel – auch der war schon seit mehr als tausend Jahren erfunden – geschlagenen Kreises.

Könnte der Text auf der bloß 122 mal 82 Millimeter messenden Tafel ein mythologischer Kommentar gewesen sein? Ein Schulbuch? Die Magisterarbeit eines Keilschriftgelehrten? Ein theologisches Traktat? Wir wissen es nicht. Aber die Logik der *Mappa mundi* in der Vermittlung ihres Weltbildes ist so einleuchtend wie unsere U-Bahn-Fahrpläne übersichtlich, beide sind reduziert auf das Wesentliche.

58 Der schwarze Obelisk stellt die Völker dar, die dem Assyrerkönig Salmanassar III. tributpflichtig waren. Die auf den vier Seiten des Pfeilers angebrachten zwanzig Reliefs dokumentieren fünf unterworfene Länder, darunter das Nordreich Israel.
Nimrud (Irak), neuassyrisch, 859–824 v. Chr., schwarzer Kalkstein, 197,85 x 45,08 cm, British Museum London

/// Ägypten: Karten für diese und für die andere Welt

Unter den Pharaonen der 20. Dynastie des Neuen Reiches gilt Ramses IV. (1156–1150 v. Chr.) als schwacher Herrscher. Kriegerische Taten sind von ihm nicht überliefert, aber er rüstete Dutzende von Expeditionen aus, die für seine geplanten Bauvorhaben

60 Bemaltes Relieffragment mit Darstellung von tributbringenden Syrern.
Theben-West, 18. Dynastie, um 1400–1300 v. Chr., Sandstein, bemalt, 18 cm, Ägyptisches Museum und Papyrussammlung, Staatliche Museen zu Berlin

Material heranschafften: Steine, Kupfer, Gold, Edelsteine. Doch weil er zu kurz regierte, kamen die Bauten nur teilweise zur Ausführung. Der größten dieser Unternehmungen verdanken wir die älteste bekannte geologische Karte der Weltgeschichte. Von Theben, dem heutigen Luxor, brachen Tausende von Arbeitern und Soldaten nach Osten in die Wüste auf. In Luftlinie gemessen, führte die Route 75 Kilometer durch das gewundene Wadi Hammamat zu einem Steinbruch. Der war schon seit 3000 v. Chr. in Betrieb und lieferte die begehrten Bekhen-Steine: grauschwarz-grünliche Grauwacke, die man nur dort fand und für ganz besondere Bauten und Statuen verwandte.

Die farbige, auf Papyrus gezeichnete Karte zeigt fünfzehn Kilometer des Wadis. Sie ist gesüdet und schwankt im Maßstab zwischen 1:50 und 1:100. Ihre Topographie konzentriert sich auf die Auflistung der geologischen Fundstätten, sei es des Steinbruchs oder der dort ebenfalls ausgebeuteten Goldminen. Viel Wert legt sie darauf, zu zeigen, wo sich welche Steinsorten im Wadi finden. Ebenfalls eingetragen sind eine Bergarbeitersiedlung und der Tempel des Amun. Angaben zum Verlauf der Straßen sind genauso vermerkt wie Distanzangaben zwischen den Arbeitsstätten und die Maße der gebrochenen Steine. Eine Inschrift im Steinbruch rühmt Ramses IV. und nennt eine Zahl von 8362 Mann als Teilnehmer der Expedition. War es nicht nur Propaganda, sondern Tatsache, wäre es die zahlenmäßig größte seit 800 Jahren gewesen.

Welche Funktion hatte die Karte? Ganz sicher brauchte man sie nicht, um zum Steinbruch zu kommen. Der Weg dorthin war seit 1800 Jahren bekannt. Der amerikanische Geologe James Harrell, dem es zu verdanken ist, dass die Fragmente des Papyrus in die richtige Reihenfolge gebracht wurden, vertritt die These, die Karte sei so etwas wie ein Bildbericht für den Pharao oder den Oberpriester des Amun gewesen, der das Unternehmen organisierte; ein anschaulicher Report der Expedition, der ihm alle Informationen lieferte, die ihn interessierten. Danach gab es keinen Grund mehr, die Karte aufzuheben. Ihr Zeichner, der „Grabschreiber" Amennakhte, der unter Ramses IV. eine hohe Stellung bekleidete, erhielt sie zurück und benutzte ihre unbeschriebene Rückseite – Papyrus war ein teurer Beschreibstoff – für andere Texte.

Nicht nur die erste bekannte geologische Karte haben uns die Ägypter hinterlassen. Wie in der diesseitigen, so strebten sie in der jenseitigen Welt nach Orientierung. Um das Jahr 2000 v. Chr. entwar-

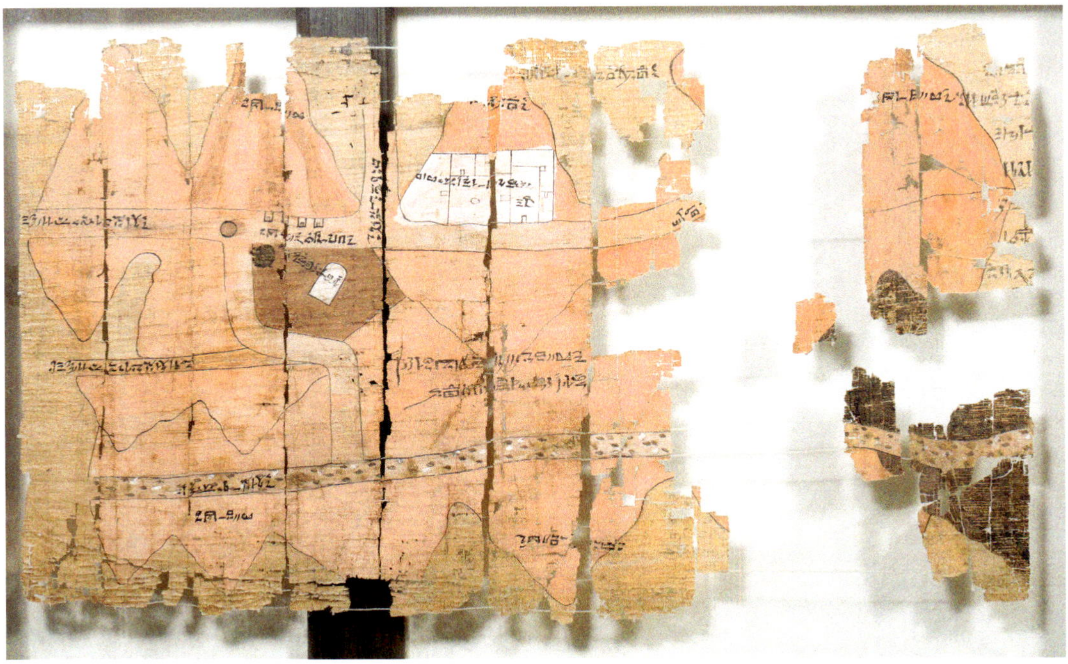

61 Ausschnitt aus dem Goldminenpapyrus zum Wadi Hammamat.
Deir el-Medina, 20. Dynastie, um 1160 v. Chr., Papyrus, 280 x 41 cm, Ägyptisches Museum Turin

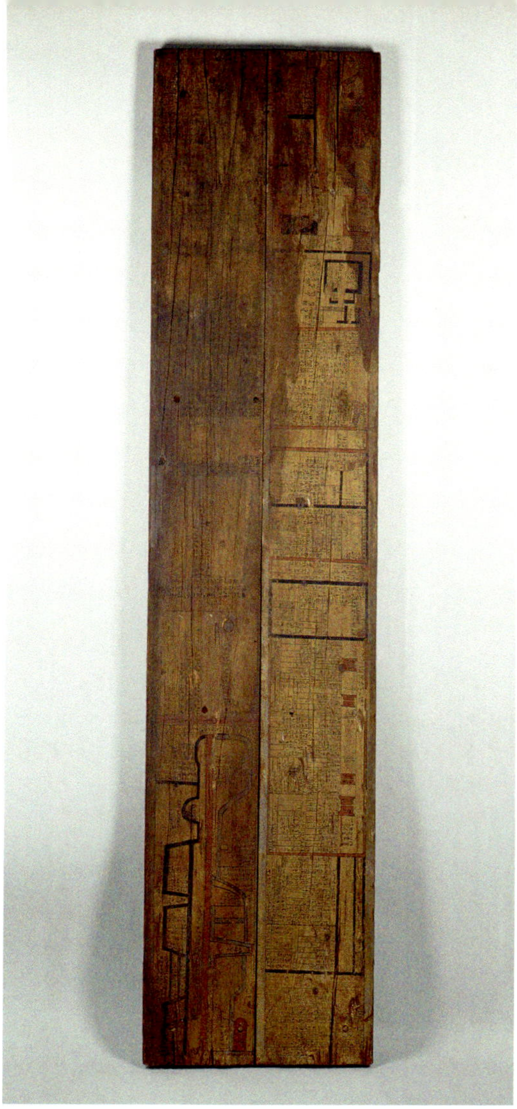

62 Sargboden mit einer Karte der jenseitigen Welt, dem so genannten Zweiwegebuch.
Ägypten, 11. Dynastie, 2119–1976 v. Chr., Holz, bemalt, 207,5 x 47,7 x 5 cm, Ägyptisches Museum und Papyrussammlung, Staatliche Museen zu Berlin

fen die Priester von Hermopolis, der Stadt des Gottes Thot, einen „Jenseitsführer“. Keine „Erfindung“ war das, kein Phantasieprodukt, sondern das konzentrierte Wissen der ägyptischen Theologen um die Verhältnisse, Gefahren und Wege in den Räumen der anderen Welt. Als Bild-Text-Komposition, als Kombination von Karte, Weisheitssprüchen und Beschwörungsformeln, wurde das später so genannte „Zweiwegebuch“ auf den Boden der Särge von Priestern und hohen Beamten gemalt. Jederzeit konnte der Tote auf die niedergeschriebenen Ratschläge zurückgreifen und auf der Karte den Weg verfolgen, den er einschlagen musste, um wiedergeboren zu werden. Denn darum geht es: um die Fortsetzung des Lebens, dem der Tod kein Ende macht, sondern das sich beständig erneuert.

Zwei Wege stehen zur Wahl. Einer zu Lande, in schwarzer Farbe gezeichnet, einer zu Wasser in blauer, getrennt durch einen Flammensee. Ziel der Jenseitsreise ist die Mitfahrt des Toten auf der Barke des Sonnengottes Re und der Aufenthalt im Palast des Unterweltgottes Osiris. Wer ihn schaut, den immer wieder neu geborenen Gott, hat den Tod überwunden. Aber bis der Tote dorthin gelangt, sind – darin ähnelt der Aufbau des „Zweiwegebuches“ verlüffend einem modernen Computerspiel – mannigfaltige Gefahren zu bestehen: Feuermeere müssen überquert, pechschwarze Finsternisse ertragen und das Schlangenungeheuer Apophis bekämpft werden. An den Toren wachen schreckliche Dämonen und fordern von dem Verstorbenen das passende Losungswort. Umso beruhigender ist da die Kartographie, die den Raum des Jenseits bis in den Grundriss des Osiris-Palastes aufschlüsselt und benennt. So wird das Unbekannte vertraut und damit beherrschbar. Im Verein mit den mitgelieferten Sprüchen ist die Wiedergeburt des Toten gleichsam „garantiert“: „Wer diesen Spruch kennt, wird sein wie Re im Osten des Himmels und wie Osiris im Innern der Unterwelt“ (471 c–d). Karte und Wissen, Bild und Text geleiten sicher durch alle Gefahren.

/// *Stadiasmos* von Patara und *Forma Urbis Romae*: Demonstration der Macht über den Raum

Die Ausgräber, die im Sommer 1992 die ersten von insgesamt 52 beschrifteten Steinblöcken aus einem von Macchia überwucherten, sumpfigen Areal in der Südtürkei bargen, schienen anfangs genau zu wissen, was sie gefunden hatten: ein „Wegweisermonument“, einen „Verkehrsturm für eine ganze Provinz“. Die Provinz hieß Lycia et Pamphylia und der Sumpf war einst der Marktplatz ihrer

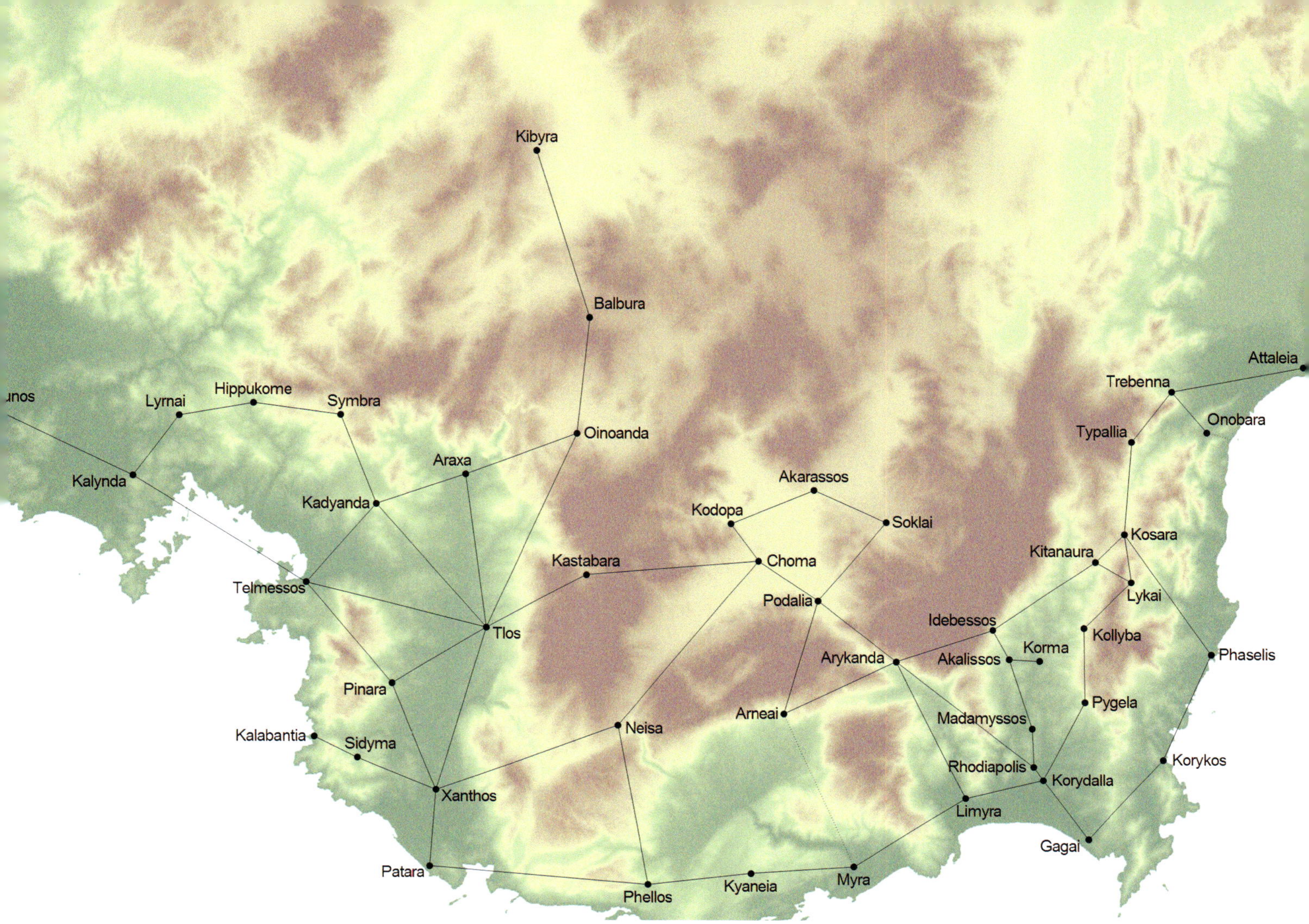

63 Rekonstruktion des römischen Wegenetzes in der Provinz Lykien nach den Inschriften auf dem monumentalen Pfeiler des so genannten *Stadiasmos* von Patara (Türkei), der zur Regierungszeit des Kaisers Claudius, 41–54 n. Chr., errichtet wurde. Die fragmentarisch erhaltenen Blöcke werden im Museum von Antalya aufbewahrt.

Hauptstadt Patara. Heute liegt unweit davon das Dorf Gelemis. Als man die Steinblöcke zusammensetzte, wurde daraus ein Inschriftenpfeiler mit einer Grundfläche von 1,6 mal 2,35 Meter und einer Höhe knapp über sechs Meter. Zu vermuten steht, dass er von einer Reiterstatue bekrönt wurde, die Kaiser Claudius darstellte, denn, so besagte die Inschrift auf der Vorderseite, zu seiner Ehre hatten ihn die dankbaren Provinzialen 46 n. Chr. errichtet.

Die Widmung rühmte den Kaiser als denjenigen, der in Lykien Gesetz und Ordnung wiederhergestellt habe. Eine weitere Inschrift verkündete, dass er in der ganzen Provinz „durch seinen Statthalter Quintus Veranus Straßen anlegen ließ, deren Länge im Folgenden angeführt ist". Auf den Längsseiten des Denkmals sind die insgesamt 65 Strecken, die Orte, zu denen sie führen, und die Distanzen zwischen ihnen aufgelistet. Hatte also das repräsentative, die römische Herrschaft in ihren schönsten Auswirkungen darstellende Monument, genannt *Stadiasmus Patarensis*, auch einen praktischen Nutzen? Informierten sich hier Anwohner und Fremde über das lykische Straßennetz? War der *Stadiasmos* eine öffentliche Wegbeschreibung, die man bei der Reiseplanung zu Rate zog? Welche Ortschaften werden überhaupt verbunden und über welche Wege und Distanzen? Eine Forschergruppe unter der Leitung des Wissenschaftshistorikers Gerd Graßhoff hat diese Fragen beantwortet. Sie untersuchte, gestützt auf archäologische Quellen, den Zusammenhang zwischen *Stadiasmos* und lykischem Straßennetz. Dann identifizierte sie die angegebenen Orte. Schließlich überprüfte und verifizierte sie die Entfernungsangaben.

Da zwar die Entfernungen von Ort zu Ort exakt angegeben sind, nicht aber die Straßenkreuzungen, die eine kürzere Strecke ermöglichen würden, erlaubt der *Stadiasmos* keine Routenplanung. Es geht vielmehr darum, die Länge der erfassten Straßen hervorzuheben. Statt eines Wegweisers dominiert der Herrschaftsaspekt. Das Imperium präsentiert sich in der Summe seiner positiven Eigenschaften und im Stolz auf seine zivilisatorische Leistung. Nicht auf banale praktische Anwendung, sondern auf Bewunderung hin war der *Stadiasmos* konzipiert. Jenseits wissenschaftlicher Untersuchungen überzeugt der Augenschein. Bei einer Höhe von sechs Metern und einer Buchstabengröße von sechs Zentimetern konnten selbst scharfsichtige Zeitgenossen Schrift und Zahlen nicht wirklich gut lesen. Davon ging wohl auch der Schreiber aus und meißelte den Text auf den Seiten, im Gegensatz zur frontalen kaiserlichen Widmungsinschrift, wesentlich weniger sorgfältig.

Ebenfalls ohne praktischen Nutzen, aber in seiner Monumentalität ungeheuer beeindruckend, präsentierte sich die *Forma Urbis*, der Stadtplan von Rom, der in den Jahren 203 bis 211 n. Chr. an einer Seitenwand des Friedenstempels angebracht wurde. Achtzehn Meter lang und dreizehn Meter hoch, bedeckte er eine Fläche von 235 Quadratmetern. Von den 150 Marmorplatten, angeordnet in elf Reihen, haben sich immerhin noch circa 1200 Bruchstücke (10–15 Prozent des Gesamtvolumens) erhalten. Im Maßstab von rund 1:240 zeigte der Plan sämtliche Straßen und Gebäude der Stadt, dazu noch Treppen, Kolonnaden, Brücken und Brunnen. Besondere Bauwerke, Theater, Tempel und öffentliche Gebäude hob er durch Rotfärbung oder Ansichten aus der Vogelperspektive heraus. Der Plan war nach Südosten orientiert und seine Mitte bildete der kapitolinische Hügel. Absichtsvoll beides, denn auf Letzterem befand sich das spirituelle Zentrum Roms, sein Hauptheiligtum, der Jupiter-Tempel, während die gewählte Himmelsrichtung auf die Albaner Berge verwies. Dort hatte einst die Latinerstadt Alba Longa gelegen, Heimat von Romulus und Remus, den Gründern Roms. Keinen Gedanken verschwendet die *Forma Urbis* auf die Topographie. Die Flussschleife des Tiber wird nur durch das Fehlen von Gebäuden erkennbar; und ebenso wenig Notiz nimmt sie von den berühmten sieben Hügeln der Stadt. Nicht auf Natur kam es ihr an, sondern auf Kultur, verstanden als durch Architektur gestalteten Raum. Um die *Forma Urbis* ganz in den Blick zu nehmen, musste der Betrachter Abstand halten, denn da die Platten zwei Meter über dem Fußboden angebracht waren, nützte es nichts, nah heranzugehen. Maximal 26 Meter konnte die Entfernung betragen, eine Distanz, bei der handwerkliche Flüchtigkeiten, die sich hier und da eingeschlichen haben, nicht den Gesamteindruck beeinträchtigten, dass nämlich die kaiserliche Metropole Rom nicht ihresgleichen auf der Welt hatte.

Die *Forma Urbis* passt exakt in das baupolitische Programm eines Kaisers, der sich als Begründer einer neuen Dynastie durch Taten legitimieren musste: Septimius Severus (193–211 n. Chr.). Der von Kaiser Vespasian 75 n. Chr. geweihte Friedenstempel, den Flavius Josephus als eines der schönsten Bauwerke Roms charakterisiert, dessen „Ausführung alle menschlichen Erwartungen übertraf" und der mit „phantastischem Aufwand von Reichtum" (Jüdischer Krieg 7,7,158f.) errichtet wurde, fiel im Jahre 192 einem Brand zum Opfer. Als eigentlich Schuldigen identifizierte die öffentliche Meinung Kaiser Commodus (180–192), dessen skandalöses Leben den Zorn der Götter erregt habe. Septimius Severus als sein Nachfolger nutzte

65 *Tabula Peutingeriana* (Faksimile), römische Straßenkarte mit der Darstellung von Rom auf der mittleren Bahn rechts.
Original vor dem 16. Jh., Pergament, 669 x 35 cm, Kartenabteilung, Staatsbibliothek zu Berlin – Preußischer Kulturbesitz

64 Meilensteinbecher aus dem Heiligtum von Vicarello in Latium (Italien). Die Inschriften auf den Bechern bezeichnen ein Itinerar mit Entfernungsangaben zwischen dem heutigen Cádiz in Südspanien und Rom.
Römerzeitlich, 1. Jh. v. Chr.–1. Jh. n. Chr., Silber, Höhe 15,3 cm, 14 cm, 12 cm, Museo Nationale Romano, Rom

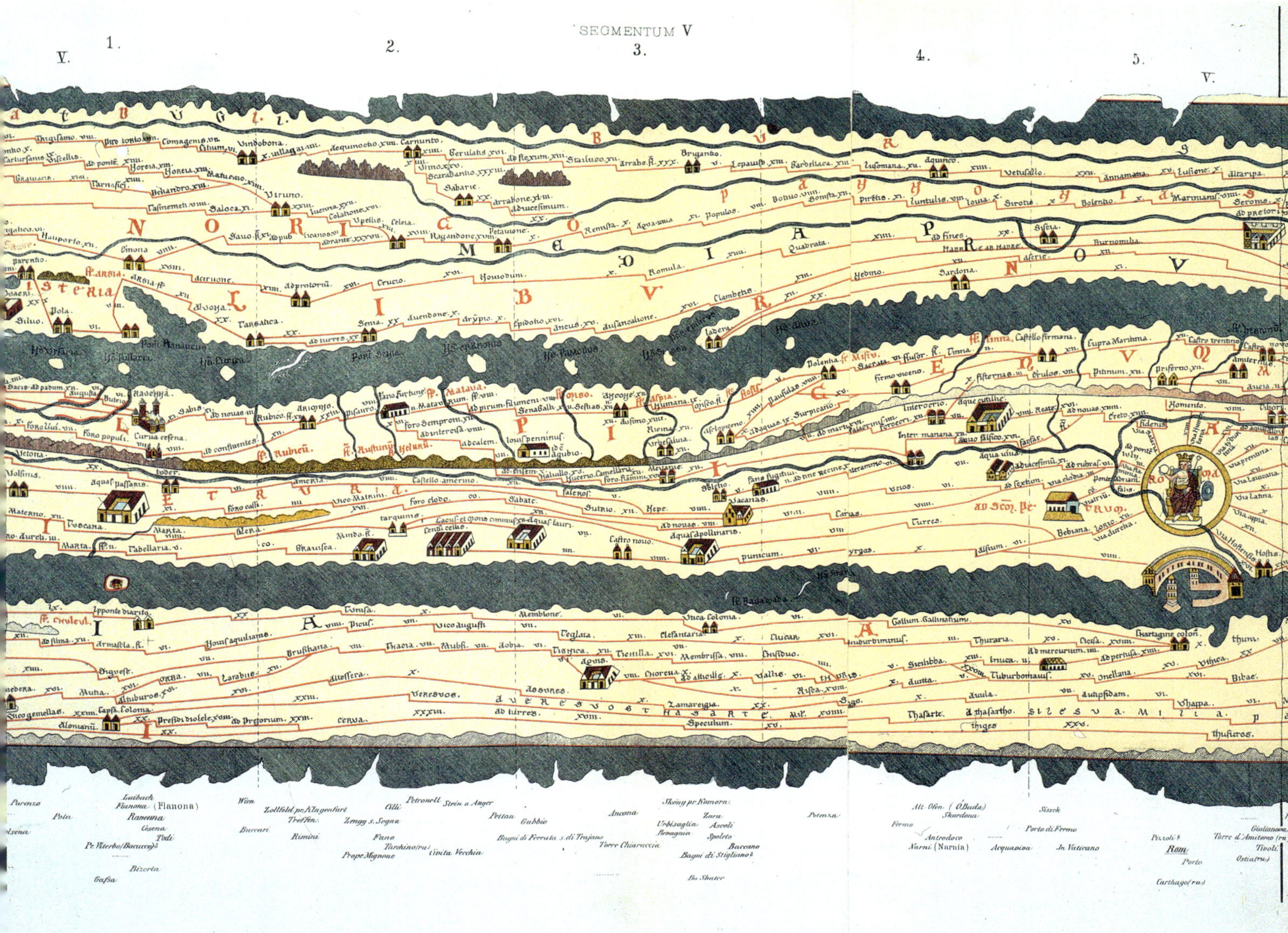

die Gelegenheit, sich als der bessere Kaiser zu profilieren. Er baute den Friedenstempel wieder auf, errichtete auf dem Palatin einen neuen Palast mit einer fünfstöckigen Prachtfassade *(Septizodium)* und auf dem Forum Romanum einen Triumphbogen. Im Jahre 204, nach erfolgreichen Feldzügen gegen Parther und Garamanten, veranstaltete er prachtvolle Säkularspiele, mit denen traditionell der Beginn eines neuen Zeitalters gefeiert wurde. Gut möglich, dass er in diesem Zusammenhang die *Forma Urbis* in Auftrag gab und ihre Anbringung an prominenter Stelle befahl. Dort, heute die Rückwand der Kirche S. Cosma e Damiano, sind noch immer die Dübellöcher der Marmorplatten zu sehen.

/// *Tabula Peutingeriana:* weder Straßenkarte noch spätantik

6,75 Meter lang und 34 Zentimeter hoch, aufgezeichnet auf ursprünglich dreizehn Pergamentblättern, von denen zwei, die westlichen mit Schottland und der Iberischen Halbinsel, verloren gingen, gilt die *Tabula Peutingeriana* als das eindrucksvollste, vor allem aber einzige Beispiel einer antiken Karte, eines so genannten *Itinerarium pictum*. Ihren besonderen Rang unterstreicht die Aufnahme in das Weltkulturerbe der UNESCO. Im Gegensatz zu den üblichen auf uns gekommenen Itineraren, Wegbeschreibungen, die nur aus Listen von Orten und

66 **Ecke eines Bodenmosaiks mit der Darstellung der Personifikation der römischen Provinz Spania in Form einer weiblichen Büste mit Mauerkrone.** Belkis-Seleukia am Euphrat, vor 256 n. Chr., farbiger Naturstein, 104 x 82,5 cm, Antikensammlung, Staatliche Museen zu Berlin

ihren Entfernungen zueinander bestehen, also aus reinem Text und Zahlen, hat der Zeichner der *Tabula* eine Landkarte entworfen und sie farbig gestaltet. Festland und Inseln sind gelblich, Meere und Flüsse grün, Gebirge sind grau, rosa oder gelb. Wie allerdings die ursprüngliche Farbgebung der antiken Karte aussah, von der die *Tabula* eine Abschrift ist, wissen wir nicht. Über das ganze Kartenbild, das vom Atlantik im Westen bis ins ferne Indien im Osten reicht, hat der Kartograph ein Straßennetz geworfen und mit roter Farbe prominent hervorgehoben. Es verbindet mehr als 550 in der Karte eingetragene Städte der Oikumene, der bewohnten Welt.

Dem strategiebesessenen, die Welt in Kolonien aufteilenden 19. Jahrhundert, in dem Franzosen und Briten, später auch die Deutschen gleichermaßen reklamierten, die wahren Erben der Römer zu sein, war die *Tabula* der finale Beweis für die Fähigkeit der Antike zu großräumigem Denken und zur Erschließung des Raumes. Den römischen Straßen wurde eine Bedeutung analog zum Ausbau der Eisen-, später der Autobahnen zugemessen und damit Funktion und Nutzen der *Tabula* präjudiziert: Sie wurde als Routenplaner, Straßenverzeichnis und Ausdruck imperialer, die ganze Welt in den Blick nehmender Vogelschau zugleich begriffen.

Als Quellenbeleg für die erste Funktion dient der Militärschriftsteller Flavius Vegetius, der in seinem um 400 n. Chr. entstandenen Werk „De re militari" den Erfolg eines Feldherrn auf die gute Kenntnis des Geländes zurückführt: „Zuerst einmal muss der Heerführer von allen Regionen, in denen man Krieg führt, sehr ausführlich und genau dargestellte Wegbeschreibungen haben, so dass er die Entfernungen zwischen den Punkten nicht nur nach der Schrittzahl, sondern auch hinsichtlich der Beschaffenheit der Wege sich einprägen und Abkürzungen, Nebenwege, Berge und Flussläufe nach zuverlässiger Beschreibung bedenken kann; das geht so weit, dass man versichert, die fähigsten Führer hätten Wegbeschreibungen der Provinzen, in denen diese Notwendigkeit bestand, nicht nur aufgeschrieben (also als Itinerare, Anm. d. Verf.), sondern auch aufgemalt (im Original *picta*, Anm. d. Verf.) besessen, damit einer vor dem Aufbruch den Weg nicht nur abstrakt im Verstand, sondern auch mit der sinnlichen Anschauung der Augen auswählen könnte" (3,6,4). Aber ist es nicht verdächtig, dass der Fachmann Vegetius sein *Itinerarium pictum* offensichtlich nie gesehen, sondern nur durch Hörensagen davon erfahren hat? Gab es den Kartentyp überhaupt und ist die *Tabula* dafür tatsächlich ein Beispiel?

Der Althistoriker Michael Rathmann argumentiert, dass es sich bei der *Tabula* eben nicht um eine ausschließliche Straßenkarte handelt. Sie ist für die strategische Planung eines Kriegszuges oder für die Orientierung einer Armee auf dem Marsch viel zu wenig detailliert und folglich absolut ungeeignet. Ebenso wenig taugt sie als Straßenkarte, beispielsweise für den römischen Kurierdienst, den *cursus publicus*. Weder sind alle großen Reichsstraßen eingetragen noch alle Provinzhauptstädte, außerdem berücksichtigt die *Tabula*, hierin dem *Stadiasmos* von Patara ähnlich, nicht alle Distanzen. Kein antiker Reisender hätte sich in dem Wirrwarr ihrer Entfernungsangaben zurechtgefunden. Zudem erfüllt die Karte auch unter praktischen Gesichtspunkten nicht den behaupteten Zweck. Wer denn hätte sich mit einer – zählt man das verlorene Pergamentblatt hinzu – acht Meter langen Rolle auf die Reise begeben wollen? Dazu noch mit einer ausgesprochenen Kostbarkeit? Denn dieses Prachtwerk herzustellen war überaus aufwendig und dementsprechend teuer.

Schließlich litt der Gebrauchsnutzen unter ihrer mangelnden Aktualität. Die Karte, die ja keine des

67 **Weltkarte nach Macrobius.** Handschrift des Abbo von Fleury, Arithmetisch-chronologische Arbeiten, Ms. Phill. 1833, fol. 39 verso, um 940/45–1004, Pergament, Handschriftenabteilung, Staatsbibliothek zu Berlin – Preußischer Kulturbesitz

Römischen Reiches ist, sondern die ganze bekannte Welt abbildet, basiert nach Rathmann höchstwahrscheinlich auf einer Weltkarte des 3. Jahrhunderts v. Chr., möglicherweise auf der des Erathosthenes. Sie präsentiert damit in ihren Grundannahmen den Informationsstand des Frühhellenismus. Im Lauf der Zeit – Papyrus hält in Europa bei guter Pflege fünfzig, Pergament neunzig Jahre – fügten die jeweiligen Kopisten Aktualisierungen hinzu, ließen jedoch alte Eintragungen bestehen. Die letzten Ergänzungen stammen aus dem 5. Jahrhundert. Aber Einzeichnungen wie Pompeji, obwohl vom Vesuv zerstört, blieben erhalten, ebenso Byzanz, das von der Neugründung Konstantinopel abgelöst wurde. China (Sera) wird irgendwann nachgetragen, doch nur als Name, nicht als Fläche, denn dafür war kein Platz. Kopisten waren keine Kartographen und wussten folglich nicht, wie das neue Land im Osten zu zeichnen wäre. Der Beschreibstoff, das Pergament, schrieb die lange und schmale Form zwingend vor. Deshalb der verzerrte, in Nord-Süd-Richtung gestauchte Maßstab. Die Praxis der Nachträge setzte sogar noch der Augsburger Ratsherr Conrad Peutinger (1465–1547) fort, dem die Karte 1508 geschenkt wurde und nach dem sie ihren jetzigen Namen erhielt. Während der letzte Kopist, vermutlich ein Mönch aus dem Kloster Reichenau an der Wende zum 13. Jahrhundert, sich jeglicher Zusätze enthielt, trug Peutinger die Städte Salzburg und Regensburg in die Karte ein.

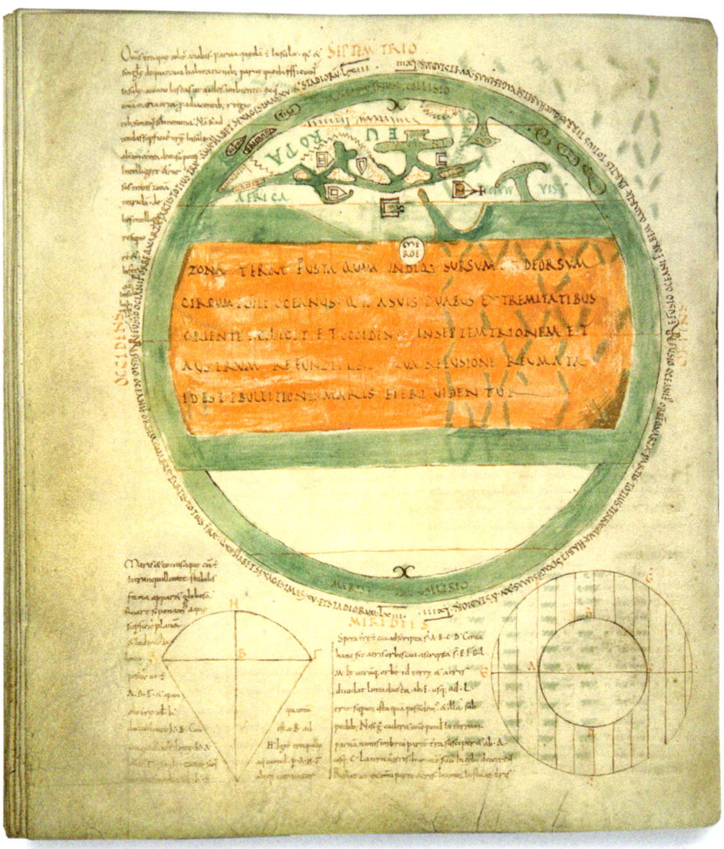

Doch welche Funktion hatte die *Tabula Peutingeriana*? Der römische Schriftsteller Sueton erwähnt in seinen Kaiserbiographien den unter Domitian hingerichteten Senator Mettius Pompusianus, der eine farbige Weltkarte besaß (Domitian 10). Sie war offenbar ein Statussymbol der Oberschicht, passend zu einer wohlsortierten Bibliothek, die nur im Groben zur Orientierung taugte. Mag sein, dass sie ein künftiger Statthalter zu Rate zog, wenn er sich über die Provinzen und Regionen informieren wollte, in die er vom Kaiser geschickt wurde. Nicht auf maßstabsgetreue Darstellung legte man Wert, sondern auf die Visualisierung des Raumes, der möglichst viele Informationen über Kontinente, Völker, Städte, Häfen, Flüsse, Straßen, sogar über vergangene Ereignisse enthalten sollte. So sind die Altäre, die Alexander der Große am Kaspischen Meer errichtete, gekennzeichnet. In der Spätantike fügten christliche Kopisten den Ölberg bei Jerusalem und den Sinai hinzu, durch den Moses mit den Israeliten vierzig Jahre zog. Dazu gab es wohl ein Begleitbuch mit Erläuterungen. Es ist in keinem Exemplar auf uns gekommen, wird aber in den Quellen bei ähnlichen Fällen erwähnt. Bild und Text, wie schon in der *Mappa mundi* und im „Zweiwegebuch", gehörten in der Antike zusammen.

/// Ptolemäus' „Geographie" oder die Erfindung der modernen Kartographie

Der Mathematiker, Geograph und Astronom Claudius Ptolemäus (100–175 n. Chr.) hat statt des länderkundlichen (chorographischen) Kartentyps an einer mathematisch-physikalischen Darstellung gearbeitet, die auf streng wissenschaftlicher Grundlage „ein zusammenhängendes Gesamtbild der bekannten Erde bezüglich ihrer Beschaffenheit und ihrer Lage gibt, wobei lediglich das aufgenommen wird, was mit einer Gesamtdarstellung der Umrisse im Zusammenhang steht" (Geographie 1,1). Mit diesem Anspruch stand Ptolemäus, der in Alexandria lebte und die berühmte Bibliothek als Arbeitsstätte

nutzte, in einer großen Tradition. Spätestens seit dem 4. Jahrhundert v. Chr. war unter den Gebildeten die Kugelgestalt der Erde ein anerkanntes Faktum. Erathosthenes von Kyrene hatte um 300 v. Chr. ihren Umfang mit verblüffender Präzision bestimmt und eine Weltkarte entworfen. Seither versuchte sich eine Elite von Mathematikern und Geographen an einer Verbesserung seines Modells.

Ptolemäus als wichtigster Vertreter der wissenschaftlich arbeitenden Geographie der Antike ist zugleich ihr krönender Abschluss. Im ersten Buch seiner achtbändigen „Geographie" lieferte er eine schlüssige „Gebrauchsanweisung" zum Verfertigen von proportionsgerechten Welt- und Regionalkarten, die eine weitgehend fehlerfreie Herstellung im Gegensatz zum üblichen Kopieren nach Vorlagen ermöglichen sollten. Dazu schlug er zwei Kartenprojektionen vor, um die Kugelgestalt der Erde in die Fläche zu übertragen. Ihr Netz aus Längen- und Breitengraden erlaubt es, jeden beliebigen Ort auf der Karte zu fixieren bzw. aufzufinden. Allerdings musste man seine Lage kennen. Zu diesem Zweck begann Ptolemäus ein wahrhaft enzyklopädisches Unterfangen, indem er als Erster über 8000 Orte und deren Koordinaten zusammenstellte. Aber wie kam er an diese Informationen? Wie bestimmte er Länge und Breite? Im Prinzip empfahl er astronomische Methoden, denn sie lieferten die exaktesten Daten. Doch während die Breitengrade durch die Natur vorgegeben sind – der Nullbreitengrad ist der Äquator – und durch Himmelsbeobachtung berechnet werden können, ist es mit den von Pol zu Pol laufenden Längengraden ungleich komplizierter. Sie können durch die Zeitdifferenz zwi-

68 Weltkarte des Ptolemäus.
Ulm, Lienhart Holle, 1482, Holzschnitt, koloriert, Handschriftenabteilung, Staatsbibliothek zu Berlin – Preußischer Kulturbesitz

schen zwei Orten ermittelt werden. Aber dazu hätte es Beobachtungsdaten der gleichen Mondfinsternis von unterschiedlichen Orten gebraucht, die Ptolemäus nicht zur Verfügung standen. Er wusste um diese Schwierigkeit und entwickelte ein System des Abgleichs von astronomischen und geographischen Daten, die er aus Reisebeschreibungen und den Angaben seiner Vorgänger zog, das überraschend genaue Ergebnisse produzierte. Gerd Graßhoff und Elisabeth Rinner haben Ptolemäus' Methode und ihre Genese anhand der Fehler untersucht, die dabei unweigerlich auftraten. Zwar erklärte Ptolemäus explizit, dass die sicheren astronomischen Daten die Grundpfeiler seien, von denen er ausgehe, überprüfte aber ausgerechnet bei den Hauptorten der Oikumene nicht, ob der überlieferte Datenbestand tatsächlich stimmte. Andererseits interpolierte er die vagen Entfernungsangaben der Itinerare, die sich unterschiedlich auf Tagesreisen, Wegstunden oder Seefahrten bezogen, so geschickt, dass sich vorhandene Fehler nicht aufaddierten.

/// Itinerare und *Periploi*: einfach, billig, effizient

Der achtbändigen „Geographie" waren eine Weltkarte und 26 Länderkarten beigegeben. Ein Exemplar überlebte in einer byzantinischen Bibliothek, 1295 wiederentdeckt von dem gelehrten Mönch Maximos Planudes (1255–1305), der davon Abschriften anfertigen ließ. Dies belegt nicht nur die schlechte Überlieferungslage, sondern hatte auch damit zu tun, dass der Antike offensichtlich das nötige „Kartenbewusstsein" fehlte, bzw. sie Karten einfach nicht brauchte, sieht man von repräsentativen Weltkarten oder den Notwendigkeiten kleinräumig-praktischer Kataster ab. Hinzu kam, dass man die anspruchsvollen Theoreme der alexandrinischen Wissenschaftler nicht verstand, wie das Beispiel Ciceros beweist, der den Versuch, die mathematischen Überlegungen dieses „Thinktank" nachzuvollziehen, als hoffnungslos abbrach. Mit den allseits vorhandenen Itineraren für die Landreise und den *Periploi* für die Küstenschifffahrt, die in Listenform den Weg von Ort zu Ort oder entlang markanter Punkte an der Küste beschrieben, war man, wenn man nicht gleich auf ortskundige Führer zurückgriff oder mündliche Auskünfte einholte, bestens bedient. Zumal sie leicht herzustellen und, verglichen mit Karten, konkurrenzlos billig waren. Sich anhand von Karten im Raum zu orientieren, bedarf außerdem einer Schulung und eines gewissen Abstraktionsvermögens. Den antiken Menschen gleich, verzichten auch wir gerne auf diese Mühe und benutzen statt eines Atlasses oder eines Stadtplans lieber die Navigationsgeräte unserer Autos. Mit ihren präzisen Anweisungen – „nächste Straße rechts abbiegen" – sind sie nichts anderes als zum Sprechen gebrachte Listen, die wir, ohne weitere Kenntnis des uns umgebenden Raums, Punkt für Punkt abarbeiten. Erst am Beginn der Neuzeit, im Zeitalter der Entdeckungen und des Humanismus, erlebte die „Geographie" eine spektakuläre Wiedergeburt. Geographen wie Martin Behaim, Paolo dal Pozzo Toscanelli, Martin Waldseemüller, Abraham Ortelius und Gerhard Mercator begriffen, dass Ptolemäus mit seinem Netz aus Längen- und Breitengraden die Grundlagen der modernen Kartographie als Wissenschaft geschaffen hatte.

X.
IX.
VIII.
VII.
VI.
I.
II.
III.
IV.
V.
VI.
VII.
bahr al hozar
Wiederhergestellt und herausgegeben von KONRAD MILLER, Stuttgart 1926.
Charta Rogeriana WELTKAR

69 Islamische Weltkarte des Al-Idrisi, die im Auftrag des Königs Roger II. von Sizilien in Palermo erstellt wurde.
1099/1100–1165/66, Nachdruck aus den erhalten gebliebenen Teilen, 1951, Herstellungsort Bagdad, 198 x 92 cm, Museum für Islamische Kunst, Staatliche Museen zu Berlin

/// Weltkarte des Al-Idrisi: arabischer Erbe der Antike

Die Araber, die im 7. Jahrhundert Ägypten eroberten, erkannten Ptolemäus' Bedeutung früher. Sie übersetzten um 800 sein „Handbuch der Astronomie" (bekannt als „Almagest"), wenig später das „Handbuch der Geographie". Von ihm hat der berühmteste muslimische Kartograph, Abdullah Al-Idrisi (1099–1166), profitiert, der am Hof des Normannenherrschers Roger II. in Palermo lebte. Seine Weltkarte, die er 1154 fertigstellte, kombinierte neueste geographische Kenntnisse arabischer Reisender mit dem Wissen und der Technik des Ptolemäus. Wie dieser versuchte er, die Koordinaten der 2064 auf seiner Karte eingetragenen Orte durch genaue Messungen zu ermitteln, war aber wie Ptolemäus auf Schätzungen angewiesen, wenn es um Tagesmärsche von Karawanen oder Zeitangaben von Seereisen ging. Im Gegensatz zu dem Alexandriner, der seine Karten nordete, hat Al-Idrisi die seine gesüdet und sie so konstruiert, dass – nach Babylon, Delphi und Rom – nunmehr Mekka den Mittelpunkt der Welt bildete. Durchaus denkbar, dass es sich hierbei um einen Reflex – wir sind im Zeitalter der Kreuzzüge – auf die christliche Eroberung Jerusalems handelt. Hier wie dort lag die jeweils „Heilige Stadt" im Zentrum der Karten und des Denkens. Diese Konkurrenz hielt jedoch weder italienische noch katalanische noch mitteleuropäische Kartographen davon ab, sich bis ins 15. Jahrhundert an Al-Idrisi zu orientieren.

/// Die Mosaikkarte von Madaba: Konstruktion des „Heiligen Landes"

Beim Neubau einer griechisch-orthodoxen Kirche auf den Grundmauern einer byzantinischen Basilika aus dem 6. Jahrhundert kam 1884 im jordanischen Dorf Madaba ein Mosaik zum Vorschein. Mit seinen ursprünglich 144 Quadratmetern, gefertigt aus über zwei Millionen Steinchen, bedeckte es das ganze Kirchenschiff. Es stellt die erste Karte des „Heiligen Landes" dar, schließt aber weitere biblische Bezugspunkte wie das Nildelta und den Sinai ein. Ihre heilsgeschichtliche Erfassung des Raumes, in dem Jesus Christus lebte und starb, wird sich tausend Jahre nicht mehr ändern. Die Karte ist geostet, und nicht mehr Rom, sondern Jerusalem überdimensional mit einem eigenen Stadtplan herausgehoben, auf dem man unter anderem sämtliche Kirchen, die Tore und den römischen *Cardo* erkennt, bildet ihren Mittelpunkt. Ganz in der Tradition der chorographischen Länderkarten der Antike ist der Raum mit Informationen, teils in Form von Darstellungen, teils als Text, angefüllt. Auf dem See Genezareth schwimmen Fischerboote, im Nil verschiedene Fischarten, in der Wüste jagen Löwen Gazellen, eine Fähre setzt über den Jordan und rund um Jericho sieht man Palmenhaine. Neben Städten und Dörfern sind die Orte des biblischen Geschehens eingetragen und erklärt. Die Jordanfurt, an der Johannes Jesus taufte, der Berg Mose, die Geburtskirche von Bethlehem, der Ölberg. Medaba, so der antike Name, war zur Zeit der Entstehung des Mosaiks ein Bischofssitz und bedeutender Wallfahrtsort, gelegen an einer Hauptverkehrsroute, dem von Damaskus nach Akaba führenden „Königsweg". Gut möglich, dass die Pilger anhand der Karte noch einmal nachdachten, welche der abgebildeten Sehenswürdigkeiten sie besuchen wollten, oder wenigstens diejenigen betrachteten, die zu weit entfernt lagen.

Die sakrale Landschaft, die sich vor ihren Augen ausbreitete, begann sich zu konturieren, als unter Konstantin dem Großen (306–337) das Christentum zu einer anerkannten, gleichberechtigten Religion neben den heidnischen Kulten avancierte. In dieser Zeit, etwa um 320, schrieb der Bischof und Konstantin-Biograph Eusebios von Cäsarea (260–340) sein „Onomastikon": ein Verzeichnis von 800 biblischen Ortsnamen in alphabetischer Reihenfolge, mit der Absicht, möglichst viele dieser Plätze im Palästina seiner Gegenwart zu lokalisieren. Es könnte durchaus den Künstler inspiriert haben, der die Mosaikkarte von Madaba entwarf. Vielleicht gab es sogar eine kartographische Vorlage des Eusebios. Er deutet einen solchen Plan in der Vorrede des „Onomastikons" an. Der klassische Philologe Jan Stenger hat untersucht, welche Funktion das Verzeichnis hatte und mit welchen Intentionen es der Autor schrieb. Angesichts der lückenhaften geographischen Angaben schließt er einen Gebrauchsnutzen etwa als Pilgerführer mit großer Wahrscheinlichkeit aus. Dem widerspricht zudem die alphabetische Anordnung der Ortsnamen. Eusebios ging es vielmehr darum, Palästina als eine „Gedächtnislandschaft" zu konstruieren. Indem er die historische Überlieferung mit dem geographischen Raum verknüpft, gelingt es ihm, im Leser die Vorstellung einer Landschaft wachzurufen, die ganz von der biblischen Geschichte er-

70 Ausschnitt der Kopie der Mosaikkarte von Madaba.
Original um 550 n. Chr., farbiger Naturstein, 400 x 300 cm, Archäologisches Institut, Universität Bonn

füllt ist. Palästina wird so zu einem „Gedächtnisspeicher“, zu einem Raum kollektiver Erinnerung, die an jedem der genannten Orte abrufbar ist. Diese Erinnerung war keine beliebige, sondern stützte die Autorität der Bibel, auf der die religiöse Identität der Christen beruhte. Bewusst konzentrierte sich Eusebios im „Onomastikon“ auf die Frühzeit Israels, denn damit vereinnahmte und überschrieb er die jüdische Tradition. Gegenüber heidnischen Kritikern lieferten die von den Anfängen bis in die Spätantike existierenden Orte und Landschaften durch ihre faktische Existenz den Beweis für die biblische Wahrheit. Für den christlichen Pilger aber wurde Palästina zum „Heiligen Land“, in dem man die Heilsgeschichte an den authentischen Schauplätzen spirituell nachvollziehen konnte. Hier erlebte er, dass sein Glaube ein reales Fundament besaß, auf dem sich – buchstäblich – Kirchen bauen ließen. Mit jedem Jahr wuchsen sie höher in den Himmel, denn wie Eusebios hatte Kaiser Konstantin, der mit einem ehrgeizigen Bauprogramm christliche Basiliken an die Stelle heidnischer Tempel setzte, begriffen, worum es ging: um die religiöse Eroberung des Raumes. Zweihundert Jahre später demonstriert die Mosaikkarte von Madaba mit überwältigender Evidenz den vollständigen Sieg des Christentums: Die Vorstellung vom „Heiligen Land“ ist fest in den Köpfen der Menschen verankert.

/// Europa wird als phönizische Königstochter von Zeus in Stiergestalt nach Kreta entführt. Herakles führte sein Weg über das Ende der Welt zu Atlas, der das Himmelgewölbe trägt. In Ägypten reist der Sonnengott in einer Barke durch die nächtliche Unterwelt, und der altorientalische König Gilgamesch gelangt auf seinem Weg durch viele Gefahren und Einöden zur Selbsterkenntnis.

In zahlreichen Kulturen der Alten Welt sind Mythen und Heldensagen verbreitet, in denen Götter und Heroen den Raum durchwandern. Davon erzählen Epen. Sie berichten von Reisen in und durch die Unterwelt, an die Ränder der damaligen Welt oder vom Umherirren des Odysseus kreuz und quer durch die den Griechen bekannte Welt. Auch in schriftlosen Kulturen lassen Objekte wie der bronzezeitliche Sonnenwagen von Trundholm (ca. 1400 v. Chr.) ähnliche Vorstellungen erkennen.

Als die Griechen in die Gebiete des Mittelmeers und des Schwarzen Meers expandieren, eignen sie sich diesen Raum auch in ihren Mythen an. Herakles wird zu dem Heros, der die Welt der Griechen von den Säulen des Herakles (der Straße von Gibraltar) im Westen bis zum Kaukasus im Osten des Schwarzen Meeres bereist. Er wird auf seinen Reisen zum Stammvater vieler Völker und damit zum Gründer zahlreicher Städte. Egal, wohin die Griechen kamen, sie trafen also in ihrer Vorstellung auf „verwandte" Völker, auf Nachkommen ihres Heros Herakles. Die von ihm oder seinen Nachkommen gegründeten Städte konnten sich im Gegenzug ebenso als Bestandteil einer griechischen Welt fühlen.

Erst jenseits dieser von Herakles bereisten Ränder der vertrauten Welt beginnt das Unbekannte, und die dort lebenden Völker werden immer phantasievoller gedacht. Die wandernden Götter und Heroen werden in diesen Erzählungen also zu zentralen Bestandteilen der Archivierung geographischen Wissens, des kulturellen Gedächtnisses und der Identität.

GÖTTER UND HEROEN DURCHWANDERN DEN RAUM ///

/// Gilgamesch

Im Süden des Zweistromlandes, in der Landschaft Sumer, lag die Stadt Uruk wohlgeborgen hinter ihrer neun Kilometer langen Mauer und beschützt von dem starken und mächtigen König Gilgamesch. Der hatte allerdings zwei Nachteile. Die jungen Männer mussten ihm zu jeder Tageszeit zum Ballspiel zur Verfügung stehen, und von den jungen Frauen, die sich verheiraten wollten, forderte er das Recht der ersten Nacht. Darüber beschwerte sich die Bevölkerung bei der Stadtgöttin Ischtar, der Göttin der Liebe und des Krieges. Also beschloss Ischtar, den König abzulenken. In der Person des Enkidu erschuf sie einen „wilden Mann" als Gilgameschs Gegenspieler und Herausforderer, mehr den Tieren als den Menschen ähnlich, dem sie als Lebensraum die Steppe zuwies.

Aber die Steppe ist nicht leer und Enkidu, der mit den Wildtieren lebt, die Fallgruben der Jäger zuschüttet und seiner Herde an den Wasserstellen Vorrang vor den Weiderindern verschafft, gerät rasch mit den Hirten in Konflikt. Weder Kraft noch Gewalt können Enkidu zähmen, sondern nur eine Frau. Zu diesem Zweck begeben sich die Hirten zu Gilgamesch, um von ihm die Dirne Schamchat, genannt „die Üppige", zu erbitten, „denn ihre Macht ist der eines mächtigen Mannes gleich" (Taf. 1,141). Und in der Tat, als Schamchat Enkidu ihre Reize zeigt, ist er sechs Tage und sieben Nächte vollauf beschäftigt und genießt danach unter ihrer Anleitung erstmals die zivilisatorischen Freuden des Zweistromlandes: schmackhaftes Brot, süffiges Bier, eine scharfe Rasur, Öl für die Körperpflege und Kleidung.

Danach ist er für die Wildnis verloren und bricht nach Uruk auf, um Gilgamesch vom Thron zu stoßen. Im harten Zweikampf ringen die beiden miteinander. Keiner kann den anderen besiegen und so schließen sie Freundschaft. Ischtars Rechnung geht glänzend auf. Denn der König begreift, dass ihm mit Enkidu ein ebenbürtiger Gefährte zur Seite steht. Um Ruhm und Ehre zu erwerben, verlässt Gilgamesch Uruk und bricht nach Westen in den Zedernwald des Libanon auf, der dem Gott Enlil gehört und von dem „Hüter des Waldes" Humbaba bewacht wird, dessen „Mundwerk Feuer ist und dessen Atem Tod" (Taf. 2,279). Nach schwerem Kampf unterliegt Humbaba und die Zedern des

71 Terrakottarelief mit Darstellung von Gilgamesch und Enkidu im Kampf mit dem Himmelsstier. Vorderasien, altbabylonisch, um 18.–17. Jh. v. Chr., Ton, gebrannt, 14,2 x 9,1 cm, Vorderasiatisches Museum, Staatliche Museen zu Berlin

72 Sumerisches Rollsiegel und Abrollung, Herkunft aus den Sumerischen Stadtstaaten. Dargestellt ist vermutlich der Mythos des Etana, eines Hirten, der auf den Schwingen eines Adlers in den Himmel aufgestiegen ist und bei seinem Flug die Erde immer kleiner werden sah. Die Hirten und die Herde am Boden betrachten seinen Flug voller Staunen.
Altbabylonisch, 2350–2150 v. Chr., Serpentin, 4 cm, Vorderasiataisches Museum, Staatliche Museen zu Berlin

Libanon dienen als Floß für die Rückfahrt und später als Bauholz für eine mächtige Tür im Enlil-Heiligtum.

Ischtar ist von dem Helden Gilgamesch so beeindruckt, dass sie ihm die Ehe anbietet. Doch der präsentiert der Göttin eine Liste ihrer Liebhaber, deren sie nach kurzer Zeit überdrüssig wurde und die sie in Wölfe, Kröten oder in einen Wiedehopf verwandelte – und lehnt ab: „Ein Schlauch bist du, der den besudelt, der ihn trägt, ein Schuh, der den Fuß seines Besitzers drückt" (Taf. 6,38 und 42). Tief gekränkt erbittet Ischtar von ihrem göttlichen Vater Anum den Himmelsstier, um Gilgamesch zu vernichten. Das Ungeheuer wütet entsetzlich. Dreimal schnaubt es und jedes Mal öffnet sich eine Grube, die erst hundert, dann zweihundert, schließlich sogar dreihundert Krieger verschlingt. Davon unbeeindruckt, überwinden Gilgamesch und Enkidu den Himmelsstier. Der eine hält ihn am Schwanz, der andere stößt ihm das Schwert zwischen die Hörner. Danach feiern sie ausgelassen und opfern das Herz des Stieres dem Sonnengott Schamasch.

Doch das genügt nicht als Sühne. Die gekränkten Götter verlangen Enkidus Tod. Nach zwölftägigem Leiden stirbt er. Gilgamesch ist untröstlich, weint an seiner Leiche, von der er sich nicht trennen will, und bestattet ihn erst, „als der Wurm ihm aus der Nase fiel" (Taf. 10,60). Angst ergreift ihn. Auch auf ihn, den strahlenden Helden, wartet der Tod. Aber ein Mensch existiert, der ihm entging: Utnapischti (übers.: „Er hat das Leben gefunden"), dem die Götter Unsterblichkeit verliehen. Ihn will Gilgamesch aufsuchen und von ihm das Geheimnis des ewigen Lebens erfahren. Es wird eine weite Reise bis ans Ende der Welt.

Sein Weg führt ihn zu einem Berg, der von Skorpionmenschen bewacht wird. Sie kontrollieren den Zugang zu einem Tunnel, den die Sonne auf ihrer Nachtreise durchquert. Zwölf Doppelstunden wandert er in völliger Finsternis hindurch, bis es endlich Licht wird und er den „Ort der Sonne", einen Edelsteingarten, erreicht. Es ist nur eine Zwischenstation. Denn ein noch größeres Hindernis, die „Wasser des Todes", die nur der Sonnengott und der Fährmann Urschanabi mit seinem Boot überqueren können, liegt vor ihm. Mit dreihundert Stakstangen, die immer nur einmal benutzt werden dürfen, gelingt ihm die Überfahrt in die andere Welt. Das hat kein Sterblicher vor ihm gewagt. Utnapischti erbarmt sich und erzählt ihm seine Geschichte.

Als in grauer Vorzeit die Götter der Menschen überdrüssig wurden, beschloss der Gott Enlil, eine Sintflut zu schicken, und schwor, keinen Sterblichen zu verschonen. Doch Utnapischti, durch den Weisheitsgott Ea gewarnt, rettete sich und die Seinen, indem er eine Arche baute. Zwar sah Enlil am Ende ein, dass die Sintflut ein Fehler gewesen war, denn ohne die Gebete und Opfer der Menschen wurden die Götter schwach, blieb aber an seinen Schwur gebunden. Die Quadratur des Kreises, Utnapischti wegen seiner Tat zu danken und ihn gleichzeitig als Mensch auszulöschen, löste der Gott, indem er ihn unsterblich machte. Nicht eigenes Verdienst, sondern eine göttliche Verpflichtung verschaffte also Utnapischti das ewige Leben. So gesehen, hat Gilgamesch keine Chance, einen ebensolchen Götterspruch für sich zu erwirken. Er muss einsehen, dass eine andere Aufgabe auf ihn wartet: sich seinem Königsamt und den damit verbundenen Verpflichtungen zu stellen. Unsterblichkeit, lautet die Botschaft des Epos, kann der Mensch nur erlangen, indem er sich einen Namen macht, der in dieser Welt fortlebt.

Die ursprünglich elf, später zwölf Tontafeln umfassende Erzählung geht bis ins 3. Jahrtausend v. Chr. zurück. Aufgezeichnet wurde sie erst tausend Jahre später, ihre endgültige Form fand sie im 7. Jahrhundert v. Chr. zur Zeit des assyrischen Königs Assurbanipal (669–627 v. Chr.). In dessen Hauptstadt Ninive, im Schutt seines Palastes, der seine berühmte, Tausende von Tontafeln umfassende Bibliothek enthielt, fand 1872 der britische Archäologe George Smith die ersten Fragmente der mehr als dreitausend Verse des Epos. Insbesondere die Sintflut-Erzählung löste Anfang des 20. Jahrhunderts eine Kontroverse darüber aus, ob die Bibel vom Gilgamesch-Epos beeinflusst sei oder umgekehrt (Babel-Bibel-Streit). Er ist heute zugunsten der babylonischen Sintflut-Tradition geklärt.

/// Herakles

Anders als Gilgamesch, dessen Reise ihn erst allmählich zur Erkenntnis seiner wahren Bestimmung führt, hat der griechische Held Herakles (lat. Hercules) von Anfang an eine genau definierte „Mission“: Seine Aufgabe ist es, die Welt von ihren Übeln zu befreien. Dafür bringt er beste Voraussetzungen mit. Als Halbgott, Sohn eines Gottes und einer Sterblichen, hat er Zeus, den obersten der Götter zum Vater, der dermaßen der thebanischen Fürstin Alkmene verfällt, dass er den Mond dreimal aufgehen lässt, um die Liebesnacht zu verlängern. Zeus' Gattin Hera ist über diesen Ehebruch so empört, dass sie versucht, Herakles durch zwei Riesennattern verschlingen zu lassen. Dies scheitert jedoch an der unglaublichen Kraft des Neugeborenen, der die Untiere mit bloßen Fäusten erwürgt.

Herakles genießt als Fürstensohn eine gute Erziehung, widmet sich dem Schutz der Herden und Hirten und bewährt sich als Krieger im Kampf für seine Heimatstadt. Im Gegensatz zu Gilgamesch findet er früh zu seiner Berufung. Mitten in der Einöde begegnen ihm zwei Frauen, die eine aufreizend gekleidet, die andere trägt sich mit herber Schlichtheit. Die beiden sind Personifikationen der Sinnenfreude und der Tugend. Während die eine ihm ein glückliches Leben ohne Mühe und Last mit allen Freuden des Daseins verspricht, beschwört ihn die andere, „ein Meister in allem Guten und Großen“ (G. Schwab) zu werden. Das bedeute zwar Arbeit und Disziplin, am Ende aber stehe der Ruhm und eine Nachwelt, die sich dankbar der Taten des Helden erinnere. Herakles entscheidet sich ohne Zögern für den zweiten, den ehrenvolleren Weg.

Der beginnt zunächst gar nicht so steinig. Etwa, wenn er die Gastfreundschaft des Königs Thespios genießt, der gern von Herakles Enkelkinder haben will und ihm dafür seine fünfzig Töchter überlässt, die bis auf eine sich dem Heros willig hingeben. Schwieriger wird es, als er Aufgaben lösen muss, an denen jeder Normalsterbliche scheitern würde. Denn die Ungeheuer, die er bekämpft, sind niemals nur Tiere, sondern mit den Göttern verbunden, und die Gefahr ist groß, sich den jeweiligen Gott zum Feind zu machen.

Es sind vor allem zwölf Taten, die Herakles berühmt machten und in Literatur und bildender Kunst immer wieder beschrieben und dargestellt worden sind. Ihren Anfang nahmen sie in Nemea,

73 Metope mit Herakles, Athena und Atlas, die eine der zwölf Taten des Herakles darstellt, so genannte Atlasmetope vom Zeus-Tempel in Olympia (Griechenland). Vor Herakles, der, unterstützt von Athena, anstelle von Atlas auf einem Kissen das Himmelsgewölbe trägt, steht der Titan Atlas, um dem Helden die goldenen Äpfel der Hesperiden zu überreichen.
470–457 v. Chr., Marmor, 142 x 160 x 25 cm, Archäologisches Museum Olympia

einer Landschaft auf der Peloponnes, wo ein gefährlicher Löwe die Bauern belästigte. Ein Gott hatte ihn geschickt, um die Bewohner zu strafen, und keine Waffe konnte ihn verwunden. Herakles bezwang ihn deshalb im Ringkampf. Sein Fell benutzte er fortan als Mantel, und zusammen mit einem wilden Ölbaum, den er aus dem Boden riss und als Keule gebrauchte, war damit sein Aussehen ein für alle Mal festgelegt. Im Löwenfell und mit der Keule in der Hand präsentierte sich auch Kaiser Commodus (180–192 n. Chr.) bei seinen Auftritten als Gladiator in der Arena, und so bekleidet zeigen Statuen den Gott, wie der kolossale „Herakles Farnese", den man in den römischen Caracalla- fand und der 1717 als Vorbild für den Kasseler Herkules auf dem Oktogon des Bergparks diente.

Wie der Löwe war auch die Hydra von Lerna eine Landplage, die Vieh und Hirten nachstellte. Die riesige Wasserschlange besaß, je nach Überlieferung, zwischen fünf und zwölf Köpfe mit der fatalen Eigenschaft, sich zu verdoppeln, wenn man sie abschlug. Herakles löste das Problem, indem er unverzüglich die Wunden mit einer Fackel ausbrannte, so dass keine neuen Köpfe nachwachsen konnten. Dagegen war die Erledigung des nächsten Untiers, des Ebers vom Erymanthos, fast eine Kleinigkeit, und das goldene Geweih der Hirschkuh von Keryneia zu erbeuten war vor allem deshalb schwierig, weil das Tier weder verwundet noch getötet werden durfte, da es der Göttin Artemis heilig war. Es unverletzt zu fangen, brauchte Herakles ein ganzes Jahr. Leichter gelang die Vertreibung der stymphalischen Vögel. Deren Federn waren messerscharf und wurden von ihnen wie Geschosse abgeworfen, wann immer nichts ahnende Wanderer des Weges zogen. Der Heros dezimierte ihre Zahl mit gut gezielten Pfeilschüssen so lange, bis sie in andere Gegenden auswichen. Sprichwörtlich wurde die Reinigung des Stalls des Königs Augias. Dort standen dreitausend Rinder, deren Mist seit dreißig Jahren nicht beseitigt worden war. Herakles schaffte es, ihn an einem einzigen Tag zu säubern, indem er zwei Flüsse miteinander verband und sie durch den Stall hindurchleitete.

Nachdem er auf diese Weise in Griechenland für Ordnung und Sicherheit gesorgt hatte, wandte er sich entfernteren Gegenden zu und schwärmte in alle vier Himmelsrichtungen aus. Im Norden, in Thrakien, entriss er dem Diomedes seine Menschen fressenden Pferde, an die dieser verirrte Fremde zu verfüttern pflegte, und bereitete dem grausamen Herrscher das gleiche Schicksal. Im Süden, in Kreta, tötete er den minoischen Stier, ein Ungeheuer, das dem Meer entstiegen war. Im Osten, im kleinasiatischen Pontos, kämpfte er gegen die Amazonen, die sich die rechte Brust abschnitten, damit das Bogenschießen und das Speerwerfen ihnen leichter fiel. Weit im Atlantik, jenseits der Säulen des Herakles (Gibraltar), die er als Merkmal seiner Anwesenheit bei dieser Gelegenheit errichtete, raubte er die pur-

74 Attisch-rotfigurige Schale, deren Innenbild Herakles mit den Äpfeln der Hesperiden zeigt. 1. Viertel 5. Jh. v. Chr., Keramik, Durchmesser 20 cm, Antikensammlung, Staatliche Museen zu Berlin

purroten Rinder des Geryoneus, der sich mit sechs Armen, die drei Schwerter führten und drei Schilde hielten, gegen den Heros wehrte. In immer neuen Geschichten und Abenteuern trieb es Herakles durch alle Länder rund um das Mittelmeer. Er besuchte Mauretanien und Ägypten, lebte bei Etruskern und den am Rand der Welt hausenden, sich von Pferdekäse nährenden Skythen und stieß bis Arabien und an das Rote Meer vor. Schließlich betrat er auch jene Bereiche, die normalerweise Sterblichen unzugänglich und verboten sind.

Fern im Westen, jenseits des Ozeans, wo Himmel und Erde zusammenstoßen und der Titan Atlas die Welt trägt, lag der Garten der Hesperiden. „Hellstimmige Töchter der Nacht" nannte der Dichter Hesiod (Theogonie 215f.) die drei Göttinnen. In ihm stand ein Baum mit goldenen Äpfeln, den einst die Erdmutter Gaia der Göttin Hera zur Hochzeit geschenkt hatte. Bewacht wurden Äpfel und Hesperiden vom Drachen Ladon, der niemals die Augen schloss. Wie es Herakles gelang, sich in den Besitz der Äpfel zu setzen, wird in vielen Versionen erzählt. In der einen raubt er sie mit Gewalt und erschlägt den Drachen, worauf sich die weinenden Hesperiden aus Gram in eine Pappel, eine Ulme und eine Weide verwandeln. In der nächsten setzt er auf die einschläfernde Wirkung des Weins, betritt den Garten mit einem Mischkrug und schenkt an alle reichlich aus. Der Drache bekommt einen Schwips, die Hesperiden feiern als zügellose Bacchantinnen und die Äpfel fallen ihm von selbst in den Schoß. In der schönsten zeigt er sich als gewitzter Taktiker, der Atlas überredet, den Raub für ihn zu besorgen. Bedingung ist freilich, dass Herakles in dieser Zeit für ihn den Himmel trägt. Mit den Äpfeln zurückgekehrt, wie auf der Metope vom Zeus-Tempel in Olympia dargestellt, denkt der Titan gar nicht daran, die schwere Bürde wieder auf sich zu nehmen. Bevor er sich zu einem leichteren Leben verabschiedet, bittet ihn Herakles um eine letzte Gunst. Da er nicht so stark sei, möchte er sich gern ein Tragekissen auf den Kopf legen. Nur für den Augenblick möge Atlas noch einmal den Himmel stützen. Der derart Geschmeichelte willigt ein. Und beschwingten Schrittes eilt Herakles davon.

Sein Meisterstück gelang ihm, als er sogar den Tod besiegte, indem er den Höllenhund Kerberos aus der Unterwelt entführte. Einer ihrer Eingänge lag an der Südspitze der Peloponnes am Kap Tainaron (heute Kap Matapan). Hier erwartete die Toten der blinde Fährmann Charon und nahm die Münze für die Überfahrt über den Fluss des Vergessens entgegen, die man nach altem Brauch den Verstorbenen für die letzte Reise mit ins Grab gab. Einen Lebenden aber erwartete er nicht und nur seiner Verblüffung ist es zuzuschreiben, dass er Herakles übersetzte. Am anderen Ufer lauerte schon Kerberos, der Wächter der Unterwelt, bereit, mit seinen fünfzig Rachen alles zu verschlingen, was nicht hierher gehörte. Aber anstatt seines Amtes zu walten, floh er voller Angst zu Hades, dem Unterweltkönig, und versteckte sich unter seinem Thron. Als Herakles ihm gegenübertrat, hielt allein Persephone, seine mutige Gattin, stand, während König und Hund in verschiedene Richtungen flohen. Am Ende durfte er Kerberos unter der Bedingung mit sich nehmen, dass er ihn alsbald wieder zurückbringe.

Dass ihn Zeus nach diesen Leistungen unter die Unsterblichen erhob, Hera sich mit ihm versöhnte und ihm sogar ihre Tochter Hebe, die Göttin der

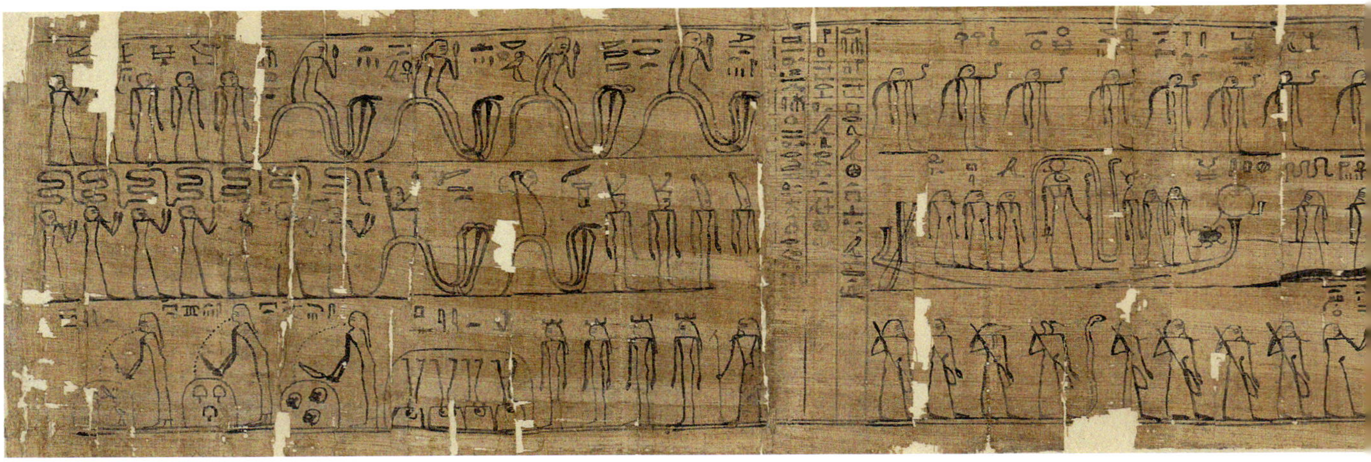

Jugendschönheit, anvermählte, wurde als der verdiente Lohn für seine Mühen betrachtet. Seine Taten hatten nicht nur die Welt verbessert, sondern sie zudem in eine griechische verwandelt. Kein Land, das nicht mit einer Götter- oder Heroengeschichte in diesen Kosmos Aufnahme fand. Kaum eine Dynastie, die nicht von Herakles als ihrem Gründer sich ableitete. Nebenbei lernten die Zuhörer und Leser Geographie. Auch die Römer, denen das Kriegerische seines Auftretens sehr gefiel, verehrten ihn als den immer siegreichen Gott Hercules und stellten seine Statuen und einen ihm geweihten Altar *(Ara Maxima)* auf das Forum Boarium, den Rindermarkt, über den nach alter Tradition die Triumphzüge führten. Einer von diesen galt dem Konsul Lucius Mummius, der 146 v. Chr. Griechenland vollständig unterworfen und Korinth zerstört hatte. Aus der Kriegsbeute ließ er einen Tempel für Hercules (Hercules Victor) errichten. Darin sah er so wenig einen Widerspruch wie die Reisenden, die nach glücklicher Heimkehr nach Rom dem ursprünglich griechischen Heros und nunmehr römischen Gott dankbar opferten.

/// Die Nachtfahrt der Sonne

Von den Ägyptern heißt es, sie hatten wenig Lust zu reisen. Warum sollten sie auch? Sie lebten im reichsten Land der Mittelmeerwelt und die Götter sorgten mit der jährlichen Nilflut dafür, dass es so blieb. Nur konsequent, dass der Pharao Necho (610–595 v. Chr.) nicht die eigenen Landsleute beauftragte, sondern seeerfahrene Phönizier anheuerte, um Afrika zu umfahren, was nach Herodot (4,42) auch gelang. Reisen mussten vielmehr die Götter, besonders aber einer: Re, die Verkörperung der Sonne.

Tagsüber zog das Gestirn seine Bahn über den Himmel, am Abend versank es in der westlichen Wüste. Jeder Ägypter wusste genau, wohin die Sonne verschwand und welches Land sich dort befand: das Land der Toten, die Unterwelt. Vor allem in zwei Jenseitsbüchern, dem „Amduat" und dem „Pfortenbuch", im Neuen Reich zwischen 1500 und 1300 v. Chr. entstanden, haben die Ägypter akribisch und systematisch beschrieben, wie sie sich die zwölf Stunden dauernde „Nachtfahrt der Sonne" vorstellten. Dass sie notwendig war, damit der Gott sich erneuere, um am nächsten Morgen wieder strahlend aufzugehen, war ihre feste Überzeugung. Aber nicht nur für die Lebenden war diese „Nachtfahrt" wichtig, auch die Millionen der Verstorbenen warteten jede Nacht darauf, dass Re sie aufsuchte und ihre Seelen belebte.

Nicht ohne Grund wurde die ägyptische Unterwelt, als irreale, gedachte Welt im Detail beschrieben und kartographiert, der „schöne Westen" genannt. Sie hatte nichts von dem trüben Dahindämmern der Totengeister des Zweistromlandes, war nicht trostlos wie der griechische Hades, den man nur ertrug, weil es den Styx gab, der das Wasser des Vergessens spendete. Vielmehr war es eine Parallelwelt der irdischen, die sich sofort belebte, mit Licht und Freude füllte, wenn Re auf seiner Barke durch ihre Pforte fuhr. Ihn zu begrüßen eilte alles herbei, sein Schiff bot Platz für jeden, sei es ein Gott oder ein Toter, und alle hatten teil am Ritual seiner Wiedergeburt, die immer auch die eigene in sich schloss.

Gleich nach der Wüstenpforte betrat der Sonnengott das „Jaru-Gefilde", eine Art Paradies, in

75 Amduat-Papyrus. Der Jenseitsführer zeigt die Fahrt des Sonnengottes Re mit Gefolge durch die letzten Stunden der Nacht, bis er am Morgen als jugendlicher Sonnengott in Gestalt eines Skarabäus geboren wird.
1. Hälfte 1. Jt. v. Chr. Papyrus, 27,5 x 121,2 cm, Ägyptisches Museum und Papyrussammlung, Staatliche Museen zu Berlin

76 Illustration zum Mythos um die Göttin Tefnut. Die Tochter des Sonnengottes Re erscheint als Löwin, der Mondgott Thot in Paviansgestalt.
Medina, 19. Dynastie, 1292–1186 v. Chr., Kalkstein, bemalt, 13,7 x 15,3 cm, Ägyptisches Museum und Papyrussammlung, Staatliche Museen zu Berlin

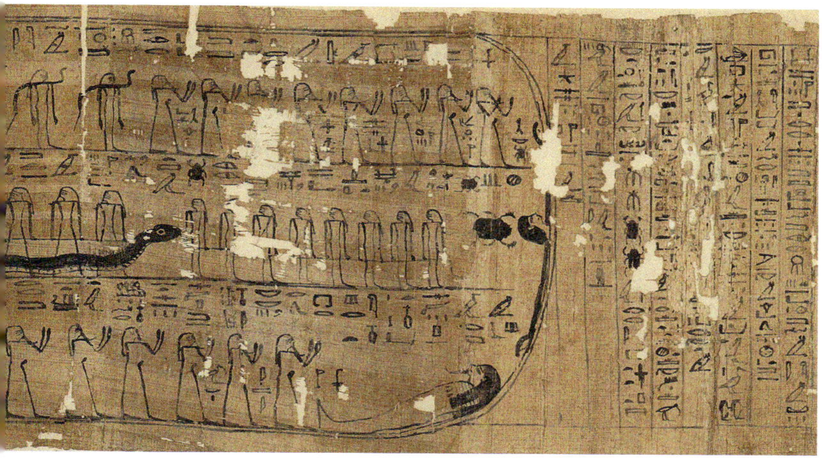

dem die seligen Toten all das genossen, was ihnen schon auf Erden lieb und wert gewesen war: Wasser, Schatten und sanfte Winde. Ackerland wurde ihnen zugewiesen und mit Messstricken sorgfältig ausgemessen. Voraussetzung solchen Daseins war freilich, dass man Gnade gefunden hatte vor dem Gericht des Herrn der Unterwelt, Osiris.

Tiefer dringt der Sonnengott in die Unterwelt ein, dunkler und dunkler wird es und schließlich sind es nur noch die Schlangenköpfe an seiner Barke, die den Weg ausleuchten, der nicht mehr über das Wasser führt, sondern durch das Sandreich Sokar. Re durchquert es, indem sich sein Schiff in eine Schlange verwandelt, die auf dem Sand dahingleitet. Endlich erreicht er – es ist die sechste Stunde, finstre Mitternacht – am tiefsten Punkt der Unterwelt das Urgewässer Nun (vgl. S. 71). Hier vereinigt sich der Sonnengott mit seinem nächtlichen Leib, vollzieht also die Wiedergeburt, die gleich ihm alle Toten erleben, wenn ihre *Ba*-Seele (vgl. S. 108f., Abb. 82) den Mumienkörper mit neuem Leben erfüllt. Gerade jetzt, wenn Re als Wiedergeborener am schwächsten ist, muss er den Kampf gegen die Riesenschlange Apophis bestehen, die den Lauf der Sonne, ihre weitere Nachtfahrt und ihren Aufgang im Osten verhindern will. Sie ist Ausdruck aller zerstörerischen Kräfte des Kosmos, denn „mit dem Sonnenlauf käme der Weltlauf zum Stillstand" (E. Hornung). Da alle Götter und alle Verstorbenen Re zur Seite springen und mit dem Gott Seth ein tapferer Drachentöter zur Verfügung steht, wird Apophis vernichtet, „diese Schlange ohne Augen, ohne Nase und Ohren, die nur von ihrem Gebrüll atmet", wie es das „Pfortenbuch" beschreibt. So geschieht es in jeder Nacht. Nach diesem Sieg steht dem triumphalen Auftritt der Sonne, ihrem Heraufkommen zu einem neuen Tag, nichts mehr im Wege. Doch diejenigen, die den Eintritt Res in die Unterwelt so begeistert bejubelt haben, müssen nun klagend zurückbleiben. Aber es ist nicht für lange, nur für zwölf Stunden, dann leuchtet auch ihnen wieder die Sonne.

Dieses Ägypten der sich ergänzenden Welten von Lebenden und Toten, der Götter und Menschen, vertrug keine Störung des immer gleichen Ablaufs. Ein Mythos berichtet von der Reise einer Göttin, die sich außerhalb der Reichsgrenzen nach

Nubien oder, nach einer anderen Lesart, sogar ins Land Punt, an die Ostspitze Afrikas begibt. Es ist Tefnut, die Tochter des Re und sein Sonnenauge, die sich mit dem Vater überworfen hat und sich gekränkt zurückzieht. Schmerzlich vermisst er sie, ist sie doch als „Herrin der Flamme“, die den „Feuerhauch gegen seine Feinde sendet“ (Papyrus Harris 15), Teil seines Wesens. Sie zu überreden, zurückzukommen, sendet er ihren Bruder Schu und den Gott der Weisheit und des Mondes Thot (vgl. S. 41). Sie nehmen die Gestalt von Affen an, um Tefnut zu amüsieren. Und wenn dann noch Thot sein Begehren in einer der Göttin schmeichelnden, schönen Rede vorträgt, darf man auf ihre Einsicht und Milde hoffen. Aber sie zu besänftigen ist alles andere als leicht. Ihr Wesen ist doppelt, nimmt einmal den Charakter einer wilden, aggressiven Löwin an, dann wieder den einer sanften, freundlichen Katze. Immer wenn in der Diskussion ihr Zorn die Oberhand gewinnt, schiebt der kluge Thot rasch eine lehrreiche Tierfabel ein, beispielsweise die von den zwei Schakalen. Sie werden von einem Löwen angegriffen und flüchten trotzdem nicht. „Was hat das zu bedeuten?“, raunzt der irritierte Löwe sie an. „Wir haben dich in deiner Wut gesehen und uns überlegt, dass du uns sowieso erreichen würdest“, antworten demütig die Schakale. „Besser ist es, wenn du uns frisst, solange noch alle Kraft in uns ist.“ Angesichts dieser

77 Sonnenwagen von Trundholm; Tagseite vergoldet, Nachtseite unvergoldet. Das Pferd zieht den Sonnenwagen über den Himmel. Gefunden in Trundholm bei Nykøbing Sjælland, ältere Nordische Bronzezeit, um 1350 v. Chr., Bronze und Goldblech, 54 x 35 x 29 cm, Nationalmuseum Kopenhagen

Unterwerfungsgeste lässt der Löwe sie laufen. Der Mächtige zeigt Mitleid. Am Ende hat das Werben Thots Erfolg, Tefnut kehrt nach Ägypten zurück, wo man sie fortan auf zweierlei Weise verehrt. Als löwenköpfige Sachmet (der Name bedeutet „die Mächtige") verkörpert sie Rachedurst und Zorn, aber auch die Tapferkeit und den Mut des angreifenden Kriegers, der für eine gute Sache kämpft, als katzenköpfige Bastet wird sie zu einer beschützenden, mütterlichen Gottheit.

/// Nordische Sonnenreise

Tausende von Kilometern entfernt entwickelte sich fast zeitgleich in Nord- und Mitteleuropa eine Religion, die ebenfalls den Kult der Sonne in den Mittelpunkt stellte. Damit einher ging eine gesellschaftliche Umwälzung, die in reich ausgestatteten Fürstengräbern einer neuen aristokratischen Elite ihren Ausdruck fand. In den Grabbeigaben und Hortfunden erscheint eine Ikonographie, die vorher nicht existierte und sich ganz eindeutig Einflüssen anderer, südlicher Kulturkreise verdankt. Der 1902 in einem dänischen Moor gefundene „Sonnenwagen von Trundholm", den die Archäologen in die Zeit um 1350 v. Chr. datieren, ist eines der herausragendsten Objekte dieser späten nordischen Bronzezeit und der Beweis, dass sich auch die Bewohner des Nordens den Sonnenlauf als eine Reise vorstellten. Ein göttliches Pferd zieht den Wagen mit der Sonnenscheibe über den Himmel. Er wird zum Instrument, das den Raum überwindet, gleichzeitig setzt er bereits Wege voraus. Die Scheibe ist auf der einen Seite mit glänzender Goldfolie überzogen, die Zugrichtung des Pferdes läuft nach rechts, folgt also der Sonne, wie man sie über den Horizont wandern sieht. Dreht man den Wagen um, fährt also von links an den Ausgangspunkt zurück, erscheint die dunkle und matte Seite, ihre Nachtfahrt durch die Unterwelt symbolisierend. In dieser Epoche gab es offenbar eine Mobilität der Führungsschichten und einen Wissenstransfer, der Nord- und Mitteleuropa zusammen mit dem mykenischen Griechenland, dem minoischen Kreta, Kleinasien und Ägypten zum Raum einer ähnlichen, doch jeweils unterschiedlich aufgefassten Sonnenreligion vereinte.

78 Kultwagen mit Vogel- und Stier-Protomen. Der jungbronzezeitliche Kultwagen symbolisiert das rituelle Befahren des Raumes. Die aufgesetzten Wasservögel sind fester Bestandteil des religiösen Symbolgutes dieser Zeit. Burg im Spreewald, Brandenburg, späte Bronzezeit, 12.–9. Jh. v. Chr., Original aus Bronze, 17,6 x 17,8 cm, Museum für Vor- und Frühgeschichte, Staatliche Museen zu Berlin

/// Dispute unter Medizinern hat es auch in der Antike gegeben – besonders intensiv über den Ort der Krankheit. Der berühmte Arzt Galen kritisiert die naiven Vorstellungen seiner Kollegen, die meinen, dass genau die Körperstelle, an der sich Symptome zeigen, immer auch der erkrankte Ort (*Topos*) sei. Ein Patient, von dem Galen berichtet, hat in drei Fingern einer Hand jedes Gefühl verloren. Die in anderen Fällen wirksamen Heilsalben bringen keinerlei Besserung. Galen folgert daraus, dass die wahre Krankheitsursache nicht erkannt wurde. Es gelingt ihm, den erkrankten Ort zu bestimmen: Bei einem Sturz von seinem Wagen muss sich der Patient einen Nerv im Bereich des siebten Halswirbels verletzt haben. Folge dieser Verletzung sind die Ausfallerscheinungen an der Hand. Galen lässt nun die Heilmittel an der Wirbelsäule zur Anwendung bringen. Die vollständige Genesung bestätigt die Richtigkeit der Diagnose. Dieses heute so vertraute Wissen, dass der Ort der Symptome und der der Erkrankung nicht identisch sein müssen, gehört zu zentralen Durchbrüchen der Erkenntnis, die bereits in der Antike gelangen. Die Entwicklung medizinischer Instrumente begleitet diesen Prozess und ist durch Geräte oder auch Skelette und Mumien, die deren Anwendung belegen, bezeugt.

Die antike Medizin unterschied zwischen psychischen und somatischen Problemen. Eine besonders intensiv diskutierte Frage galt in diesem Zusammenhang der Lokalisierung der Seele und ihrer Fähigkeiten im Körper. Denn der Körper ist nicht nur der medizinisch definierte Raum, sondern auch der Sitz von zentralen Funktionen, die das Menschsein ausmachen.

Diese Erkenntnisse bedeuten jedoch nicht, dass man sich nicht auch mit magischen Mitteln versuchte zu schützen. Man erbat Heilung durch die Weihung eines in Ton, Metall oder Stein nachgebildeten Körperteils, und man dankte einer Gottheit mit einem Votivgeschenk für die erfolgte Gesundung. Die Heiligtümer des griechischen Heilgottes Asklepios mit ihren vielen Körpervotiven waren heutigen Wallfahrtskirchen nicht ganz unähnlich.

KÖRPERRÄUME, SEELENRÄUME ///

/// Sprich die richtigen Worte und es gesundet der Mensch

Wir wissen nicht, ob der Arzt Raba-scha-Marduk besonders begeistert war, als er vom babylonischen König Kadaschman-Turgu (1282–1265 v. Chr.) beauftragt wurde, sich an den Hof des hethitischen Großkönigs Muwatalli II. (1290–1272 v. Chr.) zu begeben, um ihm mit seiner Kunst zu dienen. Bis nach Hattusa, der Hauptstadt der Hethiter, 150 Kilometer östlich vom heutigen Ankara gelegen und über tausend Kilometer von Babylon entfernt, hatte sich der ausgezeichnete Ruf der babylonischen Heilkundigen herumgesprochen. Raba-scha-Marduk ging, aber er kam, trotz der eisigen Winter in Zentralanatolien, nicht wieder. Nach Mutawallis Tod diente er dessen Nachfolgern, brachte es zu Wohlstand und Ansehen, einschließlich einer prachtvollen Villa, ausreichend Sklaven und einer Frau aus königlichem Geschlecht. Mit Leichtigkeit konnte der hethitische Herrscher Jahre später den Vorwurf seines Amtskollegen aus Babylon parieren, er halte dessen besten Arzt zurück. Raba-scha-Marduk stehe es jederzeit frei, heimzukehren, teilte er seinem königlichen „Bruder“ mit. Doch der so großzügig Geehrte wolle einfach nicht.

Worin bestand das Erfolgsgeheimnis der mesopotamischen Heiler *(aschipu)*, was machte sie so begehrt? Der Wissenschaftshistoriker Markham J. Geller, Spezialist für babylonische Medizin, forscht darüber. Die Heiler arbeiteten streng systematisch und schrieben seit Jahrhunderten alle ihre Beobachtungen über den menschlichen Körper und seine Krankheiten auf. Im 11. Jahrhundert v. Chr. fasste schließlich der babylonische Gelehrte Esagil-kin-apli das gesammelte Wissen in einem Diagnosehandbuch zusammen, das auf vierzig Tontafeln vom Kopf bis zu den Füßen Symptome von Krankheiten und ihre Ursache beschrieb. Hinzu trat eine einzigartige Vertrautheit mit der Herstellung von Medikamenten, die auf der Kenntnis von Hunderten von Pflanzen mit heilkräftiger Wirkung, auf stärkenden Mineralien, anregenden Gewürzen und allen möglichen Zusatzstoffen, wie Fette, Öle, Salzlake, Bier oder so exotischen Beigaben wie Schildkrötenschalen beruhte. Die mit diesen Mitteln hergestellten Augensalben, Kräuterumschläge, Einläufe und Getränkemischungen hätten auch nach dem Urteil moderner Ärzte geholfen. Um die Exklusivität dieses Wissens zu bewahren, reicherten die Heiler ihre Rezeptbücher mit Ekel erregenden Zutaten wie menschlichen und tierischen Exkrementen an, die jeder Kenner dieser *materia medica* in das eigentlich Gemeinte übersetzte, der Uneingeweihte aber für bare Münze nahm. Anders als von ihren Schöpfern gedacht, wurde diese „Dreckapotheke“, wie man sie bezeichnete, in späteren Zeiten wörtlich genommen und war noch bis ins 18. Jahrhundert in Gebrauch.

Ein noch so gut zusammengestellter Medikamentencocktail bewirkte freilich nichts, wenn man nicht die wahre Ursache der Krankheit kannte. Sie wurde, nach allgemeiner Überzeugung, auf Dämonen oder einen Schadenszauber, ursächlich aber auf den Zorn eines Gottes zurückgeführt, den der Kranke durch eine verbotene Handlung beleidigt hatte. Die Kunst des *aschipu* beruhte nun darauf, anhand der Krankheitssymptome erst einmal herauszufinden, um welche Gottheit es sich handelte. Dazu lieferte das Diagnosehandbuch erste Hinwei-

79 Keilschrifttafel mit pharmazeutischer Liste.
Assur, mittelassyrisch, ca. 1400–1000 v. Chr., Ton, gebrannt, 10,5 x 14,1 x 3,8 cm, Vorderasiatisches Museum, Staatliche Museen zu Berlin

se: „Wenn der Kranke von seinem Kopf bis zu seinen Füßen rote Beulen aufweist und auch sein Körper ganz rot ist, dann ist es die Hand des Sonnengottes Schamasch." Bevor jedoch mit einem aufwendigen Ritual der Gott versöhnt werden konnte, betrieb der Kranke Gewissensforschung und fand gemeinsam mit dem Heiler heraus, wo ein Tabu gebrochen worden war. Wie in der katholischen Kirche hatte diese Beichte für den reuigen Sünder eine befreiende und für den Krankheitsverlauf hilfreiche Wirkung. Heute wie damals lässt sich aus den Quellen freilich nicht entnehmen, inwieweit es ausreichte, wenn der Betroffene nur die vorgeschriebenen Gebete sprach.

Für äußere Verletzungen, chirurgische Eingriffe, das Zähneziehen und die Beschaffung von Arzneien war eine Berufsgruppe namens *asu*, eine Mischung aus Wundarzt und Apotheker zuständig, wogegen sich der *aschipu* bevorzugt den inneren und den psychosomatischen Krankheiten widmete, beispielsweise einer schweren Depression. Überliefert ist der Fall eines Mannes, dem nichts mehr gelingt. Seine Geschäfte laufen schlecht, seine Knechte und Mägde wollen nicht länger für ihn arbeiten, das Vieh erkrankt. Man gehorcht seinen Befehlen nicht mehr, er versagt im Bett seiner Ehefrau, sein Selbstvertrauen schwindet, Angstzustände bedrücken ihn und schreckliche Träume. Zu den seelischen treten körperliche Symptome: Schlaflosigkeit, Völlegefühl, Appetitlosigkeit, Lähmungserscheinungen. Angesichts dieses Zustands ist dem *aschipu* klar, wie es endet: „Alles, was er zu sich nimmt, wird in seinem Bauch nicht zur Ruhe kommen, und wenn er sich umdreht, wird sich alles aus seinem After ergießen. Speisen wird er nicht mehr zu sich nehmen, er wird lange leiden und schließlich sterben" (BAM 234). Die körperlichen Beschwerden zu lindern würde nichts nützen. Der Kranke leidet unter einem Bann, den ihm die erzürnten Götter auferlegt haben und der ihn schutzlos allen Übeln ausliefert. Es ist ein mehr als aufwendiges Verfahren, das der Heiler nun in die Wege leitet. Ein Revisionsprozess vor dem durch Gebete und Opfer herbeizitierten Sonnengott und gleichzeitigem Gott des Rechts Schamasch, der sein vernichtendes Urteil zurücknehmen, den Kranken vom Bann erlösen, sein Leben verschonen soll. Zusammen mit dem *aschipu* als seinem Verteidiger, der sich mit einem Fischkostüm in einen *apkallu*, einen Schutzdämon, halb Fisch, halb Mensch, verwandelt, betet er in endlosen Litaneien in dunkler Nacht sein Sündenbekenntnis. Ist es vollbracht, formt der Heiler eine kleine Figur, die den Bann verkörpert. Ihr wird, mit einem reichen Lösegeld aus Gold, Silber und Edelsteinen, die Befreiung „abgekauft". Dann wird das Figürchen mit dem Kranken verheiratet, indem beider Gewänder mit einem Faden verbunden werden. Musikanten spielen auf, Fackeln werden entzündet, wie es sich bei einer Hochzeit gehört. Sie ist Ausdruck dafür, dass der Patient sich demütig dem Willen der Götter beugt und sein Schicksal annimmt. Gleich anschließend wird er geschieden, indem der *aschipu* den Faden zertrennt. Die Figur wird durchbohrt und zusammen mit dem Lösegeld in der Erde be-

80 Medizinische Instrumente.
Babylon, neu-/spätbabylonisch, Bronze, Knochen, 4–24 cm, Vorderasiatisches Museum, Staatliche Museen zu Berlin

stattet, zum Schluss das Grab magisch versiegelt. Als Zeichen der Rettung geht die Sonne auf, zeigt sich der versöhnte Schamasch dem Kranken am Himmel. Erst jetzt, da der Bann gebrochen ist, kann die körperliche Krankheit mit Erfolg bekämpft werden, wird sich das Leben des Patienten zum Positiven wandeln. Eine Therapie, die wirkte, weil man daran glaubte.

Im Gegensatz zu Griechen und Ägyptern kam das Körper- und Heilungskonzept der Mesopotamier ohne das Wort „Seele" aus. Den Begriff gab es in ihrer Sprache nicht. Ihnen genügte es, das Leben durch „Atem" zu definieren. Konnte man ihn nicht mehr feststellen, war der Mensch tot und existierte fortan als Totengeist in der Unterwelt. Ordentlich bestattet und mit den nötigen Opfern versehen, ließ er die Lebenden in Frieden. Für die aber galt das Motto, das die Göttin Siduri dem vergeblich die Unsterblichkeit suchenden Helden Gilgamesch tröstend zugerufen hatte: „Folge dem schönen Tag, vergiss die Sorge."

Den Ägyptern wäre ein solcher Satz kaum eingefallen. Denn ihr Leben veränderte sich nicht durch den Tod. Für sie war er kein Ende, sondern ein Übergang. Aus der Welt der Lebenden würden sie in die Welt der Götter hinübergehen. Dementsprechend konstruierten sie ihren Seelenraum. Schon bei der Geburt sorgte die Geburtsgöttin Meschenet für die Verbindung zum Göttlichen, indem sie jedem Menschen *Ka* zuteilte, schöpferische Lebensenergie, die nicht Teil des Körpers war, sondern sich aus einer höheren Kraft speiste. Wie ein Doppelgänger begleitete sie den Menschen durchs Leben und lebte nach seinem Tode im Körper fort, wenn der Totenkult regelmäßig vollzogen wurde. Ein weiterer Seelenbestandteil war der *Ba*, in der sich die Persönlichkeit eines Menschen manifestierte, auch er unsterblich und als ein Vogel mit Menschenkopf dargestellt. Während der tote Körper unbeweglich ans Grab gebunden war, übernahm der *Ba* die Kommunikation mit den Lebenden, überbrachte die Opfergaben, die der *Ka* für seine Weiterexistenz benötigte, konnte jede Form annehmen und sich jeden Wunsch erfüllen. Vereinigten sich *Ka* und *Ba* in der Totenwelt, entstand *Ach*, die verklärte, ewige und endgültig unsterbliche Seele. Voraussetzung war, dass der Totenrichter Anubis das Herz des Toten, das über seine Taten unbestechlich Auskunft gab, nicht für zu schwer befand. Um sicherzugehen, wickelte man in die Mumie einen Herzskarabäus ein, dessen magische Inschrift – „O Herz, stehe nicht auf gegen mich!

Tritt mir nicht entgegen im Gerichtshof!" – ein allzu auskunftsfreudiges Organ beschwichtigen sollte.

Das beruhigende System eines garantierten Weiterlebens nach dem Tode zerbrach nur in Zeiten großer Not und sozialer Umbrüche. Als einzigartiges Beispiel gelten die vier Lieder des Papyrus „Gespräch eines Lebensmüden mit seiner Seele" um 1900 v. Chr., in der Zeit des Mittleren Reiches entstanden, in der ein verzweifelter Mensch nur noch im Tod auf Erlösung von seinen Leiden hofft:

Der Tod steht heute vor mir,
(wie) wenn ein Kranker gesund wird,
wie das Hinaustreten ins Freie nach dem
Eingesperrtsein.
Der Tod steht heute vor mir
wie der Duft von Myrrhen,
wie das Sitzen unter einem Segel
an einem windigen Tag.
Der Tod steht heute vor mir
wie der Duft von Lotusblumen,
wie das Sitzen am Ufer der Trunkenheit.
Der Tod steht heute vor mir
wie das Abziehen des Regens
(oder: wie ein betretener Weg),
wie wenn ein Mann von einem Feldzug heimkehrt.
Der Tod steht heute vor mir,
wie wenn sich der Himmel enthüllt,
wie wenn ein Mensch die Lösung
eines Rätsels findet.
Der Tod steht heute vor mir,
wie ein Mann sich danach sehnt,
sein Heim wiederzusehen,
nachdem er viele Jahre in Gefangenschaft
verbracht hat.
(Übersetzung J. Assmann/H. A. Schlögl)

Doch ausgerechnet sein *Ba* stellt diese Gewissheit, im Tode Trost zu finden, infrage und kündigt damit die Gemeinschaft auf. Denn er glaubt weder an ein schönes Jenseits, noch an ein Weiterleben durch den Totenkult. Die Gräber zerfallen und die Namen ihrer Besitzer werden vergessen. Nur das Heute zählt, denn „keiner ist zurückgekommen, der fortgegangen ist". Erst ganz zum Schluss des Gesprächs kehrt der *Ba* zum Ich zurück, werden sie wieder ein Wir im erneuerten Glauben daran, dass die im Diesseits nicht mehr vorhandenen Werte im Jenseits weiterhin gelten und damit auch zur Richtschnur für das menschliche Leben in der Gegenwart taugen.

81 Attisch-schwarzfigurige Kanne. Dargestellt ist das Schattenbild (*Eidolon*) eines verstorbenen Kriegers, das den Weg der Seele des Verstorbenen ins Jenseits thematisiert. Cerveteri (Italien), um 500 v. Chr., Keramik, Höhe 39,5 cm, Antikensammlung, Staatliche Museen zu Berlin

/// Spezialisten der Heilkunst

Ihrem Glauben an ein Weiterleben nach dem Tode verdankten die Ägypter gute Kenntnisse der Anatomie. Während in Mesopotamien und Griechenland der Leichnam tabu war, forderte die in Ägypten notwendige Mumifizierung die Öffnung des Körpers und die Entnahme wichtiger Organe wie Gehirn, Lunge und Leber. Bekannt war der Blutkreislauf und der Zusammenhang zwischen Pulsschlag und Herz, ebenso der Verlauf von Sehnen und Nerven. Anderes blieb verborgen, etwa die Funktion des Gehirns als Sitz des Denkens und als Steuerungsorgan. Diese Fähigkeiten lokalisierten die Ägypter im Herzen, von dem sie fälschlicherweise annahmen, dass aus ihm alle Gefäße entsprängen. Chirurgische Lehrbücher wie das „Wundenbuch" aus dem „Edwin Smith Surgical Papyrus" (um 1600 v. Chr.) listen systematisch äußere Verletzungen wie Knochenbrüche, Quetschungen und Verrenkungen auf, wie sie wahrscheinlich bei Bauarbeiten immer wieder aufgetreten sind. Der berühmteste der zahlreichen medizinischen Papyri, der ursprünglich über zwanzig Meter lange Papyrus Ebers (um 1555 v. Chr.), beschreibt en détail, welche Rezepte und Heilmittel bei den knapp 900 dokumentierten Krankheitsbildern anzuwenden sind, speziellere widmen sich der Gynäkologie, den Augenkrankheiten, der Zahnbehandlung oder der Proktologie. Vor diesem Hintergrund konstatierte Herodot, dass in Ägypten die Heilkunst aufgeteilt sei. Jeder Arzt behandele nur eine bestimmte Krankheit und alles sei voll von Ärzten (2,84).

Wie in Mesopotamien war der Arzt gleichzeitig Magier oder Priester. Ohne die Hilfe der Götter, vorzugsweise der für Krankheit und Gesundheit gleichermaßen verantwortlichen löwenköpfigen Göttin Sachmet, vermochte er nichts. Beschwörungen, Gebete, Zaubersprüche und Reinigungsrituale gehörten selbstverständlich zur Behandlung dazu. Und wie im Zweistromland stützten sich die Heilmittel auf eine beeindruckende Kenntnis von mehr als 500 pflanzlichen Inhaltsstoffen sowie mineralischen Substanzen wie Meersalz oder Lapislazulipulver. Die Wirksamkeit dieser Medikamente, etwa das Inhalieren von Heilkräutern bei Husten, war legendär. Noch Hippokrates und Galen erwähnen sie in ihren Schriften. Schutz vor Krankheit gewährten auch Amulette. Am beliebtesten war das Udjatauge, das linke Auge des Lichtgottes Horus. Er hatte es einst im Streit mit dem Gott Seth

82 Statuette eines *Ba*-Vogels, eine ägyptische Seelendarstellung, die einen menschlichen Kopf mit einem Vogelkörper verbindet. Ptolemäisch, 4.–2. Jh. v. Chr., Holz, stuckiert und bemalt, 11 x 5 x 15,5 cm, Ägyptisches Museum und Papyrussammlung, Staatliche Museen zu Berlin

verletzt, war aber von Thot wieder geheilt worden. Sein Name bedeutete „heilen" oder „ganz machen", und es galt als Zeichen des Lebens und des Glücks. Wer die Wirkung des Amuletts steigern wollte, fügte noch das rechte Auge des Gottes hinzu, wem auch das nicht genügte, der verdoppelte die Zahl der Augen auf vier. Dann wirkte die Unheil abwehrende Kraft in alle Himmelsrichtungen.

Es waren die Griechen, die als Erste zu denken wagten, Krankheit und Gesundheit hätten mit den Göttern gar nichts zu tun. Vielleicht, so spekulierten sie, hing es mit dem Klima zusammen, dass der Mensch krank wurde, oder es lag an falscher Ernährung oder an zu viel oder zu wenig Bewegung. Wenn sie auch nicht die biochemischen Mechanismen verstanden, so vermuteten sie doch natürliche Ursachen. Hippokrates von Kos (ca. 460–370 v. Chr.) entwickelte als einer der Ersten eine Gesamttheorie des menschlichen Körpers, die in der Lage war, körperliche und seelische Krankheiten zu erklären. Seine Säftelehre oder Humoralpathologie, die er in seiner Schrift „De natura hominis" formulierte, ging davon aus, dass es vier Flüssigkeiten gibt, die im Körper zirkulieren und den verschiedenen Organen Informationen übermitteln: Blut *(haima)*, Schleim *(phlegma)*, gelbe *(xanthe chole)* und schwarze *(melaina chole)* Galle. Befanden sich diese Körpersäfte im Gleichgewicht (Eukrasie), war der Mensch gesund, gerieten sie in Unordnung (Dyskrasie), wurde er krank. In der späteren Entwicklung dieser Lehre erklärten die Mischungsverhältnisse nicht nur körperliche, sondern auch seelische Krankheiten. Entstand eine schlechte Mischung der Säfte, gerieten sie sozusagen in Streit miteinander, verfiel der Mensch in Melancholie oder verwandelte sich in einen gereizten, unberechenbaren Choleriker. Jedem Saft wurde ein Körperorgan zugeordnet. Dem Schleim das Gehirn, dem Blut das Herz, der gelben Galle die Leber und der schwarzen Galle die Milz. Aufgabe des Arztes war es, die Balance der Körpersäfte herzustellen, Aufgabe des Patienten, sie durch richtige Lebensführung beizubehalten. Womit zum ersten Mal in der Medizingeschichte der Begriff der Prävention praktische Anwendung fand. Hippokrates vertraute auf die heilende Kraft der Natur, die man in ihrer Arbeit nur unterstützen müsse, damit der Körper alles ausscheide, was ihn schädige. Dementsprechend bediente er sich nicht aufwendiger pharmakologischer Rezepturen, sondern verordnete Hilfe zur Selbsthilfe: Aderlass, Fasten, Massagen, Sport und Diät.

Die hippokratische Medizin bildete freilich nur eine Spielart des Umgangs mit der Krankheit. Es existierte weiterhin eine Volksmedizin, die wie im Zweistromland auf Magie und Beschwörungen beruhte. Ein Gegensatz zwischen Religion und Heilkunde existierte nicht. In den großen medizinischen Zentren, etwa in der wegen ihrer Heilquellen gern aufgesuchten Stadt Pergamon, stand selbstverständlich ein großer Tempel des Asklepios, des Gottes der Heilkunde, dessen heiliges Tier, die Schlange, mit ihren Häutungen als Symbol für Erneuerung und Gesundung galt. Priester und Ärzte praktizierten nebeneinander. Dass es Letzterer oft gar nicht mehr bedurfte, beweisen Votivgaben, die von dankbaren Genesenden dem Gott geweiht wurden. Der Kranke schlief im Tempel und hoffte darauf, dass ihn Asklepios über Nacht heilen *(enkoimesis)* oder ihm im Traum erscheinen und einen Ratschlag geben

¶ Prologus nicholai de regio in librum galieni de flothomia quem transtulit de arabico in latinum

Illustri principi domino roberto serenissimi domini Iherusalem et sicilie regis primogenito et in regno sicilie vicario generali inclito duci calabrie nicholaus de regio de calabria subiectum animum et devotum. ¶ Et si ceteris gratiarum largitionibus quibus decorantur principes sit excellentia vestra munita in dono tamen sciarum ꝓ quasi ho est hominum inter mundi principes prefulgentis. ¶ Et propter hoc in eo in quo ceteros excellitis principes cupiens dominationi vestre servire libros galieni duos unum s. de flothomia et alterum de utilitate respirationis satis utiles quos prius de greco idiomate in latinum transtuli vestre magnitudini offerendos. ¶ Quos si recipere dignemini ut benignus benigne.

¶ Liber galieni de flothomia qui habet xxi capitula.

¶ Capitulum primum de considerationibus habendis circa flothomiam.

His qui de flothomia considerant unum quidem et primum est problema considerare conditiones corporis cuiusque indigentis evacuatione. ¶ Deinde consequenter secundum quemque ea que per flothomiam quam multe deinum sint dispositiones alia quidem aliqua evacuatione egentes. ¶ Tercia in his consideratio est discernere potentes sustinere evacuationem. ¶ Invenitur enim dispositio quidem cuiusque egens flothomia qui laborat autem non tolerat eam vel propter etatem vel propter horam anni vel propter regionis naturam vel propter malignationem oris ventris quod abutentes plerique nominant stomacum. Quemadmodum quippe et nunc in toto sermone inspiratione hac utemur breviloquium gratia. ¶ Sicut et qui propter habitum totius corporis non tolerat flothomiam etiam si permaxime ea indigeat contra in egritudine indigentes. ¶ Si vero utique etiam hec extimabit quis ea que de tempore consideratio nobis succedit quemadmodum in omni alio auxilio. ¶ Deinde consequenter ea que de venis quas oportet incidere. ¶ Quintum enim est sufficient etiam de hoc dicere. Deinde differt nichil quamcumque utique velit quis incidere venam unam et eodem modo presumit omnibus dispositionibus vel quemadmodum ypocras et peritissimi medicorum opinantur sed quoniam multum differt hanc venam ante hanc aperire. ¶ Determinata autem et hac consideratione consequenter est que de intentionibus sermo quibus utique quis attendens mente coniecturet mensuram evacuationis. ¶ In his autem omnibus in quibus quidem semel auferre melius est in quibus autem vomitum epafaeresim i. superabundationem facere convenit et quos quidem usque ad lipothomiam evacuare in quibus autem cavere ab hac ut maximo malo. Hec quidem omnia oportet considerare debentem bene uti hoc auxilio. ¶ Et dictum est de omnibus ipsis in secundo terapeutice methodi libro.

¶ Capitulum ii de falsis opinionibus quorundam penitus reprobantium flothomiam et impugnationibus earum et allegatione passium aliorum ab hoc in quibus agitur de flothomia et de causa compositionis huius libri.

Quemadmodum deinde et adversus hierasistrati secundum de male ipsum abstinendo ab hoc auxilio. ¶ Deinde rursus per alium librum adversus illos herasistrateorum quicumque aiunt uti etiam hoc auxilio raro. ¶ Quoniam autem odiet utique quis dolositatem politorum sophistarum qui simulantes quod inveniantur desiderio novitatis super ingeniantur dolose sophismata que ignorantes utilima constituunt sermone contraria. ¶ Horum enim unum alterum tendit. Eis pius passus est excipiens contraria flothomia medicinalibus auxiliis. ¶ Secuta autem fuit enim etiam discipuli eius medicus atque aristogenes et tolomeos etiam ipsi ab hellenibus facti. ¶ Hiis autem magis herasistratus in gloriam elevatus illi strimma custodiunt crisippi mores. ¶ Deinde deinceps huius discipuli secundum principia. ¶ Deinde secuti sunt omnes doctores dogma. ¶ Tempore autem post ea abscesserunt quidam eorum vertentes terribestibilis verecundia. ¶ Quid enim utique addiscet quis ad eos qui remanserunt circa ac acceptare flothomie auxilium ab herasistrato et illius apparet constitutionis in illa passione ipsam consulens. ¶ Assentitum enim est autem ei rabatione in evacuativum auxilium assuevit etiam flothomia multo magis diligere. ¶ Qui a hoc dicunt omnes dignificant flothomare in quibus herasistrati visit inabatione uti. ¶ Igitur scribente eo scilicet herasistrato secundum ea que de febribus opera in principiis egritudinum inabationes consequens est omnes flothomare tamquam sit etiam horum ro in illo tempore ¶ Est quidem

83 Spätmittelalterliche Handschrift eines Textes des Universalgelehrten Galen, der im 2. Jh. n. Chr. tätig war und dessen medizinische Werke über zahlreiche Abschriften Verbreitung fanden. „Galeni Opera Varia", Erscheinungsjahr 1450, Pergament, Sächsische Landesbibliothek – Staats- und Universitätsbibliothek Dresden

würde. Hippokrates hat diese Annäherung an die Gottheit, in der Haltung des Bittenden und voller Achtung und Demut, ausdrücklich gutgeheißen, während er magische Praktiken, bei denen sich der Mensch Dinge aneignet, die eigentlich den Göttern gehören, als schiere Nötigung ablehnte.

/// Galen

Aus Pergamon stammte der neben Hippokrates berühmteste Arzt der Antike: Galen (129–216 n. Chr.). Der Sohn eines Architekten und Mathematikers absolvierte seine Ausbildung bei den besten Lehrern in Smyrna, Korinth und Alexandria, um anschließend in seiner Heimatstadt als Arzt die Gladiatoren zu betreuen. Durch die alltäglichen Verletzungen und Todesfälle in der Arena erlangte er gute Kenntnisse über die menschliche Anatomie, die er in seiner chirurgischen Praxis anwandte. Nach Rom übergesiedelt, ging es mit seiner Karriere rasch voran, die ihn schließlich bis an den Kaiserhof, als Leibarzt der Kaiser Marc Aurel und Commodus, führte. Berühmt machten ihn seine öffentlichen Vivisektionen an Tieren, mit denen er beispielsweise demonstrierte, welche Muskeln und Nerven für die Stimme verantwortlich waren. Der unverheiratete Workaholic, der nach eigenem Bekunden mit drei Stunden Schlaf pro Nacht auskam, hinterließ ein riesiges Œuvre, von dem circa 20 000 Seiten überliefert sind. An der Edition und Interpretation galenischer Texte zur Seelentheorie und der Verortung von körperlichen und seelischen Fähigkeiten arbeitet die Galen-Forschungsstelle der Berlin-Brandenburgischen Akademie der Wissenschaften (Roland Wittwer) zusammen mit dem niederländischen klassischen Philologen Philip van der Eijk an der Humboldt-Universität Berlin.

Galen hat praktisch über alle wichtigen medizinischen Themen, über Anatomie, Physiologie, Pathologie, Seelenlehre, Diätetik, Therapeutik, Prognostik, Diagnostik, Pharmakologie, Chirurgie, Gynäkologie, Embryologie und Fortpflanzungslehre, publiziert. Sein Ziel war es, ein umfassendes medizinisches System zu entwickeln. Zu diesem Zweck entdeckte er Hippokrates neu, interpretierte aber seine Schriften kritisch, indem er nur das als hippokratisch akzeptierte, was mit seinen eigenen Erkenntnissen übereinstimmte. Durch die Reflexion auf die eigene Methode machte er Hippokrates einheitlicher und systematischer und erweiterte dessen physiologisches Modell. Er ergänzte es um einen neuen Stoff, das *pneuma* (Atem, Geist), das in drei Zustandsformen, vital, natürlich und vernünftig in Leber, Herz und Hirn, entstand und jeweils einen Kreislauf bildete. Dem Gehirn, in dem er das Zentrum des Gedächtnisses und des Denkens lokalisierte, ordnete er die Nerven zu, dem Herz die Arterien, der Leber die Venen. Das *pneuma*, als subtile, feinstoffliche Substanz gedacht, spielte gleichsam eine Mittlerrolle zwischen Körper und Seele, es erklärte, wie ein seelischer Zustand einen körperlichen hervorrufen konnte. Im Ergebnis entwarf er damit eine anatomische Kartographie der Seele, deren Sitz im Körper er dadurch bestimmte. Unter Rückgriff auf Platons Dreiteilung der Seele, verortete er den Verstand *(logistikon)* im Gehirn, den Mut und die seelische Energie *(thymoeides)* im Herzen, den Trieb und die Leidenschaft *(epithymetikon)* in der Leber. Galen war im Grunde Materialist und als solcher zutiefst davon überzeugt, dass

84 Augenpaarvotiv. Römerzeitlich, 1.–3. Jh. n. Chr., Bronze, 5,5 x 9,8 cm, Antikensammlung, Staatliche Museen zu Berlin

letzten Endes alles im Körper enthalten und durch ihn bedingt sei. Das hippokratische Behandlungsspektrum im Prinzip beibehaltend, ergänzte er es durch die von dem Griechen Dioskurides im ersten nachchristlichen Jahrhundert zusammengestellte Arzneimittellehre *(materia medica)*, die mehr als tausend Heilmittel pflanzlicher, mineralischer und tierischer Art beschrieb. Nach einem genau abgestuften Verfahren klassifizierte Galen sie entsprechend den vier Elementen und den vier Primärqualitäten (heiß, kalt, feucht, trocken), die ihnen jeweils zugeordnet waren. Je nach Krankheit waren nun fein abgestimmte Mischungen bezogen auf die zu verstärkenden oder abzuschwächenden Körpersäfte möglich. Gleichzeitig lieferte er damit eine chemisch-physiologische Begründung für die Wirkung von Heilmitteln.

Durch ihren säkularen Umgang mit der Krankheit, ihre naturwissenschaftlichen Erklärungsversuche und ihr methodisches Vorgehen innerhalb einer breit angelegten Debattenkultur wirkte die griechische auf die moderne Medizin wie keine andere des Altertums. Galen von Pergamon war ihr wichtigster und einflussreichster Vertreter. Ähnlich dem Zeitgenossen Ptolemäus für Astronomie und Geographie (vgl. S. 85ff.) stellt Galen den Höhepunkt und den Abschluss der selbstständigen medizinischen Forschung der Antike dar.

85 Votiv eines männlichen Körpers mit geöffneter Leibeshöhle. Veji (Italien), 4.–3. Jh. v. Chr., Keramik, 16,9 x 11,3 cm, Institut für Altertumswissenschaften, Justus-Liebig-Universität Gießen

86 Niketas-Codex. Die Darstellung zeigt eine in den antiken Texten beschriebene Heilmethode. Laurentianus Pluteus graecus, 9. Jh. n. Chr., Pergament, Biblioteca Mediacea Laurenziana, Florenz

/// Im Alten Rom führte man Opfertiere um ein Landgut, opferte sie und verpflichtete den Gott Mars im Gebet: „auf dass Du Krankheit, Misswuchs und Verheerung, Unheil und Unwetter fernhältst, abwehrst und abwendest." Opfer und Bitte an die Gottheit waren aber nur eine Form in den Kulturen der Alten Welt, Unheil und Schaden abzuwehren.

Im Vorderen Orient baute man in den Ecken von Gebäuden Ziegel mit Unheil abwehrenden Texten ein, um Bauwerk und Bewohner zu schützen. Amulette, magische Rituale und Beschwörungen bewahrten Menschen vor Schaden und Krankheit. Man musste dabei jedoch die Ursachen kennen. So wird in einem babylonischen Text der Zahnwurm als Verursacher des Zahnschmerzes beschworen.

Ebenso vielfältig wie die Zauber und Gebete zur Abwehr von Schaden waren die Formen, Schaden heraufzubeschwören. Bleitäfelchen mit Verfluchungsformeln wurden in der Nähe desjenigen, den der Fluch treffen sollte, vergraben. Auf diesem Wege versuchte man, politische Gegner, Konkurrenten in der Liebe und im Handel auszuschalten. Um ihre Wirksamkeit zu entfalten, einen magischen Raum zu schaffen und zu beherrschen, bedürfen alle diese Verfluchungen eines „Träger-Mediums". Plätze, die als Schnittstelle zwischen Ober- und Unterwelt angesehen wurden, wie Brunnen oder Friedhöfe, waren von besonderer Bedeutung.

Das Wissen um den „richtigen" Ort spielt für die Wirksamkeit von Schadens- und Abwehrzaubern eine entscheidende Rolle. Es ist dies kein ungefährliches Wissen, sondern bedarf der Experten. Nur diese kennen die korrekten Verfahren, nur so war die Wirksamkeit gesichert, und – mindestens ebenso wichtig – nur so konnten Kollateralschäden durch falschen Gebrauch vermieden werden.

FLUCH UND ABWEHR ///

87 Schwertteil mit eingerolltem Bleiblättchen/Fluchtäfelchen. Aus dem jüngerkaiserzeitlichen Moorfund von Thorsberg in Schleswig stammt dieser bronzene Schwertriemenbügel. Röntgenuntersuchungen konnten zeigen, dass in seinem Inneren ein zusammengerolltes Bleiplättchen liegt – ein aufregender Beleg für die Verwendung von Fluchtäfelchen tief in der Germania Magna.
Thorsberger Moor, 1. Hälfte 3. Jh. n. Chr. Silberblech und Bronze, Länge 25 cm, Stiftung Schleswig-Holsteinische Landesmuseen, Archäologisches Landesmuseum Schloss Gottorf

/// Feinde verzaubern

Der Feldherr, Konsul und als künftiger Kaiser des Römischen Reiches verehrt, erreichte nur unter Aufbietung aller Kräfte Antiochia. Dort brach der 34-Jährige, sonst ein vor Gesundheit strotzender Mann, zusammen und lag auf den Tod danieder. Julius Cäsar Germanicus, so sein voller Name, wusste, wem er die Krankheit, die so plötzlich über ihn gekommen war, zu verdanken hatte. Niemand anderer als der ihm verhasste Statthalter von Syrien, Calpurnius Piso, konnte der Verursacher sein. Die Beweise fanden sich im Fußboden und in den Wänden seines Schlafzimmers. „Menschliche Leichenreste, Zaubersprüche mit Verwünschungen, sowie der Name Germanicus auf Bleitäfelchen eingeritzt", lesen wir beim römischen Historiker Tacitus (Annalen 2,69).

Krankheit und Tod des Germanicus ereigneten sich im Herbst des Jahres 19 n. Chr.; da war die Sitte, sich vermittels Fluchtäfelchen aus Blei unliebsame Zeitgenossen vom Halse zu schaffen, schon 500 Jahre alt und sollte noch weitere 500 Jahre großen Zuspruch finden. Ihr praktischer Nutzen leuchtet unmittelbar ein. Statt auf den mehr oder weniger gerechten Spruch eines Richters zu vertrauen, wurde ein Bleitäfelchen wie folgt beschriftet: „Nimm herab Diokles, meinen Prozessgegner, binde seine Zunge und die Sinne auch seiner Helfer und nimm herab alle Rechtsmittel und Zeugnisse gegen mich, die er vorbereitet hat." Gerichtet ist diese Botschaft an eine Gottheit der Unterwelt, meist Persephone oder Hekate. Das Problem der Übermittlung löste man, indem man die Fluchtafel dort vergrub oder hineinwarf, wo man traditionell eine Verbindung zur finsteren, unterirdischen Welt vermutete: in Quellen und Höhlen. Gern gab man sie auch frisch Verstorbenen mit ins Grab, die dadurch zu Transporteuren des Fluches wurden und die Tafel persönlich der betreffenden Gottheit überreichten. Schaffte man es aber, die Fluchtafel in der Nähe des Opfers zu platzieren, trat – wie im Fall des Germanicus – der gewünschte Effekt im besten Fall sogar mit sofortiger Wirkung ein. Wer im Zirkus seinem Wagenlenker zum Sieg verhelfen wollte, verfluchte die übrigen und legte das Täfelchen mit ihren Namen oder Farben an den Wendesäulen nieder. Zur bösen Absicht passte das Material. Der kalte Glanz des Bleis, seine Giftigkeit, Schwere und grauschwarze Farbe symbolisierten förmlich die Schrecken und Abgründe des Todes. Dazu war das Metall leicht zu beschaffen und zu bearbeiten, außerdem billig und unauffällig.

Aus den Beschriftungen der Fluchtäfelchen geht hervor, dass sich alle gesellschaftlichen Schichten ihrer bedienten. Exemplare mit sorgfältig formulierten, orthographisch korrekten Sätzen finden sich genauso wie Stücke mit einfach hingekritzelten, fehlerhaften Worten der Umgangssprache. So sind die Tafeln auch eine unschätzbare Quelle des gesprochenen Idioms, das in der literarischen Überlieferung kaum vorkommt. Frauen wie Männer verfluchen oft aus dem gleichen Anlass: Eifersucht. „Euandria, die Tochter des Charikleides, des Blödmanns, und Doris, die Sklavin des Aristokrates, diese beiden, o Daimon, nimm herab", fleht ein doppelt enttäuschter Liebhaber, und weil auf dem Täfelchen noch Platz ist, lässt er auch noch eine dritte Dame büßen: „Galine, die Tochter des Polykles", die ihn offenbar nicht erhört hat. Gut einsetz-

88 Griechische Fluchtafel.
Athen, 340 v. Chr., Blei, 6 x 12 cm, Antikensammlung, Staatliche Museen zu Berlin

bar waren die Fluchtäfelchen bei missliebigen Konkurrenten. Einfache Namensnennung genügte dem wie in fast allen Fällen anonymen Verfasser nicht, als er „Mallos und Deixia" ausdrücklich verfluchte. „Seele, Zunge und Leib, Arbeit, Werkstatt und ihre ganze Kunst" sollten ebenfalls mit einem Bann belegt sein.

Ab dem 5. Jahrhundert v. Chr. verbreiteten sich die Fluchtäfelchen von Athen aus über die Mittelmeerwelt. Ist ein Zusammenhang denkbar zwischen der Entstehung der Demokratie und der Praxis individueller Verfluchung? Immerhin war dieses magische Ritual in Griechenland nicht unter Strafe gestellt, sehr wohl aber im aristokratischen Rom, wo im Zwölf-Tafel-Gesetz Schadenszauber als Kapitalverbrechen galt. Schwerpunkt der Verbreitung blieb allerdings der griechischsprachige Raum. Von den circa 1600 bisher gefundenen Täfelchen sind nur ein Drittel lateinisch beschriftet. Meist rechteckig, sind sie in der Regel nicht größer als acht mal zwölf Zentimeter. Um ihre bannende bzw. verfluchende Wirkung noch zu steigern, rollte man sie zusammen und durchbohrte sie mit einem Nagel, womit eine symbolische Verletzung der genannten Person bewirkt wurde. Im Gegensatz zu heute hatte in der Antike der Name nicht nur als Unterscheidung von anderen Bedeutung, sondern repräsentierte die ganze Identität eines Menschen. Wer eine Sache benennen kann, erschafft sie im Geiste, und wer den Namen eines Menschen weiß, gewinnt Macht über ihn: „Ich habe dich bei deinem Namen gerufen; du bist mein!" (Jes. 43,1). Dementsprechend verballhornte man ihn, schrieb ihn rückwärts, in Spiegelschrift oder vertauschte ihn, um dadurch dem Betreffenden zu schaden. Dass die Furcht vor Verwünschungen weit verbreitet war (Plinius, Naturkunde 28,4,19) und der Glaube an die Wirksamkeit derartiger magischer Praktiken bis in die Spätantike nicht bezweifelt wurde, belegen die noch im Gesetzeswerk des „Codex Iustinianus" (534 n. Chr.) dafür vorgesehenen drakonischen Strafen.

/// Magische Räume

Als im Zuge archäologischer Ausgrabungen in der zweiten Hälfte des 19. Jahrhunderts Fluchtäfelchen gefunden wurden, landeten sie als antiker Metallschrott in den Ramschkisten der griechischen Antiquitätenhändler. Es war der deutsche Philologe Richard Wünsch (1869–1915), der 1894 in Athen auf sie aufmerksam wurde und gleich zweihundert Stück von ihnen kaufte. Er fand heraus, wie man sie auseinanderfalten konnte, las die Inschriften mit einer Lupe und publizierte erstmals ihre Texte. Doch seine Sammlung, deren Inhalt so wenig zum klassischen Antike-Bild von „edler Einfalt und stiller Größe" (J. J. Winckelmann) passte, geriet in Vergessenheit und wurde erst 2004 in der Berliner Antikensammlung wiederentdeckt, komplett und noch in den originalen Pappkästen. Auf diesen Bestand stützen sich die Forschungen eines Teams von

Epigraphikern um Klaus Hallof. Doch technisch ungleich besser ausgestattet, ist nach der Restaurierung der Stücke den Wissenschaftlern nicht nur die Revision früherer Lesungen gelungen, sondern auch die Neulesung von Exemplaren, die Wünsch nicht entziffern konnte. Unterm Mikroskop lassen sich noch die kleinsten Schriftspuren auffinden, die dank Photographie beliebig vergrößert werden – eine optimale Voraussetzung für die nach wie vor mühsame Entzifferung. Und längst hat der Fokus der Forscher die ganze Mittelmeerwelt erfasst. Ziel ist die Sammlung und Autopsie aller erhaltenen antiken Fluchtafeln. Über 1500 sind inzwischen bekannt, nicht wenige unedierte warten noch auf Restaurierung und Lesung. Jenseits des offiziellen Tempelkults zeichnet sich eine religiöse Alltagspraxis ab, in der magische Räume offenbar eine weit wichtigere Rolle spielten als bisher angenommen.

Die moderne, christlich geprägte Vorstellung von bedauernswerten „abergläubischen" Menschen, gefangen in magischen Ritualen voller Angst und Furcht, verkennt den hohen Gebrauchsnutzen eines solchen Weltbildes. Drohende Gefahren und Widrigkeiten des Lebens ließen sich bei intensiver Beobachtung der von den Göttern gesandten Zeichen vorher erkennen und mit entsprechenden Gegenmitteln abwehren. Waren Unglück und Krankheit dennoch eingetreten, stand ein ganzes Arsenal von Beschwörungen, Gebeten und Heilmitteln zur Verfügung. Selbst den heute als größter anzunehmender Unfall geltenden Tod hatten die alten Ägypter unter Kontrolle, indem sie ihn als Wiedergeburt, als Verjüngung und Verwandlung von Körper und Seele begriffen und mit dementsprechenden Praktiken das Weiterleben des Toten garantierten. Die mit den Ritualen beschäftigten Priester, Gelehrten und „Magier" operierten nach ihrem und dem Verständnis der damaligen Menschen nicht in einem ominösen Zwischenreich, sondern verhielten sich zutiefst rational, gestützt auf jahrhundertelange, schriftlich niedergelegte, in vielen Fällen erprobte Erfahrung. So gesehen bestand weder ein Grund für Zukunftsangst – man wusste ja, wie es weitergehen würde! – noch fühlte man sich dem Leben hilflos ausgeliefert. Demgegenüber erscheint unsere moderne wissenschaftlich begründete Weltsicht seltsam instabil. Gerade ihr Anspruch, alles im Griff zu haben, sämtliche Lebensrisiken entweder ausschalten oder versichern zu können, produziert jene überzogene Erwartungshaltung, die Tag für Tag enttäuscht wird.

/// Gefahren bannen

Schöne Beispiele, wie man im privaten und öffentlichen Raum durch Magie mit Gefahren umging, liefert Ägypten. Um den Toten in seinem Grab zu schützen, wurden an den vier Ecken des Raumes Ziegel mit einer Schutzformel angebracht. Ordentliche Magie hatte auch grenzüberschreitende Wirkung. Im Ritual des „Zerbrechens der roten Töpfe" zerschlug der Pharao Keramikgefäße mit den Namen seiner ausländischen Feinde. Die von den Archäologen ausgegrabenen, so genannten „Ächtungstexte" informieren uns heute genau über die jeweilige außenpolitische Bedrohungssituation. Gefahren lauerten ebenso in Ägypten selbst. Nicht nur Skorpione und Schlangen, wie noch heute anzutreffen, sondern auch Krokodile und Löwen lebten im Niltal. Dagegen half eine „Horus-Stele". Horus, der Schutzgott des Pharao, war auf ihr abgebildet, wie er die wilden Tiere mit Füßen trat. Hinzugefügt wurden Inschriften mit Beschwörungen, Zaubersprüchen und heilenden Symbolen. Goss man Was-

89 Rachepuppe, deren Hände auf dem Rücken gebunden sind. Auf dem Rücken und den Beinen der Figur wurden nach dem Guss insgesamt sieben Männernamen eingeritzt.
Griechenland, um 400 v. Chr., Blei, 9,5 cm, Antikensammlung, Staatliche Museen zu Berlin

ser über die Stele, nahm es die magische Kraft des Steins in sich auf. Wer es trank, war vor Bissen geschützt, wer gebissen wurde, gebrauchte es als Medizin.

In Mesopotamien waren die Heiler *(aschipu)* berühmt für ihre Fähigkeit, die wirklichen Ursachen einer Krankheit zu erkennen, denn nur so konnte man sie abwehren (vgl. S. 106ff.). Eine Keilschrifttafel aus dem 14./13. Jahrhundert v. Chr. erzählt die Geschichte eines Patienten, dessen schlechter Gesundheitszustand auf einen Totengeist zurückgeführt wurde, der auf ihm saß und ihm den Atem abdrückte. Wie schaffte man es, ihn loszuwerden? Umherschweifenden Totengeistern fehlen Zuspruch und Opfer. Werden die Toten nicht in regelmäßigen Abständen mit Nahrung versorgt und mit ihrem Namen angerufen, steigen sie aus der Unterwelt empor und klagen bei den Lebenden durch das Auslösen von Krankheiten ihr Recht ein. Also muss man ihnen etwas anbieten. Der erfahrene Heiler organisiert ein Ritual. Aus Schilfrohr fertigt der Kranke eine Frau, indem er Nabel und Vulva einritzt und sie bekleidet. Echte Haare formen ihre Frisur, eine Kette aus Karneol schmückt ihren Hals. Die fertige Puppe legt er sich ins Bett und feiert mit ihr – und dem Totengeist – eine dreitägige rituelle Hochzeit. Dann wechselt er die Rolle, ist nicht mehr Bräutigam, sondern Brautvater und übergibt dem Totengeist die Frau und eine liebevoll zusammengestellte Mitgift. Vorgesprochen vom Heiler, folgt nun die Beschwörung an den Totengeist: „Du bist versorgt, du bist mit Proviant versehen, du bist verheiratet! Du bist ihr Ehemann, sie ist deine Ehefrau. Du sollst sie nehmen und von hier weggehen.“ Dem half der Heiler nach, indem er die Puppe und mit ihr den Totengeist zu einer Bootsfahrt einlud, sie in ein Miniaturboot setzte und den Fluss hinabtreiben ließ. Aus den Augen, aus dem Sinn.

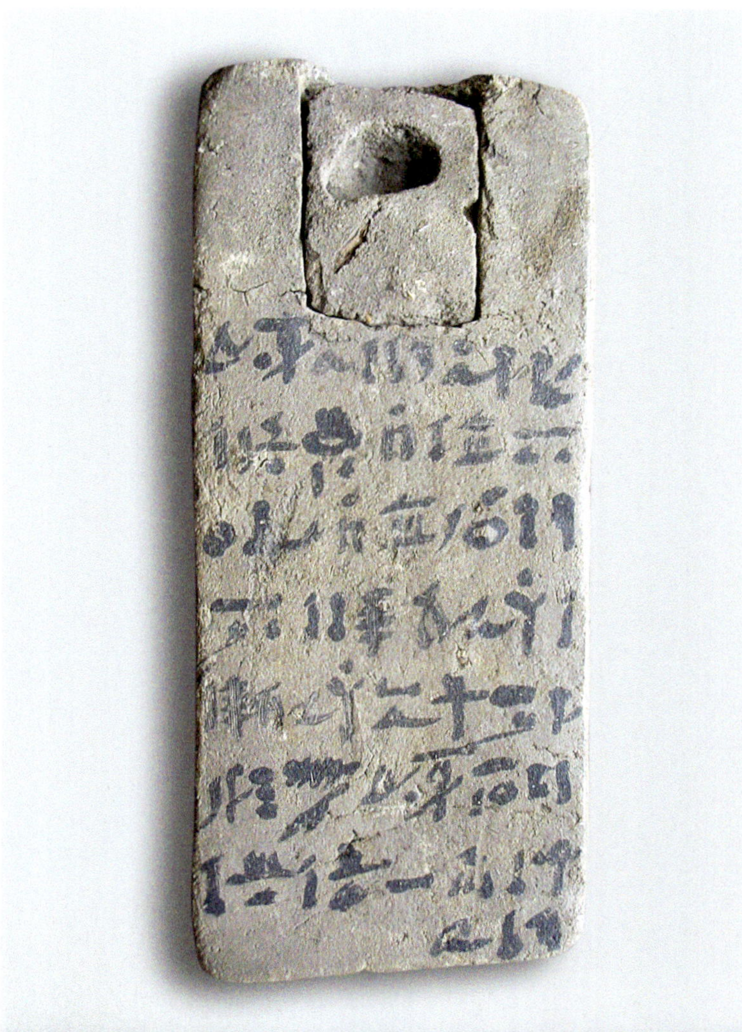

90 Magischer Ziegel des Ptah mit Himmelsrichtungsangabe „Westen“.
Abydos, 20.–22. Dynastie, um 1050 v. Chr., Keramik, 10,3 x 4,3 cm, Ägyptisches Museum und Papyrussammlung, Staatliche Museen zu Berlin

Weniger Aufwand erforderte die Therapie gegen Kindbettfieber, das die Dämonin Lamaschtu bewirkte, ein Mischwesen aus einer nackten Frauengestalt mit Löwenkopf und Vogelfüßen. Dafür genügte die Anfertigung einer Bronzetafel als Schutzamulett, auf dem der fiebersenkende Dämon Pazuzu, ebenfalls eine Kombination aus Raubtier, Mensch und Vogel, und sieben weitere Dämonen als Helfer tätig werden. Pazuzu schaut von oben auf eine Szene, die zwei Heiler zeigt. Gekleidet in die Berufskleidung der *aschipus*, ein Fischgewand (*apkallu*, vgl. S. 107), sind sie damit beschäftigt, dem Kranken durch Beschwörung das Fieber auszutreiben. Gleichzeitig wird Lamaschtu von Pazuzu in ein Boot und zurück in die Unterwelt oder ins wilde Gebirge befördert. Um die mächtige Dämonin nicht zu kränken, erhält sie reichlich Lebensmittel und Geschenke. Wie in Ägypten begriff man die Darstellung auf dem Amulett nicht als lebloses Bild, sondern als den Vorgang an sich, der sich vorbeugend immer wieder vollzog. Vergraben im Haus oder an seiner Schwelle, dienten sie als Abwehrzauber.

/// Zahnwürmer bekämpfen

So alt wie die Menschheit ist die Klage über den Zahnschmerz. Kein Dämon, sondern ein Wurm war nach dem Glauben der Babylonier dafür verantwortlich. Für ihn kreierten sie sogar eine spezielle Kosmogonie und führten seine Existenz bis auf den Anfang der Welt zurück: „Nachdem der Gott Anu den Himmel erschaffen hatte, der Himmel die Erde, die Erde die Flüsse, die Flüsse die Kanäle, die Kanäle den Morast, der Morast den Wurm,

91 Ägyptische Horus-Stele. Das über so genannte Horus-Stelen gegossene Wasser wurde dem Glauben nach zum Heilmittel und von Patienten eingenommen.
Ptolemäisch, 4.–3. Jh. v. Chr., Serpentinit, 19,4 x 10,9 cm, Ägyptisches Museum und Papyrussammlung, Staatliche Museen zu Berlin

93 Amulett gegen die Dämonin Lamaschtu, die Verursacherin des Kindbettfiebers mit einer Inschrift auf der Rückseite: „Beschwörung: Lamaschtu, Tochter des Anu … Im Namen der Götter, sei beschworen! Wie der Vogel am Himmel fliege fort!"
Vorderasien, neu-/spätbabylonisch, 1. Hälfte 1. Jt. v. Chr., schwarzer Stein, 6,9 x 5,4 cm, Vorderasiatisches Museum, Staatliche Museen zu Berlin

ging der Wurm zum Sonnengott Schamasch, um zu weinen, und es flossen seine Tränen: ‚Was gabst du mir zu essen, was gabst du mir zu saugen?' – ‚Ich gab dir die Feige, die reife, die Aprikose, den Apfel!' – ‚Was soll ich mit der Feige, der reifen, der Aprikose, dem Apfel? Hebe mich hoch und setze mich zwischen Zahn und Zahnfleisch. Vom Zahn will ich das Blut saugen und vom Zahnfleisch Stücke abnagen.' Weil du das sagtest, Wurm, soll der Gott dich schlagen mit seiner starken Hand!" Diese Beschwörung musste dreimal über dem Gegenmittel rezitiert werden. Es bestand aus einer Mischung aus Bier, einem Brocken Malz und Öl. Falls es nicht wirkte, blieb laut Tontafel nur die auch uns vertraute Methode übrig: „Setze den Pflock (ein zahnärztliches Instrument, Anm. d. Verf.) und packe den Fuß des Zahns!"

Die Vorstellung vom Löcher bohrenden, aus dem Morast geborenen Zahnwurm, wie sie uns in dem wahrscheinlich um 1800 v. Chr. entstandenen Text begegnet, hat eine beeindruckende Rezeptionsgeschichte. Die Überzeugung, dass Würmer aus feuchtem Schlamm und Erde entstehen, vertraten nicht nur der Grieche Aristoteles und der Römer Lukrez, sondern war noch im Mittelalter, gestützt auf den Kirchenvater Isidor von Sevilla, allgemein verbreitete Ansicht. Sogar bis ins 18. Jahrhundert, dem Zeitalter der Aufklärung, hielt sich der Glaube an den Zahnwurm, und noch in der fünften Auflage des „Praktischen Handbuchs für Wundärzte und Geburtshelfer" (Leipzig 1819) des Berliner Medizinprofessors Johann Gottlob Bernstein finden wir Rezepturen „beym Zahnweh von Würmern in hohlen Zähnen".

92 Teil einer Grabwand des Ptahemhat mit dem Ritual des „Zerbrechens der roten Töpfe".
Saqqara, 18. Dynastie, 1336–1327 v. Chr., Kalkstein, 51,5 x 131 cm, Ägyptisches Museum und Papyrussammlung, Staatliche Museen zu Berlin

/// Die Zukunft vorherzusagen und Prognosen abzugeben ist Aufgabe von Spezialisten. Sie gab es in allen Kulturen der Alten Welt. Ihre Aufgabe war es, ein entsprechendes Zeichen (Omen) zu erkennen, zu lesen und richtig zu deuten. Sie folgten dabei festgelegten Verfahren: Aus Tradition und Beobachtungen heraus wurden Regeln erstellt, die Zeichen mit Ereignissen in Zusammenhang bringen. Zeichen selbst sind somit noch keine Vorhersage. Erst in Verbindung mit einer Regel erzielte der Spezialist eine Aussage.

Zu den wichtigsten Bedingungen für eine gültige Zeichendeutung gehörte es, den Raum bzw. Ort der Beobachtung genau festzulegen. Der römische Augur definierte einen konkreten Beobachtungsausschnitt, das *templum*, und wartete auf Zeichen, zum Beispiel auf den Flug von Vögeln, deren Art und Bewegung in dem definierten Raum zu erkennen gab, ob ihr Flug als günstiges oder ungünstiges Zeichen zu verstehen war.

Auch die Eingeweideschau, vor allem die Beobachtung der Leber von geschlachteten Tieren, eine der großen Zeichendisziplinen des Alten Orients, zeigt die Bedeutung des Aussageortes: Anhand einer Art virtuellen Koordinatensystems wurde die Oberfläche der Leber in viele kleine Abschnitte unterteilt, die für sich und in Kombination mit weiteren Elementen an anderen Stellen eine Aussage ergaben. Die Gestirne wiederum bildeten eine Art Himmelsschrift, aus der der Kundige Aussagen ableiten konnte.

Berühmt und viel genutzt waren auch Orakel, die an Orte gebunden waren wie in Delphi oder Dodona.

Auch wenn uns vieles an dieser Art von Wissen heute esoterisch und obskur erscheint, so war es doch in der Antike ein in sich geschlossener, mit eigener Methodik und eigenen Empirien ausgestatteter, hoch angesehener Bereich – mit einem Gültigkeitsanspruch, der modernen prognostischen Wissenschaften in nichts nachsteht.

WISSEN VON ZEICHEN ///

/// Die Zukunft erforschen

Die Vorstellung, unser Leben werde vom Zufall regiert, hätte im Alten Orient für große Belustigung gesorgt. Konnte ein Mensch wirklich so naiv sein, das zu glauben? Nicht der Zufall beherrschte die Welt, sondern die Götter. Ihren Willen und ihre Absichten äußerten sie in einem beständigen Strom von Botschaften, der alle möglichen Formen annehmen konnte: Himmelszeichen und Sternkonstellationen, Vogelflug, Wetterphänomene, ungewöhnliche Vorkommnisse im Alltag oder Träume. Die Zeichen zu lesen und zu deuten war Aufgabe von Experten, *baru* genannt. Als hoch angesehene Gelehrte praktizierten sie ihre Kunst im Dienste von Staat und Tempel. Zu genau festgelegten Zwecken durften sich auch Privatleute ihres Wissens bedienen, vorausgesetzt, sie konnten sich die teure Beratung leisten.

Durch Beobachtung der Zeichen am Himmel und auf der Erde (lat. *omina*) erkannte man rechtzeitig, ob ein Krieg, eine Naturkatastrophe oder eine Seuche drohte, und konnte die nötigen Gegenmaßnahmen treffen. So gefährdete eine Sonnenfinsternis das Leben des Königs, der sich als Vertreter des Sonnengottes begriff. Verdunkelte sich das Gestirn, blieb der Herrscher in dieser Zeit ohne Schutz. Abhilfe schaffte ein Ersatzkönig auf dem Thron, der das drohende Unheil auf sich zog, während der wahre König als Bauer verkleidet für ein paar Tage untertauchte. Geschah dennoch ein Unheil, bestand die Aufgabe des *baru* darin, herauszufinden, welche Gottheit dafür verantwortlich war und warum man sie verärgert hatte. Der anspruchsvolle Beruf erforderte eine sorgfältige Ausbildung, die sich auf jahrhundertelange Aufzeichnungen ähnlicher Fälle und damit auf eine breite empirische Basis stützte. Damals wie heute schaffen Fakten Vertrauen. Zum Sammeln und zum Abgleich der Daten diente nicht nur ein Netz von Beobachtungsposten, die an den Hof ihre Berichte über die Vorgänge am Himmel lieferten, sondern auch Statthalter, Beamte und Priester waren verpflichtet, alles zu melden, was Zeichencharakter hätte haben können.

Praktischerweise gab es auch Verfahren, mit denen man die Götter direkt befragen konnte, ohne darauf zu warten, dass sie sich mitteilten. Am weitesten verbreitet war die Eingeweideschau. Schamasch, der Sonnengott, und Adad, der Wettergott, hatten diese Kunst, „das Geheimnis des Himmels und der Erde“, wie sie genannt wurde, den Menschen geschenkt. Sie war ein universelles Instrument für alle wichtigen Entscheidungen, die man nicht alleine treffen wollte – und auch nicht sollte. Mit erhobenem Zeigefinger und als abschreckendes Beispiel wird die Geschichte des akkadischen Königs Naramsin (2260–2223 v. Chr.) überliefert, der die Warnungen der Opferschauer missachtete, am Ende ganz darauf verzichtete – und seinen Krieg verlor. Die Hybris des Königs war in den Augen der Gelehrten und Seher umso unverzeihlicher, als sich die Eingeweideschau über mehr als zweitausend Jahre eines ungebrochenen Zuspruchs und großer Akzeptanz erfreute. Wenn sich etwas tatsächlich bewährt hatte, dann war es diese Methode der Erforschung des Götterwillens (Divination), die vor jeder Aktion, und hierin liegt ihr eigentlicher Wert, erst einmal die Reflexion darüber verbindlich festlegte.

94 Bronzeleber von Piacenza. Italien, etruskisch, 2. Jh. v. Chr., Bronze, 12 x 8 x 9 cm, Musei Civici di Palazzo Farnese, Piacenza

Das Ritual war aufwendig und durfte nur von entsprechend qualifizierten Spezialisten durchgeführt werden. Aus der syrischen Stadt Mari haben sich Opferlisten erhalten, die einen Verbrauch von 350 bis 700 Lämmern pro Monat belegen. Es begann damit, ein makelloses Lamm zu suchen, um es dem persönlichen Gott des Fragenden zu opfern. Der Opferschauer sprach ein Gebet und flüsterte die zu beantwortende Frage in das Ohr des Opfertiers. Nach allgemeiner Überzeugung trat nun der Gott in Aktion und „schrieb" auf die Leber des Schafs, „die Tontafel der Götter", seine Antwort. Das Lamm wurde getötet und zerlegt und die Leber durch den *baru* „gelesen". Das klingt einfacher, als es tatsächlich war. Das Organ wurde zunächst in einer genau festgelegten Reihenfolge seiner einzelnen Teile inspiziert. Vom „Standort", dem linken Leberlappen, arbeitete sich der Opferschauer über 24 weitere Positionen, den „Pfad", das „Palasttor", den „Stand des Thrones", das „Tor des inneren Fettgewebes" bis zur „Erhebung des Windes" vor. Die Ergebnisse wurden penibel protokolliert und anschließend gegeneinander abgewogen. Denn in aller Regel ist eine durch und durch normale Leber, was als günstiges Zeichen galt, selten. Meist gab es Anomalien, die, je nachdem, wo sie sich befanden, eine bestimmte das Endergebnis beeinflussende Bedeutung besaßen. So wertete man beispielsweise ein Loch auf der Leberoberfläche als ein Zeichen übler Vorbedeutung. Aus der Summe der negativen und positiven Befunde zog der *baru* ein Fazit. Konnte kein eindeutiges Ergebnis festgestellt werden, musste das Opfer wiederholt werden. Hatte der König, beispielsweise bei der Ernennung eines hohen Beamten, einen positiven Bescheid erwartet, erhielt aber einen negativen, prüfte der Opferschauer die Leber auf Merkmale, ob der Gott wirklich gesprochen oder sich vielleicht verweigert hatte. In diesem Fall wurde das Zeichen offiziell für ungültig erklärt.

Bei seiner Analyse stützte sich der Opferschauer auf eine umfangreiche Literatur. In den Bibliotheken des Zweistromlandes fanden sich ganze Tontafel-Serien, in denen akribisch aufgezeichnet wurde, wie welche Leberformen und Anomalien zu interpretieren sind. Tonmodelle von Lebern, beschriftet und unbeschriftet, dienten als Anschauungs- und Übungsmaterial für künftige *barus*. Je nach Frage konnten die Antworten bei gleichen Anzeichen verschieden gedeutet werden. Trotz der Komplexität des Systems, das Gelehrte von hohen Graden und großen Kenntnissen voraussetzte, hielt sich diese „Erfahrungswissenschaft" bis in die Zeit der Seleukiden (2. Jahrhundert v. Chr.) im Orient und verbreitete sich im achten vorchristlichen Jahrhundert bis zu den Etruskern. Von diesen übernahmen die Römer erst deren Experten, die *haruspices*, bis sie die Feinheiten der Opferschau selbst

95 Tonmodell einer Tierleber. Als Lehrmodelle für die Leberschau dienten Tierlebern aus Ton, deren anatomische Teile benannt sind.
Vorderasien, um 13. Jh. v. Chr., Ton, gebrannt, 9,5 x 11,7 x 3 cm, Vorderasiatisches Museum, Staatliche Museen zu Berlin

beherrschten. Noch Plinius (Naturkunde 8,102) im zweiten und Herodian (8,3,7) im dritten nachchristlichen Jahrhundert erwähnen ihre Anwendung in Rom, und erst unter Kaiser Theodosius wurde sie zusammen mit dem „heidnischen Tieropfer" 392 n. Chr. endgültig verboten.

Die Leberschau kopfschüttelnd in die Ecke des Abseitigen, längst Überwundenen zu verbannen verkennt ihre Bedeutung. Den Völkern der alten Welt galt sie als **das** Erfolgsmodell Mesopotamiens, das sie bewunderten und zu kopieren versuchten. In ihren Augen war es gerade diese „Bewältigung von Zukunft", die den wesentlichen Grund für die Stabilität und den Wohlstand der Region abgab. Drohende Risiken und kommende Chancen einschätzen zu können stellte einen unschätzbaren Vorteil dar. Im Politikbetrieb erwies sich die Leberschau als ein Korrektiv, das übereilte Entscheidungen genauso verhinderte, wie es erlaubte, die Ursachen von Niederlagen und Katastrophen zu diskutieren. Im ersteren Fall tat der König gut daran, die Wissenschaftlichkeit der Methoden seiner Gelehrten und ihre Unabhängigkeit anzuerkennen und ihr Urteil über sein Tun zumindest zur Kenntnis zu nehmen. Im zweiten Fall war es immer der König, der durch sein Handeln oder Nichthandeln den Zorn der Götter ausgelöst hatte. Er musste sich damit einer kritischen Überprüfung seiner Taten stellen. Dabei traten die Opferschauer nicht als Propheten auf, sondern als Gelehrte, die jederzeit über ihre Arbeitsweise Rechenschaft ablegen konnten. Geschah trotzdem das Unerwartete, hatte man eben nicht genau auf die Zeichen geachtet oder etwas übersehen. Aber die Methode der Zukunftserkennung war damit nicht desavouiert. Halten wir es nicht genauso? Unsere Banken und Wirtschaftsinstitute produzieren, gestützt auf wissenschaftlich abgesicherte Statistiken und Daten, Szenarien über den weltweiten Konjunkturverlauf. Doch trotz ihres Fachverstandes konnten sie uns nicht vor der globalen Finanzkrise warnen. Und warum lesen wir weiterhin ihre Prognosen? Weil wir wie die Völker des Zweistromlandes an eine regelhafte, bestimmten Gesetzen gehorchende Realität glauben, eine trotz aller statistischen Unsicherheiten und Falschaussagen berechenbare Welt.

/// Orakel sprechen

Viele Entscheidungen fallen schwer. Gehen oder Bleiben lautet die Frage in einer Beziehungskrise, lieber wenig mit Sicherheit oder mehr mit Risiko bei der Geldanlage. Überall dort, wo sich kein eindeutiges Urteil über das Für und Wider bilden lässt, ist man mit der Ratio schnell am Ende. Im politischen Bereich wird eine Kommission gebildet, im privaten der Gang zum Therapeuten erwogen. In beiden Fällen glaubt man an eine vernünftige Lösung des Problems. Griechen und Römer verfuhren anders. In einer Pattsituation konnten nur noch die Götter weiterhelfen. Ihren Rat suchte man an den großen Orakelstätten der Oikumene, in Dodona, Delphi oder in Cumae.

Dodona, auf der Hochfläche von Epirus gelegen, galt als das ehrwürdigste, weil älteste Orakel der griechischen Welt. Schon Odysseus hatte dort angefragt, „welcherlei Heimkehr ihm vergönnt sei, offen am Tage, oder geheim" (Homer, Odyssee 19, 296–299). Die den Kult betreibenden Priesterinnen führten seine Entstehung bis ins ägyptische Theben zurück. Herodot (2,55) berichtet, von dort sei eine schwarze Taube gekommen, hätte sich auf eine Eiche gesetzt und mit menschlicher Stimme gefordert, dass an diesem Ort ein Orakel des Zeus entstehen müsse. So geschah es, und fortan pilgerten Griechen und die benachbarten Italiker zu der Stätte. Hunderte von Bleitäfelchen haben sich erhalten, auf denen die Ratsuchenden ihre Fragen notierten. Von wichtigen politischen Entscheidungen bis zum Verdacht einer falschen Vaterschaft oder einem Diebstahl reichte das Spektrum. Der Gott gab seine Antworten bei Ja-oder-Nein-Fragen durch ein Losorakel. In anderen Fällen gab es einen Spruch durch die Priesterinnen. Der konnte für sie selbst gefährlich werden, denn als sie den Böotern Glück prophezeiten, sollten sie einen Frevel begehen, warfen diese die wahrsagende Priesterin ins Feuer (Strabon, Geographica 9,2,4).

Ähnlich Dodona liegt Delphi abgelegen in den Bergen Mittelgriechenlands an der Südflanke des Parnass. Hochberühmt als zentraler heiliger Ort für ganz Griechenland, zu dem jedem Griechen der Zugang garantiert war, sprach hier der Gott Apollon durch den Mund seiner Seherin, der Pythia. In den historisch belegten Fragen, als beispielsweise die Athener 352 v. Chr. wissen wollten, ob sie die heilige Aue von Eleusis bebauen oder brachliegen lassen sollten, sprach die Pythia mit entschiedener Klarheit für den sakralen Ort und gegen eine landwirtschaftliche Nutzung. Mehr bekannt und tradiert wurden freilich ihre Rätselsprüche. Etwa die Anfrage des Lyderkönigs Kroisos, ob er die Perser angreifen solle. Als Antwort erhielt er: „Wenn du den Halys (den Grenzfluss, Anm. d. Verf.) überquerst, wirst du ein großes Reich zerstören." Als er es, fest an seinen Sieg glaubend, tatsächlich tat, wurde er geschlagen. Das Reich, das er zerstörte, war sein eigenes.

Apollons Meinung zu erfahren, war teuer und nicht einfach. Erst einmal kostete es eine Ziege als Opfer. Im Ritual mit Wasser besprengt, musste das Tier zittern und frösteln. Tat es das nicht,

96 Orakelfisch mit Namensinschrift Nebukadnezars II., Jahr 12 seiner Regierung. Die Darstellung eines Fisches trägt eine Inschrift, die verdeutlicht, welche zeichenhafte Bedeutung man aus seinem Aussehen herauslesen konnte: „Wenn ein Fisch nicht seine linke Flosse hat, wird das feindliche Land untergehen …" Babylon, neubabylonisch, 592 v. Chr., Bronze, Kupfer, 8,2 x 2 x 2,5 cm, Vorderasiatisches Museum, Staatliche Museen zu Berlin

97 Orakelanfrage an die Götter Soknopaios und Ammon, Soknopaiu Nesos. Der Text beschreibt die Person Sotas, die Quittungen für Valerius geschrieben hat und nun die Götter Soknopaios und Ammon fragt, ob der Nomarch deswegen ärgerlich sei und die Sache untersuchen werde.
Ägypten, 2. Jh. n. Chr., Papyrus, Ägyptisches Museum und Papyrussammlung, Staatliche Museen zu Berlin

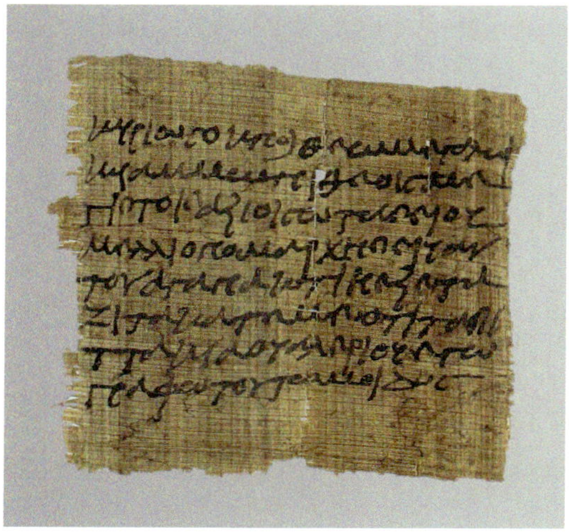

98 Bronzeplättchen mit griechischer Inschrift aus dem Zeus-Heiligtum von Dodona, das zur Orakelbefragung diente.
5.–4. Jh. v. Chr., Bronze, 3,8 x 6,4 cm, Antikensammlung, Staatliche Museen zu Berlin

war der Gott nicht sprechbereit. Im positiven Fall reinigte sich die Pythia in der kastalischen Quelle und trank vom heiligen Wasser. Lorbeerzweige wurden verbrannt und Gebete gesprochen. Endlich konnte der Besucher seine Fragen vorbringen, von der Pythia, auf einem Dreifuß sitzend und wahrscheinlich in Trance, beantwortet. Vorher waren Gebühren zu entrichten. Wer sich die nicht leisten konnte, nahm mit dem Bohnenorakel vorlieb, das nur Ja (weiß) oder Nein (schwarz) erlaubte. Die Bohnen zog die Pythia aus einer verdeckten Schale. Wer die Pythia, in der Blütezeit von Delphi gab es deren drei, zum Sprechen zwang, etwa indem er das Ziegenopfer manipulierte, erlebte eine Priesterin, die nur Unzusammenhängendes von sich gab. Dies bezeugt Plutarch angesichts einer wichtigen Gesandtschaft, der man unbedingt ein Gottesorakel bieten wollte (Über die erloschenen Orakel 51).

In Italien hieß die Seherin des Gottes Apollo Sibylle. In der Nähe der Stadt Cumae, inmitten der Phlegräischen Felder, einer vulkanischen Landschaft mit heißen Quellen am Nordabhang des Vesuv, lag ihr unheimlicher Wohnort. Sie hauste in einer Höhle voller Schwefeldampf, von der es hieß, sie bilde den Zugang zur Unterwelt. Im Gegensatz zum gut organisierten Orakelbetrieb in Dodona und Delphi, sprach die Sibylle nur dann, wenn sie wollte, und fragen ließ sie sich schon gar nicht. Da traf es sich gut, dass ihre gesammelten Prophezeiungen, die Sibyllinischen Bücher, sich von alters her im Besitze Roms befanden und auf dem Kapitol, im Jupiter-Tempel, sicher hinterlegt waren. Nur auf Senatsbeschluss durfte ein Priesterkollegium von fünfzehn Männern, die *Quindecimviri sacris faciundis*, in die furchtbaren Bücher mit ihren Schilderungen kommenden Unheils Einblick nehmen;

99 Apulisch-rotfiguriger Krater (Ausschnitt), der Orestes am Altar des Apollonheiligtums von Delphi zeigt, wohin er vor den Furien geflohen ist.
Italien, 420/410 v. Chr., 42,5 x 35,4 cm, Antikensammlung, Staatliche Museen zu Berlin

100 Abguss des so genannten Löwenhoroskops des Antiochos I. von Kommagene. Das Relief ist Bestandteil der Skulpturenausstattung der monumentalen Kult- und Grabanlage auf dem Nemrud Dagh in der heutigen Türkei, die um die Mitte des 1. Jh. v. Chr. errichtet wurde und der Verherrlichung des Königs diente. 180 x 242 cm, Abguss-Sammlung Antiker Plastik, Berlin

was nur dann geschah, wenn Katastrophen, wie schwere Niederlagen im Krieg, Seuchen oder Erdbeben den Staat in seinen Grundfesten erschütterten. Wie in Mesopotamien musste das Unglück seine Ursache im Unwillen der Götter haben, ihn galt es durch die Lektüre herauszufinden und die entsprechenden Götter zu versöhnen. Als 87 v. Chr. der Jupiter-Tempel abbrannte und mit ihm die Sibyllinischen Bücher, schuf man sofort Ersatz. Offenbar war die Vorstellung, ohne Rückgriff auf die heiligen Gottesworte den Staat zu lenken, schwer erträglich. Bereits geweissagt, verlor auch der größte Schrecken seine Macht. Ihn zu kennen hieß ihn beherrschen.

Die größte Erhebung in der Kette des Antitaurus im südöstlichen Kleinasien ist der 2206 Meter hohe Nemrud Dagh. Als der deutsche Ingenieur Karl Sester im Winter 1881/82 der Preußischen Akademie der Wissenschaften mitteilte, er habe auf dessen Spitze riesige Götterfiguren entdeckt, stieß er zunächst auf Skepsis und Unglauben. Heute, nach diversen Grabungskampagnen, ist die Kultanlage auf dem Berg UNESCO-Weltkulturerbestätte. Auf dem Nemrud Dagh hat König Antiochos I. von Kommagene mit ungeheurem Aufwand sein Grabheiligtum (Hierothesion) errichtet. Er kappte die Spitze des Berges und verschotterte den massiven Fels zu faustgroßen Steinen. Aus dieser Masse von geschätzten 200000 Kubikmetern formte er einen neuen Gipfel, indem er das Geröll fünfzig Meter hoch mit einem Durchmesser von 150 Metern aufschüttete. Darunter wird die Grabkammer des Königs vermutet. Im Osten und Westen legte er zwei große Terrassen an, geschmückt mit acht bis zehn Meter hohen Götterstatuen.

Das hellenistische Königreich Kommagene, zwischen dem Oberlauf des Euphrat und den Südostabhängen des Taurusgebirges gelegen, war in der Regierungszeit des Antiochos (ca. 70–30 v. Chr.) ein stets gefährdeter Pufferstaat zwischen den immer mächtiger werdenden Römern im Westen und den Parthern im Osten. Sein politisches Überleben verdankte das kleine Land der geschickten Diplomatie des Königs, der seinen Anspruch auf Unabhängigkeit, formuliert als in Stein gehauenes politisch-religiöses Programm, gekonnt auf dem Nemrud Dagh in Szene setzte. Zunächst, indem er sich auf seine Ahnen berief, die er mütterlicherseits auf Alexan-

101 Sarkophagfragment mit drei Figuren über deren Köpfen ein großer, strahlender Stern erscheint. Rechts sitzt eine Frau, die ein kleines Kind auf ihren Knien hält. Die Szene könnte als die Anbetung der Magier gedeutet werden, die dem Stern von Bethlehem gefolgt sind. Rom, 4. Jh. n. Chr., Marmor, 29 cm, Skulpturensammlung und Museum für Byzantinische Kunst, Staatliche Museen zu Berlin

der den Großen, väterlicherseits auf Dareios I., den persischen Großkönig, zurückführte. Die Bildnisse der persischen Ahnen blickten nach Osten, die der griechisch-makedonischen nach Westen. Die Brückenfunktion der kommagenischen Königsdynastie, der genealogische Nachweis, in beiden Welten, Orient und Okzident, seit Jahrhunderten verwurzelt zu sein, ließ sich nicht besser ausdrücken. Neben den Ahnenbildern demonstrierten Götterstatuen einen neuen Staatskult, der griechische und persische Religion miteinander verschmolz. Als oberster Gott präsidierte in der Mitte der Statuengruppe Zeus, der aber gleichzeitig den persischen höchsten Gott Ahuramazda verkörperte und deshalb von Antiochos als Zeus Oromasdes bezeichnet wurde. Ebenso verfuhr er mit der Zeusgattin Hera, in der er die „allnährende Landesmutter Kommagene" mitverehrte. Der Kriegsgott Ares, Apollon und Hermes wurden gleichfalls mit ihren persischen Pendants vermischt. Als Teil der Götterwelt fand auch Antiochos unter ihnen seinen Platz. Reliefs zeigen, wie ihn die Götter mit Handschlag als einen der ihren begrüßen. Damit war der von Antiochos selbst gewählte Beiname „Theos", der Göttliche, gerechtfertigt.

Sah man hier die Hybris eines Kleinkönigs, der sich groß zu machen suchte? Eine 1,75 Meter hohe und 2,40 Meter breite Reliefplatte, mitten hineingestellt unter die Götterstatuen, erzählt eine andere Geschichte. Sie stellt einen Löwen dar, dessen Leib mit achtstrahligen Sternen geschmückt ist. Drei sechzehnstrahlige Sterne, die als Jupiter, Merkur und Mars bezeichnet sind, stehen über seinem Rücken. Um seinen Hals trägt er eine Mondsichel, das Gestirn der Landesgöttin Kommagene, darüber strahlt ein weiterer stark herausgearbeiteter Stern, der Regulus im Sternzeichen Löwe, der Königsstern des Antiochos. Das Relief zeigt die Konstellation eines Datums. Die dargestellte Sternenkonstellation trat am 7. Juli 62 v. Chr. ein, als in der Abenddämmerung in geringer Entfernung zu Jupiter, Mars, Merkur und Mond der Regulus leuchtete. In dieser Nähe lag Evidenz. Der Handschlag der Götter auf den Reliefs wiederholte sich am Himmel. Die Göttlichkeit des Königs war vorherbestimmt. Das Datum, präzise von den Hofastrologen berechnet, ergab zugleich den Gründungszeitpunkt der Kultanlage.

/// Die Zeit verrinnt. In Athen tat sie dies im wahrsten Sinne des Wortes, indem aus einem Gefäß Wasser in ein anderes floss und die Redezeit vor Gericht oder in der Volksversammlung begrenzte. Der Tag konnte über Sonnenuhren in Stunden untergliedert werden. Für die Tage der Woche, den Monat und das Jahr konnten Steckkalender öffentlich darüber informieren, wo im Jahr man sich befand. Die Beobachtungen über die Zeit wurden hier in einfachen Geräten umgesetzt und nutzbar gemacht.

Wissen wurde in der Alten Welt aber auch in komplexen mechanischen Instrumenten gefasst. Zu den faszinierendsten gehört der so genannte Mechanismus von Antikythera. Das astronomische Wissen zu Sonnen- und Mondbewegung wurde hier mechanisch umgesetzt und erlaubte so Kalenderberechnungen und die Vorhersage von Sonnen- und Mondfinsternissen. Ein solcher Mechanismus ist ohne die lange Tradition der Himmelsbeobachtungen und der kosmologischen Modelle undenkbar.

Als weiteres Medium zur Darstellung von astronomischem Wissen dienten Himmelsgloben. Der Betrachter eines Himmelsglobus schaut von außen auf die Fixsterne und Sternbilder, in deren Zentrum die Erde als Kugel liegt. Er muss sich also gedanklich in den Globus hineinbegeben, wenn er seinen alltäglichen Blick auf den Sternenhimmel wahrnehmen will. Solche Himmelsgloben sind aber nicht allein Modelle des Sternenhimmels, sondern erfüllen eine pragmatische Funktion. Mit ihnen konnte man Horizontphänomene des Himmels für unterschiedliche geographische Breiten leicht berechnen. Dieses Wissen ließ sich dann wiederum in Steckkalender umsetzen.

UMSETZUNG VON WISSEN ///

102 Mechanismus von Antikythera.
Antikythera, 1. Jh. v. Chr., Bronze, mittleres Fragment 18 x 15 cm, Nationalmuseum Athen

/// Wunderwerk antiker Mechanik

Zehntausende von Schiffen sind in der Antike im Mittelmeer versunken. Ein ganzer Zweig der archäologischen Forschung, die Schiffsarchäologie, widmet sich ihrer Entdeckung. Über 1300 Wracks hat sie bisher lokalisiert und untersucht, aber nur in einem von ihnen fand sich das Objekt, das als „Mechanismus von Antikythera" berühmt wurde, benannt nach einer kleinen griechischen Insel nordwestlich von Kreta. Per Zufall hatten Schwammtaucher im Jahr 1900 die Überreste eines römischen Frachtschiffs in vierzig Meter Tiefe erspäht und bargen aus seinem von Muscheln und Algen überwucherten Bauch kostbare Bronzen und Statuen von erlesener Schönheit. In der Begeisterung über den Fund, der zur Restaurierung ins Archäologische Museum nach Athen geschafft wurde, ging völlig unter, dass die Schwammtaucher einen stark beschädigten Holzrahmen mit zur Oberfläche gebracht hatten. Der ungefähr 35 mal 25 Zentimeter messende Kasten war nicht gerade von auffälliger Größe, aber ziemlich schwer, da er ein zusammengedrücktes Stück Metall umschloss. Konzentriert auf die kunsthistorisch wertvolle Ausbeute, stellte man Rahmen und Inhalt im Museum achtlos beiseite.

Einige Monate später gab der Mechanismus sein erstes Geheimnis preis. Das Holz des Rahmens löste sich unter Lufteinfluss vollständig auf und das von ihm zusammengehaltene korrodierte und verklumpte Metall, es stellte sich als Bronze heraus, zerbrach in sieben große und viele kleine Einzelteile. Zwischen Platten, die einstmals die Seiten gebildet hatten, kamen mehr als zwei Dutzend kleine und große Zahnräder, Achsen und Zeiger zum Vorschein, allesamt mit griechischen Buchstaben und Zahlen beschriftet. Der Museumsarchäologe interpretierte den Mechanismus fälschlicherweise als Astrolabium, ein astronomisches Instrument zur Bestimmung der Position der Sterne und der Himmelsrichtungen. Nach damaligem Erkenntnisstand waren solche Geräte seit dem 3. Jahrhundert v. Chr. in Gebrauch. Damit war der Mechanismus klassifiziert und eingeordnet, allerdings haben antike Astrolabien keine Zahnräder.

Es dauerte mehr als fünfzig Jahre, bis sich ein Forscher wieder ernsthaft mit dem Mechanismus beschäftigte. Der Wissenschaftshistoriker Derek del Solla Price von der Universität Yale hatte 1958 Athen besucht und sich die Fragmente zeigen lassen. Was er sah, war in seinen Augen eine wissenschaftliche Sensation, aber niemand wollte sie offenbar zur Kenntnis nehmen: „Ein vergleichbares Instrument ist nirgends erhalten und ist auch in keinem alten wissenschaftlichen oder literarischem Text erwähnt. Nach allem, was wir über Wissenschaft und Technologie im hellenistischen Zeitalter wissen, dürfte es eine solche Vorrichtung eigentlich nicht geben." Immerhin war mittlerweile das Wrack durch neu aufgefundene Münzen und Schiffsholz mit Sicherheit datiert. Das Schiff sank zwischen 70 und 60 v. Chr. Von Pergamon kommend, war es über Rhodos in Richtung Italien oder Sizilien unterwegs gewesen.

Eine Sensation war die Kunst der angewandten Feinmechanik. Um die dreißig bis vierzig zwei Millimeter starken Zahnräder mit ihren 1,5 Millimeter hohen dreieckigen Zacken zu bewegen, waren drei verschiedene Getriebe, normale, epizyklische (Planetengetriebe) und ein Ausgleichsgetriebe (Differential) notwendig. Letzteres wurde in seiner einfachsten Ausführung nicht vor dem 13. Jahrhundert entwickelt, unsere moderne Form gar erst 1832 in England zum Patent angemeldet. Manche Zahnräder wurden nicht direkt, sondern über einen Stift bewegt, Achsen vermittels einer Röhre durch andere Räder hindurchgeführt. Ein raffinierter Nadel-Schlitz-Mechanismus erzeugte eine periodisch variierende Geschwindigkeit eines Zahnrads. Die Mechanik entsprach damit den astronomischen Uhren, wie sie im 14. Jahrhundert in Gebrauch kamen. Deren Maße sind allerdings viel gröber und erreichen erst hundert Jahre später eine vergleichbare Miniaturisierung und Präzision. So gesehen wirkt der Mechanismus wie aus der Zeit gefallen. Die als beeindruckendes Beispiel antiker Technik gerühmte antike Wassermühle mit ihren zwei Zahnradkränzen erscheint dagegen primitiv.

Einen wirklichen Durchbruch zum Verständnis von Funktion und Arbeitsweise des Mechanismus erzielte Price erst 1971, als er Röntgen- und Gammastrahlen zum Durchleuchten anwandte. Seine Vermutung, der Mechanismus sei ein Kalenderrechner, wies den Weg. Nachfolgende Forscher arbeiteten mit immer besseren Geräten. 2005 schaffte das „Antikythera Mechanism Research Project", organisiert von der Universität von Cardiff (Wales)

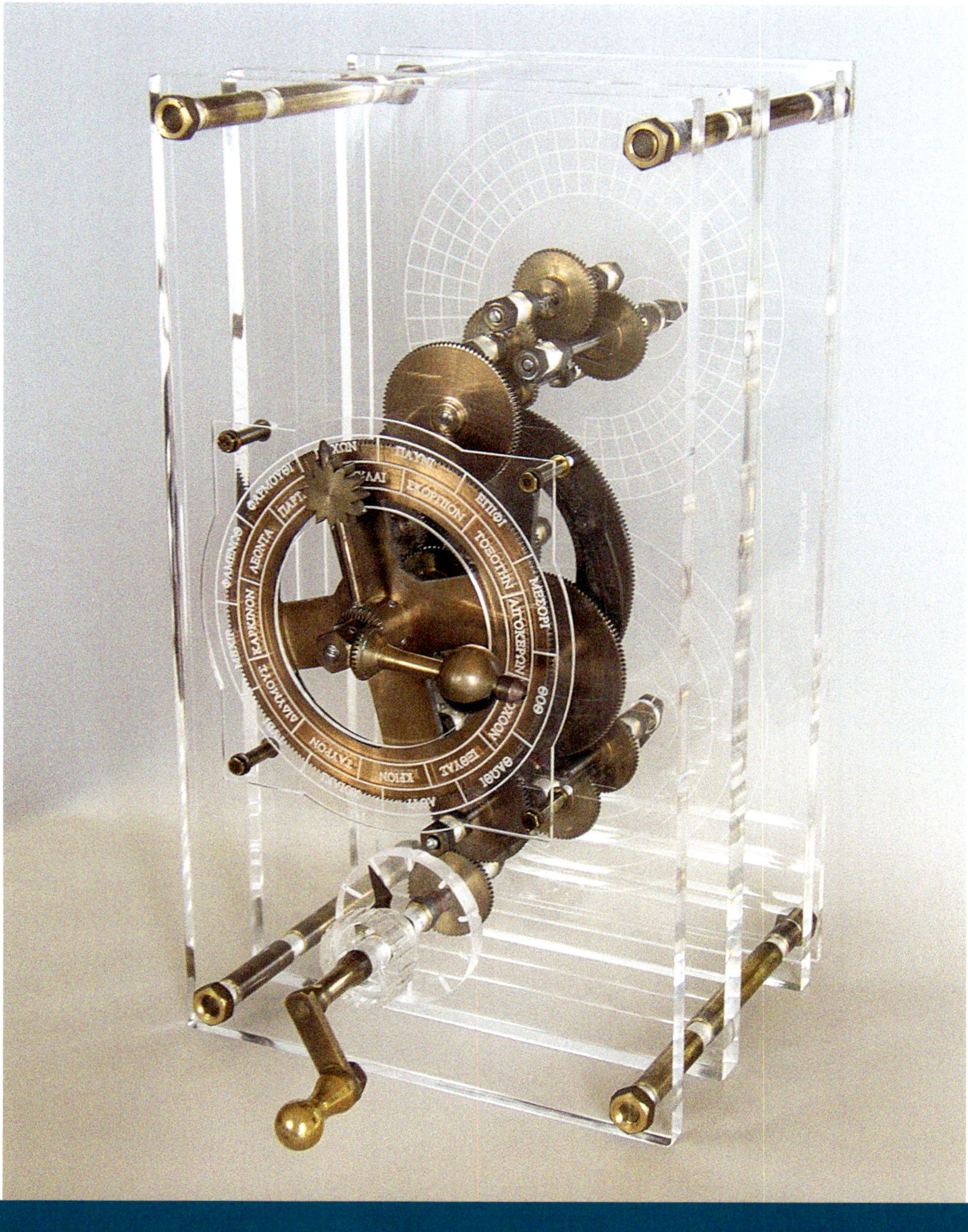

103 Modernes Modell des Mechanismus von Antikythera.
Plexiglas und Metall, 32,5 x 26 x 18,5 cm, Privatbesitz

104 Fragment eines Himmelsglobus, von links nach rechts sind die Konstellationen Cassiopeia, Schwan, Lyra und zum Teil Herkules erhalten. Die breite Linie durch den Flügel des Schwanes deutet möglicherweise die Milchstraße an. Die Sternbilder waren farbig eingelegt.
Rom, 1. Jh. n. Chr., blaugrauer Marmor, 33 x 11,2 cm, Antikensammlung, Staatliche Museen zu Berlin

und drei griechischen Universitäten, einen acht Tonnen schweren Computertomographen nach Athen, um mit 3D-Röntgenaufnahmen noch die letzten Feinheiten und Buchstaben zu erkennen. Es traf sich gut, dass in den Depots des Museums zeitgleich noch 62 verloren geglaubte Fragmente des Mechanismus wiederentdeckt wurden.

Die Untersuchungen ergaben, dass eine große Skala auf der Vorderseite des Mechanismus einen ägyptischen Sonnenkalender mit 365 Tagen und eine Datumsanzeige darstellt. Er ist der Basiskalender aller professionellen Astronomen. Eine zusätzliche Einstellung berücksichtigt die Schaltjahre. Der umlaufende Tierkreis (Zodiak) ermöglicht es, den Stand der Sonne zu verfolgen. Er wird ergänzt durch eine Liste mit den heliakischen Auf- und Untergängen der Fixsterne. Kalenderfunktionen haben die zwei Skalen auf der Rückseite. Die obere ist ein Mondkalender. Er ist mit dem Sonnenkalender synchronisiert, zeigt also das vorn eingestellte Datum auf das Mondjahr umgerechnet an. Auf der unteren Skala befindet sich ein Eklipsenkalender zur Bestimmung von Mond- und Sonnenfinsternissen.

/// Angewandte Astronomie

Das astronomische Wissen, das den Antikythera-Mechanismus bewegt, stammt nicht aus Griechenland, sondern aus Mesopotamien. Von dort kam die Kenntnis, dass 19 Sonnenjahre fast exakt 235 Mondmonaten entsprechen (Meton-Zyklus, vgl. S. 50f.) und dass alle 18 Jahre der Mond wieder die gleiche Stellung zu Erde und Sonne einnimmt (Saros-Zyklus oder Chaldäische Periode). In Jahrhunderten intensiver Himmelsbeobachtung war den Babyloniern nicht entgangen, dass sich alle neun Jahre die Umlaufbahn des Mondes um die Erde verschiebt. Worauf diese Abweichung beruht, wussten sie zwar nicht, aber ihre Aufzeichnungen gaben genau wieder, wie sich die Bahn des Mondes am Himmel verändert. Seine Geschwindigkeit nimmt zu oder ab, je nachdem, ob er sich der Erde nähert (Perigäum) oder sich von ihr entfernt (Apogäum). Indem der geniale Erbauer des Mechanismus in seinem Räderwerk nicht nur Meton- und Saros-Zyklus kombinierte, sondern auch noch die Anomalie der Mondbahn berücksichtigte, schuf er ein multifunktionales Instrument, das sich hervorragend dazu eignete, tag- und stundengenau vorauszusagen und zu berechnen, was die antiken Menschen am meisten beeindruckte: Finsternisse und die heliakischen Aufgänge der Fixsterne.

Der Besitzer dieses ältesten erhaltenen Analogrechners benötigte weder vertiefte Kenntnisse der Mathematik noch musste er sich durch Zahlenkolonnen wühlen. Grundkenntnisse der Astronomie reichten vollauf. Die Röntgenaufnahmen haben auf den Platten und Skalen eine Bedienungsanleitung sichtbar gemacht. Ähnlich einem Auto, mit dem wir fahren, ohne seine Mechanik zu verstehen, ließ sich auch dieser Apparat bedienen. Dass er benutzt wurde, beweisen reparierte Zahnräder und Speichen. Vorausschauend hatte der Erbauer jedes Teil mit einer Identifikationsnummer versehen, um bei einer Reinigung oder Reparatur das Gerät wieder richtig zusammenbauen zu können.

Der Wissenschaftshistoriker Gerd Graßhoff ist überzeugt, dass dieser einzige erhaltene mechanische Apparat der Antike vermutlich auf Rhodos hergestellt wurde. Auf der Ägäisinsel, hart vor der kleinasiatischen Küste, liefen seit alters her die Handelsströme aus Ost und West zusammen, fand Austausch von Waren und Wissen statt. Einer der berühmtesten Astronomen der Antike, Hipparchos, kannte nachweislich die babylonischen Theorien und war in den griechischen Kulturkreis eingebunden. Er lebte genau zu der Zeit, in der das Instrument nach unserer Kenntnis entstand. Der Mechanismus war für den griechischen Markt bestimmt, wahrscheinlich für eine der korinthischen Kolonien auf Sizilien, darauf verweisen Aufschriften, seine Kalibrierung und der Kurs des Schiffes. Im Prinzip hatte das Gerät alle Merkmale eines Exportschlagers. Zwar war es uninteressant für den Forscher, aber höchst nützlich beispielsweise für einen Tempelpriester, von dem man entsprechende Kenntnisse erwartete. Ohne sich mit komplexen Theorien belasten zu müssen, verfügte er mit dem Mechanismus von Antikythera über Herrschaftswissen auf dem neuesten Stand der Wissenschaft und trotzdem einfach in der Anwendung.

Mit einiger Sicherheit dürfen wir annehmen, dass der Analogrechner von Antikythera Teil einer Serie war. Denn seine Machart und Konstruktion sind so ausgefeilt, dass man sich schwerlich damit begnügt hätte, nur ein einziges Exemplar herzustellen. Auch zwei andere, in den Quellen gut dokumentierte und nachweislich mehrfach gebaute Analogrechner sind archäologisch schlecht überliefert: Von den öffentlichen Steckkalendern *(Parapegmata)* existieren nur wenige Marmorbruchstücke, und auch von den antiken Himmelsgloben kennen wir nur ein Fragment mit vier Sternbildern.

/// Himmelsgloben

Ein Himmelsglobus ist eine ausgesprochen praktische Erfindung: ein mechanisches Instrument, das Rechenarbeit erspart und Informationen zum Beginn der Jahreszeiten und zum Kalender liefert. Er zeigt den Lauf der Sonne über den Himmel (Ekliptik), die 48 der Antike bekannten Sternbilder und durch Rotation die Sonnenwenden sowie die heliakischen Auf- und Untergänge der Fixsterne, die als Anzeichen für die Witterung verwendet wurden. Diesen „Witterungsanzeichen kommt immer nur der Wert einer ungefähr annähernden Voraussage, keineswegs die Geltung einer festen Regel zu“, schrieb einschränkend Ptolemäus um 150 n. Chr., dem wir eine genaue Anleitung zum Bau eines Himmelsglobus in seinem „Handbuch der Astronomie“ verdanken. Nach Eudoxos von Knidos (400–347 v. Chr.), der den ersten Himmelsglobus entworfen haben soll, basierte dessen Konstruktion auf der Vorstellung einer im Zentrum des Alls befindlichen Erde in Kugelgestalt, die wiederum von der Sphäre des Sternenhimmels umschlossen wird, der sich einmal täglich um die Erde dreht. Der Betrachter eines solchen Globus schaut gleichsam von außen – göttergleich – auf die Welt, sieht also die Sternbilder von hinten und nicht wie von der Erde aus von

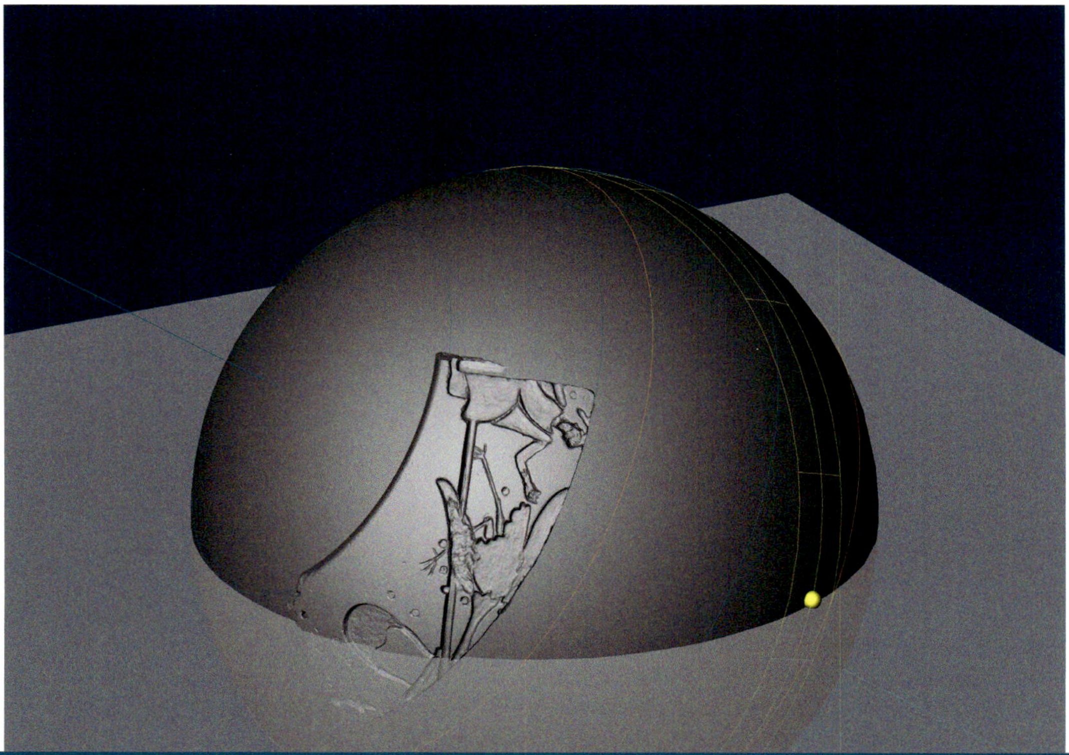

105 Computersimulation mit Rekonstruktion des Berliner Himmelsglobus.

vorn. Der Zeichner musste daher die Figuren umgedreht abbilden. Statt dekorativ die Sternbilder in ihrer mythologischen Gestalt darzustellen, wie auf dem Globus, den die Statue des „Atlas Farnese" auf seiner Schulter trägt, oder auf dem Mainzer Himmelsglobus, der wahrscheinlich die Spitze eines Obelisken schmückte, legte Ptolemäus den Schwerpunkt auf ein brauchbares Arbeits- und Lehrmittel. Wichtiger als die Sternbilder waren ihm die Sterne: „Die Umrisszeichnungen der einzelnen Sterne werden wir so einfach wie möglich ausführen, und zwar durch Linien, die sich nicht allzu sehr abheben, damit weder der praktische Zweck verfehlt werde noch die Aufbringung bunter Farben die Ähnlichkeit des Bildes mit der Wirklichkeit beeinträchtige." Keine „Phantasiegebilde" sollte sein Globus abbilden, sondern die exakten Positionen der Sterne im Gradnetz des Himmels, ausgedrückt in ihrer ekliptischen Länge und Breite (Himmelskoordinaten), dazu ihre Helligkeit und Größe. Die Sternbilder hatten nur eine Hilfsfunktion, um die Lage eines bestimmten Sterns zu erkennen. Auf dem in der Ausstellung gezeigten Fragment des Himmelsglobus werden dagegen die Sternbilder genauso verwendet, wie es Ptolemäus kritisiert. Er stellt also ein Vorgängermodell einer früheren Zeitstufe dar. Die Sterne sind nicht gemäß sphärischen Koordinaten eingetragen, sondern kennzeichnen Stellen an den Darstellungen der Figuren.

Die Behauptung, es hätte in Antike und Mittelalter die Mehrzahl der Menschen an eine scheibenförmige Erde geglaubt, ist ein Konstrukt der Aufklärung und des 19. Jahrhunderts. Die „Historical Society of Britain" nennt ihn „den weitestverbreiteten historischen Irrtum". Schon Jahrhunderte vor Aristoteles hielt man die Erde für eine Kugel und der Philosoph lieferte gleich zwei heute noch gültige wissenschaftliche Argumente, warum das so sein müsse. Zum einen bildet sich der Erdschatten bei Mondfinsternissen immer rund ab, zum anderen verschwinden bei einer Reise nach Süden die nördlichen Sternbilder und andere treten an ihre Stelle. Die griechischen Mathematiker Erathostenes und Poseidonios berechneten den Erdumfang, und auch die in der Antike gängige Theorie der Klimata, der Zonen gleicher geographischer Breite, setzt eine Kugelgestalt der Erde zwingend voraus. Der Römer Plinius beschrieb in seiner Naturgeschichte, dass Mondfinsternisse im Osten und Westen zu unterschiedlichen Zeiten stattfinden, und Ptolemäus von Alexandrien fügte das Argument hinzu, dass man beim Heransegeln an eine Küste auf Grund der gekrümmten Oberfläche der Erde zuerst die Spitzen aufragender Berge sieht und erst später ihre Basis wahrnimmt. Ebenfalls operierten seine astronomischen Modelle mit kugelförmigen Sphären, in deren Mittelpunkt nur eine runde Erde denkbar und logisch erschien. Ungebrochen setzte sich diese Auffassung im frühen Mittelalter fort. Sowohl Isidor von Sevilla (ca. 570–636), der Plinius in gekürzter Form in seiner „Etymologiae" tradierte, als auch der gelehrte Benediktiner Beda Venerabilis (672–735) hegten keinerlei Zweifel an der kugelförmigen Erde. Das taten auch die ottonischen Kaiser im 9. Jahrhundert nicht, die als Zeichen ihrer Macht den Reichsapfel wählten, einen stilisierten Globus, der die Herrschaft über die Welt versinnbildlichte. Um 1220 verfasste Johannes de Sacrobosco mit seinem „Tractatus de Sphaera" das Standardwerk und Lehrbuch der Astronomie in Mittelalter und früher Neuzeit, an dem sich noch Kolumbus orientierte. Jenseits der kruden Vorstellung vom „finsteren Mittelalter" präsentierte der in Paris wirkende Gelehrte sämtliche Beweise seit Aristoteles, berechnete ihren Umfang, teilte sie in Klimazonen ein und ließ die Sterne in Kreisbahnen um die natürlich runde Erde rotieren. Als neues Argument führte er an, dass man von der Spitze eines Mastes die Küste länger sieht als von Deck aus. Dass Christentum und Kirche nichts gegen die Kugel einzuwenden hatten, belegt die „Summa theologica", das Hauptwerk des Kirchenlehrers Thomas von Aquin (1225–1274), der Sonnen- und Mondfinsternisse als Beweis anführt. Vereinzelte spätantike christliche Autoren, die, auf die Bibel gestützt, eine Scheibenform der Erde postulierten, blieben unbeachtete Außenseiter – und dass die Matrosen des Kolumbus sich ängstigten, vom Rand der Erdscheibe herunterzufallen, ist nur eine Legende und durch nichts belegt. Eher fürchteten sie die Anstrengungen der Reise und die Weite des Meeres oder hatten, zwangsweise zu ihrem Dienst gepresst, schlicht keine Lust, für den Ehrgeiz eines einzigen Mannes ihr Leben zu opfern.

106 Statue des Atlas Farnese, der den Himmelsglobus trägt. Rom, antoninisch, Mitte 2. Jh. n. Chr., Marmor, Höhe 210 cm, Nationalmuseum, Neapel

/// Kalender und Uhren

Während man mit den Himmelsgloben die heliakischen Aufgänge berechnete, dienten die Steckkalender *(Parapegmata)* der Zuordnung von Wetterregeln für solche Ereignisse. Sie standen an zentralen Plätzen der Städte oder wurden an den

107 Rekonstruktion des Mainzer Himmelsglobus. Original vermutlich aus Kleinasien, 150–220 n.Chr., Kupfergalvano, vergoldet, 11 cm, Römisch-Germanisches Zentralmuseum Mainz

Marktbasiliken angebracht. Ein in Milet 1902 ausgegrabener bestand aus einer Marmorplatte mit zwei bis drei Millimeter großen Löchern zur Markierung von Wochentag und Monat. Dazu diente ein Stäbchen aus Knochen oder Holz, das man jeden Tag um ein Loch weiter steckte. Das römische *Parapegma* in den Trajansthermen verfügte sogar über drei Lochsysteme, gab zusätzlich die Position der Sonne im Tierkreis (Zodiak) für den entsprechenden Tag an und besaß noch einen Mondkalender. Als Ergänzung waren bei den Tagmarkierungen astronomische Daten und davon abgeleitete Wettervorhersagen eingetragen. Beispielsweise deutete der morgendliche Untergang des Arcturus auf einen Wetterumschwung hin und der des Bogenschützen *(sagittarius)* leitete die Zeit der Westwinde ein. Diese Voraussagen waren verlässlich, beruhten sie doch auf langen Beobachtungsserien. Entscheidend für die Genauigkeit war die Kalibrierung der *Parapegmata* auf die exakte geographische Position. Sie funktionierten für die Wettervorhersage ganz ausgezeichnet und mit gleicher Präzision wie unsere modernen mittelfristigen Prognosen. Zudem waren die *Parapegmata* als taggenaue öffentliche Kalender für das Sonnen- und Mondjahr nützlich.

In unserem Zeitalter der alles beherrschenden Uhren und des Termindrucks kann man sich schwer vorstellen, dass die Antike hervorragend ohne exakte Zeitmesser auskam. Es war ja ein natürlicher vorhanden, der Tag für Tag seine Bahn über den Himmel zog: die Sonne. An ihr orientiert, ließen sich leicht Verabredungen treffen: bei Sonnenaufgang, gegen Mittag, nachmittags, in der Abenddämmerung. Das Ungefähre dieser Angaben reichte offenbar aus. Genauso wenig dachte man daran, den in der Astronomie verwendeten 24-Stunden-Rhythmus (Aquinoktialstunden) mit seinen immer gleichen Stunden und Minuten zur Grundlage des täglichen Lebens zu machen. Der Tag, definiert als lichter Tag, beginnend mit Sonnenaufgang und endend mit ihrem Untergang, hatte zwar wie die Nacht immer zwölf Stunden, doch deren Länge änderte sich mit der Jahreszeit (Temporalstunden). Im Sommer waren sie länger (maximal 75 Minuten), im Winter kürzer (minimal 45 Minuten). Eine solche Einteilung folgte dem natürlichen Biorhythmus und nutzte die Tageshelligkeit optimal. Im Sommer arbeitete man länger, unternahm Reisen und führte Krieg, im Winter blieb man zu Hause und ließ es ruhiger angehen.

Dieser Zustand änderte sich für Rom erst 263 v. Chr., und prompt klagte der Komödiendichter Plautus: „Die Götter sollen den zugrunde richten, der als erster die Stunden erfunden und der hier als erster eine Sonnenuhr aufgestellt hat. Der hat mir armem Kerl den Tag in kleine Stücke zerhackt" (bei Gellius 3,3,3). Im Zweistromland und in Ägypten hatte man schon tausend Jahre vorher Schattenwerfer benutzt, die Griechen hatten sie übernommen und einen der ihren, den Philosophen Anaximander, als eigentlichen Erfinder ausgegeben. Während die erste in Rom aufgestellte Sonnenuhr 99 Jahre falsch die Zeit anzeigte, was nach Plinius aber keiner merkte und einiges über ihren praktischen Nutzen verrät (Naturkunde 7,214f.), wurde in Griechenland und Ägypten bereits mit handlichen Uhren für die Reise experimentiert. Längst hatte man erkannt, dass sie nur dann präzise funktionierten, wenn man die geographische Breite berücksichtigte. In speziellen Werkstätten, etwa auf der Insel Delos, baute man Uhren für den Export, und bald gehörte es in reichen Privathäusern

108 Fragment eines Steckkalenders (griech. *Parapegma*) aus Milet (Türkei). Die Inschrift mit Lochsystem diente zur Anzeige der 365 Tage im Jahr.
Späthellenistisch, 2. Jh. v. Chr., Marmor, 47 x 29 x 18 cm, Antikensammlung, Staatliche Museen zu Berlin

109 Sonnenuhr aus Milet mit Weihinschrift des Architekten Elpidephoros Moschion.
2. Jh. n. Chr., Marmor, 59 x 44 cm, Antikensammlung, Staatliche Museen zu Berlin

zum guten Ton, wenigstens eines der Wunderwerke zu besitzen (Petronius, Satyricon 6). Ihre Formen waren höchst unterschiedlich, reichten von der horizontal-ebenen bis zur kegel- oder halbkugelförmigen Sonnenuhr, immer aber gab es einen Schattenstab (Gnomon), der auf einer Skala die Stunde anzeigte. Eine kalendarische Spezialform waren die Meridiane, mit denen sich jeder Tag des Jahres bestimmen ließ. Dabei wanderte der Schatten der Gnomonspitze in einem Jahr entlang dieser Meridianlinie von einer Sonnenwende zur anderen und wieder zurück.

Neben den Sonnenuhren waren Wasseruhren von zentraler Bedeutung. In der einfachsten Form floss Wasser aus einer Öffnung direkt über dem Boden eines Gefäßes in ein zweites tiefer stehendes Gefäß. Die Größe des Gefäßes und damit die Menge des Wassers legte wie bei einer Sanduhr einen Zeitraum fest. Sei es beim Militär, um die Nachtwachen einzuteilen, oder bei Gericht, um die Redezeit zu begrenzen. Hier verrinnt im wahrsten Sinne des Wortes die Zeit. Der Dichter Martial hat in einem seiner Epigramme einen Advokaten geschildert, der für sein Plädoyer „sieben Wasseruhren forderte, die, widerstrebend zwar, der Richter gewährte" (6,35). Ebenso regelten sie die Öffnungszeiten für Bäder und Thermen, die Männer und Frauen getrennt benutzten, und dienten als Pünktlichkeitskontrolle in Gremiensitzungen. Wer erst kam, wenn sie durchgelaufen war, erhielt kein Tagegeld.

Immer wieder versuchte man eine Lösung für das Problem zu finden, nicht nur eine beliebige Zeitspanne mit einer Wasseruhr zu bestimmen, sondern die Zeit regelmäßig einzuteilen.

Eine von Ktesibios von Alexandria im 3. Jahrhundert v. Chr. erfundene Einlaufuhr mit konstant zufließender Wassermenge und einem Regulierbecken mit Schwimmer soll den technischen Höhepunkt der Erfindung markiert haben. Letztlich gelang es aber nicht, die astronomischen Zeitmaße mit den terrestrischen in Einklang zu bringen (Kalibrierung).

/// Musik war immer ein fester Bestandteil des Lebens. Sie stellte eine Möglichkeit dar, profane und sakrale Welten miteinander zu verbinden. Bereits aus der Altsteinzeit stammen die ersten einfachen Blasinstrumente, später kommen Trommeln und Saiteninstrumente hinzu. Aus dem Alten Vorderen Orient und aus Ägypten sind wir besonders gut über den frühen Einsatz von Musik unterrichtet. Während aus Ägypten viele Instrumentenfunde und bildliche Darstellungen vorliegen, kennen wir aus Ugarit sogar Lied-Notationen, die es uns erlauben, den Klang früher Musikstücke wieder entstehen zu lassen.

Klänge erzeugen ein ganz eigenes Raumerlebnis. Das Geschehen im Raum erhält eine zusätzliche Bedeutungsebene, Musiker kennen und nutzen die akustischen Eigenschaften von Räumen. Aber nicht nur dieses Wissen ist gefragt: Auch die Prinzipien der Tonalität werden entwickelt, wobei deutliche regionale Unterschiede entstehen. Dementsprechend unterscheidet sich das gespielte Repertoire. Der Bau und das Spielen von Instrumenten lassen ein eigenes Handwerk entstehen. Das Wissen der Instrumentenbauer gilt nicht nur den verwendeten Materialien und Handwerkstechniken, sondern auch der konkreten Umsetzung der tonalen Anforderungen.

KLANGRÄUME ///

110 Fünf-Loch-Blasinstrument. Hohler Fels, Schwäbische Alb, um 33 000 v. Chr., Schwanenknochen, Länge 21,8 cm, Archäologisches Landesmuseum, Konstanz

/// Antike Musik

Musik war in der Antike ein unverzichtbares Kommunikationsmedium. Sie bildete die Brücke zwischen Menschen und Göttern, sie war die Sprache, mit der man mit den Göttern in Kontakt trat, weshalb auch Könige sich oftmals musikalisch betätigten und die besten Musiker an ihren Höfen versammelten. Ein exemplarischer Weg durch ihre Klangwelten zeigt, wie das antike Wissen um Musik rekonstruiert, die Welt der antiken Klangräume erfahrbar gemacht werden kann: Das Know-how der Instrumentenbauer, die Konstruktion von Notationssystemen und die gesellschaftliche Bedeutung von Klang werden von den Musikarchäologen Ricardo Eichmann und Graeme Lawson untersucht. Dabei setzten sich in allen Kulturen Klangräume nicht allein aus Einzelinstrumenten zusammen, sondern entstanden im Zusammenwirken verschiedener Gruppen. Ensemblemusik spiegelte zugleich die Veränderlichkeit von Klangstrukturen.

/// Instrumente und Töne

Die ältesten Musikinstrumente, Knochenblasinstrumente der eiszeitlichen Jäger, gefunden auf der Schwäbischen Alb, sind über 35 000 Jahre alt. Wie allerdings die von ihnen gespielte Musik geklungen hat, wissen wir nicht. Erst ab 1400 v. Chr. sind aus der syrischen Stadt Ugarit Liedtexte mit musikalischer Notation überliefert. Aus der hellenistisch-römischen Antike stammen aus der Zeit zwischen dem 3. Jahrhundert v. Chr. und dem 4. Jahrhundert n. Chr. etwa sechzig Notationsfragmente, die Aufzeichnungen über Instrumental-, Vokalmusik und Rhythmik enthalten. Sie vermitteln zwar eine Vorstellung von der Melodieführung, lassen uns aber über andere Elemente der Musik, etwa Tempo, Agogik (Veränderung des Tempos beim musikalischen Vortrag) und Dynamik im Unklaren. Aus dem Vorderen Orient liegen aus dem 3. bis 1. Jahrtausend v. Chr. zahlreiche Schriftdokumente vor, die präzise über den Gebrauch von Musikinstrumenten, die Ausbildung der Musiker und die musikalische Aufführungspraxis im Kultritual Auskunft geben. Sie erlauben sogar Rückschlüsse auf die musiktheoretischen Grundlagen und die hypothetische Rekonstruktion eines tonalen Ordnungsprinzips, bestehend aus unterschiedlichen musikalischen Modi mit sieben aus Ganz- und Halbtönen gebildeten Stufen (heptonal-diatonisch), wie wir es später im klassischen Griechenland angewandt sehen und das die Basis der abendländischen Musik geworden ist. Derartige schriftliche Zeugnisse fehlen zwar aus dem alten Ägypten, doch kamen bei den Ausgrabungen zahlreiche, zum Teil hervorragend erhaltene Musikinstrumente ans Tageslicht. Die Untersuchung speziell der Lauten und Flöten ergab den überraschenden Befund, dass die Ägypter in der Praxis eine halbtonlose (ahemitonische) Skala bevorzugten, deren besonderes Merkmal Dreivierteltöne sind. Wir kennen ihren Klang, der von westlichen Ohren oft als falsch empfunden wird, aus der persisch-arabischen und türkischen Musik. Im Gegensatz dazu beruht unsere Kenntnis der tonalen Ordnung des alten Mesopotamien auf Textinterpretationen.

Am Ende des vierten vorchristlichen Jahrtausends tauchen erstmals im Nahen Osten verschiedene Formen von Saiteninstrumenten auf, insbeson-

111 Kopie der Bronzelure von Brudevælte.
Original um 1000 v. Chr., Bronze, 115 x 56 cm, nach dem Original im Nationalmuseum Kopenhagen, Museum für Vor- und Frühgeschichte, Staatliche Museen zu Berlin

112 Grabstele des Seikilos mit Inschrift und Notation eines Liedes.
Tralleis (Türkei), 1. Jh. n. Chr., Marmor, 61 cm, Nationalmuseum Kopenhagen

dere zwei Arten von Harfen, die dreieckige und die Bogenharfe. Wir finden Abbildungen Ersterer in Stein eingeritzt im Umfeld eines Altars, Letzterer auf einer Tontafel, die mit Verwaltungsvorgängen im Zusammenhang steht. Auf einem Siegel erkennen wir die Szene eines Gastmahls, in der ein ganzes musikalisches Ensemble, bestehend aus Harfe, Blasinstrumenten, Klappern, Trommel und einem Sänger, die Gäste unterhält.

Im Laufe des 3. Jahrtausends avanciert die ebenfalls mehrsaitige Leier zum bevorzugten Musikinstrument. Als mesopotamische Stierkopfleier ist sie konstitutiv für die sumerische Kultur und als Beigabe in königlichen Gräbern üblich. Ihr Klang dürfte um einiges lauter als der von Harfen gewesen sein. Vor allem die mannshohen so genannten Riesenleiern, bespannt mit langen Saiten und von zwei Musikern gespielt, produzierten einen tiefen, sonoren Ton. Sie waren offenbar Instrumente der Repräsentation, denn mit ihnen verknüpft sind Symbole von Kraft und Stärke, Wohlstand und Macht, die der göttlichen Legitimation bedurften.

Ein weiterer evolutionärer Schritt in der Entwicklung der Saiteninstrumente war die Laute. Denn mit ihrer Erfindung war die Anzahl der verschiedenen Töne nicht länger von der Zahl der Saiten abhängig. Charakteristikum der Laute ist die Parallelführung der Saiten in dichtem Abstand zu einem Saitenträger („Hals"). So kann der Musiker durch Verkürzen einer Saite mit den Fingern der Greifhand Tonleitern von mehr als einer Oktave Umfang darstellen. Auf Siegeln aus der Zeit des akkadischen Reiches, etwa um 2200 v. Chr., sind erstmals solche Lauten zu sehen. Gespielt wurden sie von professionellen Musikern, deren Ausbildung mehrere Jahre dauerte. Sie standen entweder im Dienst des Königs oder in dem eines Tempels.

Die Vermutung, dass die Laute in dieser Zeit in Mesopotamien nicht sehr weit verbreitet war, wird gestützt durch einen Keilschrifttext, in dem sich Schulgi, der König von Ur (2094–2047 v. Chr.), seiner musikalischen Fähigkeiten bezüglich neuer Saiteninstrumente rühmt: „Die Laute, deren (Klang) man noch nie gehört hat und die jemand zu mir mitgenommen hat; jedes Mal, wenn ich sie spiele, ist ihre Spielweise bekannt; wie etwas, das ich schon früher in meinen Händen hatte, kann ich es hantieren; wenn ich beim Stimmen (die Saiten) anspanne, entspanne oder festsetze, entglitten sie (die Saiten) mir nicht aus der Hand" (Th. Krispijn 1990). Woher stammte ursprünglich die Laute? Im Reich von Ur wurde sie offenbar als exotisch wahrgenommen, ihre Spielweise war noch unbekannt. Denkbar ist, dass sie in der vorangehenden Zeit, als sich das akkadische Reich (2300–2200 v. Chr.) über ganz Mesopotamien und darüber hinaus erstreckte, entwickelt wurde und sich zunächst in den Süden zu verbreiten begann. Nicht auszuschließen ist freilich, dass sie ursprünglich aus östlichen Regionen, aus dem westiranischen Zagros-Gebirge, übernommen wurde.

König Ur-Nammu (2112–2095 v. Chr.), Vater von Schulgi und Begründer der neusumerischen Dynastie, sorgte mit einem gigantischen Bauprogramm aus Brücken, Kanälen, Hafenanlagen, Befestigungsmauern, Tempeln, vor allem aber mit den für Mesopotamien charakteristischen Zikku-

raten (Stufenpyramiden) dafür, dass man die Größe und Macht des wiedererstarkten Königreiches von Ur buchstäblich sehen konnte. Aber man konnte sie auch hören. Mit den schon erwähnten riesigen Leiern in Kombination mit ebenfalls überdimensionierten Rahmentrommeln, die von zwei Musikern geschlagen wurden, orchestrierte der König wirkungsvoll den Aufstieg seines Staates.

Musik spielte auch im Reich des babylonischen Königs Hammurapi (1792–1750 v. Chr.), der 400 Jahre nach Akkad Mesopotamien wieder unter einer einzigen Herrschaft vereinte, eine wichtige Rolle. Zu den professionellen Musikern gehörte der *nar*, der bei offiziellen Zeremonien Hymnen, Gebete und Klagelieder vortrug, während der *gala* für die Kommunikation mit den Göttern zuständig war und mit seinen Liedern und Anrufungen eine musikalische Brücke zwischen der himmlischen und irdischen Welt bildete. In großer Anzahl ausgegrabene Terrakotta-Figürchen, die Musiker und Musikergruppen darstellen, zeigen, wie selbstverständlich die Musikbegleitung in allen Lebensbereichen war, sei es bei sportlichen und akrobatischen Veranstaltungen oder im militärischen Kontext; selbst

113 Standarte aus Ur. Auf der Standarte, einem Holzkasten mit aufwändigen Einlegearbeiten, finden sich Darstellungen eines Festes. Im oberen rechten Register spielt ein Musiker eine sumerische Leier, die mit einem Stierkopf verziert ist.
Ca. 2600–2400 v. Chr., Holz, Muschel, roter Kalkstein, Lapislazuli, British Museum London

beim Geschlechtsverkehr dürfte musikalische Untermalung nicht gefehlt haben.

Das altbabylonische Reich wurde in der Mitte des 16. Jahrhunderts v. Chr. von den Hethitern erobert, gleichzeitig griff das ägyptische Neue Reich in den Raum der Levante aus. Beide Großmächte stießen hier konkurrierend aufeinander. Diese Bewegung, teils mit diplomatischen, teils mit kriegerischen Mitteln inszeniert, führte zu einem verstärkten Wissensaustausch. Plötzlich finden wir Kastenleiern und Lauten, die bis dahin nur in Mesopotamien gebräuchlich waren, auch im Reich der Hethiter und in Ägypten. Aber wie kamen sie dorthin? Statt an Handelsaktivitäten, die wir in nennenswertem Umfang nicht nachweisen können, ist eher an eine Verbreitung durch Diplomatie und Heiraten zu denken. Die Eliten der drei Großräume tauschten munter Prinzessinnen, Priester, Ärzte, Künstler und Handwerker untereinander aus. Eine kulturelle Koine entstand, die den Hellenismus der späteren Diadochenreiche vorwegzunehmen scheint und im 14. und 13. Jahrhundert v. Chr. einen internationalen Stil im elitären Kontext ausprägte, der das Kennzeichen der späten Bronzezeit im Nahen

114 Ägyptische Leier.
18. Dynastie, 1550–1292 v. Chr., Holz, 78 x 94 cm, Ägyptisches Museum und Papyrussammlung, Staatliche Museen zu Berlin

115 Musikantin mit Harfe.
Babylon-Merkes, seleukidisch, Terrakotta, 8,5 x 4,1 cm, Vorderasiatisches Museum, Staatliche Museen zu Berlin

Osten geworden ist. Mit der von den Höfen praktizierten Heiratspolitik übersiedelten nicht nur babylonische Prinzessinnen nach Ägypten, sondern auch ihre Musikanten. Darstellungen aus dem Palast des Pharao Echnaton zeigen weibliche Musiker, die sich anhand ihrer Kleidung als Vorderasiatinnen identifizieren lassen. Die Laute und die Leier, mit gebogenen Jocharmen gestaltet und mit Entenköpfen verziert, stehen aufgrund ihrer grenzüberschreitenden Akzeptanz für ein Unterhaltungsprogramm, das die Eliten überall im Nahen Osten schätzten.

Als sich durch den Aufstieg Griechenlands und Roms die politischen und wirtschaftlichen Gewichte vom Nahen Osten in Richtung Mittelmeerraum verschoben, kam im späten 4. Jahrhundert v. Chr. auch ein neuer Typ der Laute auf. Zwar blieb der alte im Vorderen Orient noch bis in hellenistische Zeit in Gebrauch und wird noch heute in der Volksmusik, beispielsweise im nordafrikanischen Raum, gespielt, doch setzte sich zunehmend die Halslaute durch. Der aus einem Stück Holz gebaute Resonanzkörper ist meistens birnenförmig mit einem kurzen Hals oder eher rundlich mit einem langen Hals. Durchaus denkbar, dass ihre Verbreitung etwas mit den Alexanderzügen zu tun hatte und diese Form der Laute eigentlich aus Zentralasien stammt. Von Alexander dem Großen heißt es jedenfalls, er sei ein ausgesprochener Liebhaber orientalischer Musik gewesen.

Verbunden mit dieser Entwicklung war die Erfindung der Stimmwirbel, die man für die vorhellenistische Periode noch nicht nachweisen kann. Sie erleichterten beträchtlich das Stimmen der Saiten und sind bis zum heutigen Tag ein höchst effizientes und nicht mehr wegzudenkendes Konstruktionsmerkmal von Lauten und anderen Saiteninstrumenten geblieben. Die Laute als Instrument steht damit nicht nur für eine anspruchsvolle musikalische Praxis – und bedeutet damit einen gewaltigen Schritt hin zu unseren modernen Zivilisationen –, sondern unterstreicht mit ihrer Funktion als musikalisches „Leitfossil" ihre Zugehörigkeit und Entstehung im Raum eines prosperierenden Weltreiches.

Im alten Vorderen Orient und später in der klassischen Antike waren die Musik und ihre Instrumente nie ein zweitklassiges Phänomen, mit dem man den öffentlichen Raum staatlicher Rituale und religiöser Zeremonien einfach nur klanglich

116 Wandmalerei aus dem Grab des Nacht mit Gruppe von Musikantinnen.
Theben-West, 18. Dynastie, 1402–1392 v. Chr.

füllte. Musik stellte vielmehr einen integralen Bestandteil der Repräsentation politischer Macht dar, ein unverzichtbares Instrument der Eliten zum Erhalt der traditionellen Institutionen, des Königshofs und der Tempel. Neben der Laute dürften vor allem die überdimensionierten Formen von Musikinstrumenten eine beeindruckende Rolle gespielt haben. Denn deren Klang war nicht nur voll und tief, sondern auch laut und erreichte so eine größere Zuhörerschaft. Im alten Vorderen Orient begann der Prozess der kulturellen und politischen Identitätsbildung unter Beteiligung von Musik. In diesem Prozess wurden die Saiteninstrumente zu einem Exportschlager, aber nicht das war entscheidend. Wichtiger war, dass diese die Elitekulturen prägenden Instrumente später in Orchestern und Ensembles weltweit die Führung übernahmen und dass mit ihnen all jene musiktheoretischen Überlegungen dargestellt werden konnten, die ausgehend von Mesopotamien über die Zeit des sich ausbreitenden Islam bis in die Gegenwart ihre Gültigkeit behalten haben.

/// Prozessionen bildeten in der Alten Welt einen festen Bestandteil von Alltag und Festtag. Zahlreiche Darstellungen auf antiken Vasen, Wandmalereien und Reliefs bilden Menschen mit Opfergaben, Opfertiere und Kultpersonal, Totenprozessionen und Triumphzüge ab. Inschriften und Textquellen schildern diese Prozessionen, die den Raum durchziehen und strukturieren. Sie führen zum Heiligtum vor der Stadt, umrunden oder durchschreiten, manchmal mehrere Tage lang, die Städte.

Auch wenn wir vergleichsweise viel über Prozessionen in der Alten Welt und ihre sozialen Funktionen wissen – die stummen Bilder und nüchternen Inschriften vermitteln nur einen sehr unvollständigen Eindruck. Wir hören nicht den Klang der Musiker, die den Umzug schon von Weitem ankündigten und ihn begleiteten. Wir wissen auch nichts von den anderen Geräuschen und Gerüchen, die eine solche Prozession ausmachten. Wir hören und riechen nicht die Tiere, die zum Opfer am Altar geführt wurden, es fehlen die vielen flüchtigen Sinneseindrücke, die nirgends festgehalten wurden.

Einen Teil dieses heute verlorenen Wissens über diese ganz speziellen Klangräume können wir zurückgewinnen. Notationen von Musikstücken, Abbildungen und Funde von Instrumenten ermöglichen uns eine Rekonstruktion. So erhalten wir eine Idee davon, wie es geklungen haben könnte, wenn Flöten- und Leierspieler die Prozessionen begleiteten. Ethnologische Parallelen vermitteln uns einen plastischen Eindruck.

BILDER UND KLANGERLEBNISSE IN PROZESSIONEN ///

/// Rituale der Aneignung

Sakrale Räume werden statisch durch Bauten, Denkmäler und Sichtlinien, aber auch dynamisch durch Rituale markiert. Als Teil von Ritualen spielen Prozessionen eine besondere Rolle. Sie werden von Menschen vollzogen, die sich in einer genau definierten Reihenfolge als Gruppe fahrend, tanzend oder laufend bewegen. Führen Prozessionen von einem Ort zu einem anderen, erschließen sie einen Raum; verlaufen sie in Kreisform, sind also Anfang und Ende identisch, begrenzen sie ihn. Dabei zeigen sich unterschiedliche Formen und Skalierungen. In griechischen Bürgerstaaten (Poleis) sind häufig Prozessionen nachgewiesen, die sich innerhalb des bebauten Raumes bewegten. Andere verbanden die Stadt *(asty)* mit den Grenzen des sie umgebenden Fruchtlandes *(chora)*. Schließlich gab es Prozessionen, die darüber hinausreichten und Poleis und überregional bedeutende Heiligtümer miteinander vernetzten. Auch in Rom schlugen Prozessionen unterschiedliche Richtungen ein. Bei Begräbnisfeierlichkeiten nahm der Trauerzug in der Regel den Weg aus dem Innern der Stadt nach draußen. Staatsrituale wie der römische Triumphzug oder die Prozession der Panathenäen in Athen führten hingegen in das Zentrum der jeweiligen Städte. Prozessionen finden nicht zufällig statt, sondern als Teil eines Festkalenders zu einem bestimmten Zeitpunkt, ihre Routen sind festgelegt, also ortsgebunden. Schließlich vollziehen sie sich in einer genau geregelten Ordnung. Wer an ihnen teilnehmen durfte, war ebenso vorgeschrieben wie die Kleidung und die Anzahl und Art der im Zug mitgeführten Ritualobjekte. Häufig spiegelten sie die soziale Struktur der Gesellschaft oder Teile von ihr. Tanz und Musik, seit dem 4. Jahrhundert v. Chr. im griechischen Kulturraum meist von professionellen Musiker- und Tanzgruppen dargeboten, waren elementare Bestandteile der religiösen Inszenierung. Ihre Auftritte an den Wegestationen in Form von vorgetragenen, gesungenen oder getanzten mythischen Erzählungen gliederten den vorgeschriebenen Ablauf, der im kultischen Höhepunkt, dem Opfer für den Gott, kulminierte. Gleichzeitig schufen sie damit ein Netz, das die Stationen mit der religiösen Topographie einer Stadt oder Landschaft verknüpfte. Die mitgeführten Kultgeräte und -bilder verliehen den Prozessionen nicht zuletzt durch die feierliche Kleidung der Teilnehmer ein repräsentatives Gepränge, das die Zuschauer sinnlich-visuell und akustisch beeindruckte. Einen Eindruck davon vermitteln uns unter anderem griechische Vasenbilder. Nicht selten dienten markante Bauten, die eine große Zahl von Personen fassten, wie Theater oder Hallen, als Stationen von Prozessionen, da dort viele Menschen die Vorgänge verfolgen konnten. Ob in Athen, Sparta, Korinth oder Milet, alle Prozessionen in den griechischen Städten verliefen nach dem gleichen Muster.

Neben der religiösen, die darin bestand, sich des Schutzes und der Hilfe des jeweiligen Gottes zu versichern, gab es eine genauso wichtige politische Komponente. Die Prozession eignete sich durch ihre Bewegung nicht nur den physischen Raum an, den sie gerade durchschritt, sondern versah ihn durch die rituellen Handlungen und die Einbindung des Geschehens mittels Erzählungen, Gesängen und der Ausstattung der Teilnehmer in einen mythologischen Rahmen mit einer Bedeutung, die unmit-

117 Attisch-schwarzfigurige Bauchamphora mit Darstellung eines Opferzuges für den Gott Dionysos, wobei musiziert wird und Opfergaben mitgeführt werden.
540/530 v. Chr., Keramik, 21,7 x 26,3 cm, Antikensammlung, Staatliche Museen zu Berlin

118 Attisch-schwarzfigurige Amphora mit Opferzug für Athena, der von Musikanten angeführt wird.
Vulci (Italien), 3. Viertel 6. Jh. v. Chr., Keramik, Höhe 47,6 cm, Antikensammlung, Staatliche Museen zu Berlin

telbar auf die Stellung und den Machtanspruch der jeweiligen Stadt in der Vergangenheit zurückgriff und ihn damit für die Gegenwart aktualisierte.

In dem panhellenischen Heiligtum von Delphi (vgl. S. 129f.) verehrten die Griechen Apollon, der hier seinen Haupttempel besaß und durch den Mund seiner Priesterin, der Pythia, weissagte. Die von den griechischen Städten erbauten Schatzhäuser, die zur Aufnahme weiterer Weihegeschenke dienten, waren als kostbare Geschenke an den Gott gemeint. Die stiftenden Poleis brachten damit zum Ausdruck, dass sie sich die Unterstützung Apollons erhofften. Gleich anderen Städten legten die Athener großen Wert darauf, dass sie eine ganz besondere Beziehung zu Delphi besaßen. Nicht nur hatte ihnen ein Orakelspruch geholfen, den Kampf gegen die Perser zu bestehen, denn nicht auf die steinernen, nur auf die hölzernen Mauern sollten sie vertrauen, hatte das Orakel geraunt – und wirklich gewann die athenische Flotte die alles entscheidende Seeschlacht von Salamis (480 v. Chr.) und damit die Freiheit für alle Griechen. Apollon war auch nach der lokalen mythologischen Überlieferung in grauer Vorzeit unter dem Geleit der Athener in das Gebiet von Delphi, das damals noch wüst und leer war, gewandert und hatte dort mit zielsicherem Bogenschuss den grausigen Drachen Python, der seiner Mutter Leto nachstellte, getötet.

Zur Erinnerung daran gab es auch in Athen einen Tempel des Apollon, das Pythion, und auf ein Zeichen seines göttlichen Vaters, des Blitze schleudernden Zeus, brachen große Prozessionen nach Delphi auf, um Apollons Weg nachzuvollziehen, ihm Opfer darzubringen und zu seinen Ehren Reiterspiele sowie musische Wettkämpfe abzuhalten. Nicht zuletzt, um diesen Mythos in der Erinnerung zu bewahren.

Diese Pythais-Prozession ist seit dem 4. Jahrhundert v. Chr., in dem mindestens drei Prozessionen stattfanden, belegt. An jeweils drei aufeinanderfolgenden Tagen und Nächten in drei aufeinanderfolgenden Monaten versammelte sich die Kultgemeinschaft der Pythaisten am Altar des Zeus und beobachtete einen besonders geformten Bergrücken, den Harma im attischen Parnesgebirge. Zuckte in dieser Zeit dort ein Blitz auf, fand die Prozession statt. Dies war nicht oft der Fall, weswegen im 2. Jahrhundert v. Chr., als sie nach zweihundert Jahren Unterbrechung wieder aufgenommen wurde, statt eines Blitzes die Volksversammlung über das Entsenden einer Prozession entschied und sich ab dem Jahr 98 v. Chr. ein jährlicher Rhythmus einbürgerte.

Die Jahreszeit blieb allerdings immer dieselbe. Die Prozession brach im April, Mai oder Juni auf, den letzten Monaten des attischen Jahres, das mit der Sommersonnenwende endete. Denn es sollten nicht nur Rinder, Schafe und Ziegen, sondern auch die ersten Erträge der Ernte in Delphi geopfert werden. Der Weg dorthin war anspruchsvoll. Die Distanz betrug circa 160 Kilometer, für die man schätzungsweise fünf Tage benötigte. An ihr teilnehmen zu dürfen war eine große Ehre und eine Prestigefrage. Kosten spielten keine Rolle, denn die Pilger stammten aus den reichsten, ältesten und bedeutendsten Familien Athens. Die Spitze der Prozession bildeten die Archonten, die führenden Männer des Staates, und die wichtigsten Priester. Es folgten Epheben, gerade ins Erwachsenenalter gekommene frei geborene Männer, die kurz davor standen, Vollbürger zu werden, und eine große Zahl junger Knaben. Ausgewählte Repräsentanten der übrigen Bevölkerung sowie eine Hundertschaft Musiker, Schauspieler und Dichter komplettierten den Zug. Eröffnet wurde er von den Kanephoren, unverheirateten Mädchen aus den besten Familien, die Körbe mit verschiedenen Opfergeräten auf

119 Vorderseite eines Musensarkophages. Er zeigt Apollon und Athena in Begleitung der neun Musen, die Instrumente und Schriftrollen in den Händen halten. Via Appia, Rom, um 200 n. Chr., Marmor, Antikensammlung, Staatliche Museen zu Berlin

120 Schatzhaus der Athener im Heiligtum von Delphi (Griechenland), 5. Jh. v. Chr. In der zweiten Hälfte des 2. Jh. v. Chr. wurden auf einigen Marmorblöcken der Seitenwand zwei Inschriften mit Hymnen an Apollon angebracht.

121 Notation und Text des Hymnos an Apollon, Delphi, nach einer Inschrift, die anlässlich der Prozession von 138 oder 128 v. Chr. am Schatzhaus der Athener angebracht wurde.

dem Kopf trugen, und einer Schar von Axtträgern. Es dürften ungefähr fünfhundert Teilnehmer gewesen sein, die sich zu Fuß, zu Pferd und mit dem Wagen nach Delphi auf den Weg machten. Eine Eskorte von Reitern begleitete sie zu ihrem Schutz.

Die Prozession marschierte in einer strengen Ordnung mit Musik- und Gesangsbegleitung. Überliefert ist der Text zweier Hymnen mit Instrumental- und Vokalnoten, der anlässlich zweier Prozessionen im 2. Jahrhundert v. Chr. am Schatzhaus der Athener im Apollon-Heiligtum von Delphi angebracht wurde und dessen Inhalt sich auf den lokalen Apollon-Mythos bezieht. Der Anblick des außergewöhnlich prachtvollen, großen Zuges der mit Lorbeerkränzen geschmückten, in Festkleidung würdig einherschreitenden Athener hat sicherlich von nah und fern Zuschauer angezogen. Machten sie dann Halt an den Plätzen, an denen man im gesungenen oder gesprochenen Ritual die Geschichte der Stadt mit der Apollons verband – insbesondere am Zielort –, war diese Inszenierung zweifelsohne beeindruckend und lehrreich für die Zuhörer.

In Delphi stand neben dem Opferfest und den sportlichen und musischen Spielen die glorreiche

Vergangenheit im Mittelpunkt. Sie zu vermitteln, der eigenen Jugend klarzumachen, wer bei Marathon und Salamis gesiegt und wer den Attischen Seebund gegründet hatte, bot Delphi mit den Stein gewordenen Weihegaben aus dieser Zeit beste Gelegenheit. Auf dem Rückweg trug eine eigens damit beauftragte Frau *(Pyrphoros)* eine am heiligen delphischen Opferfeuer entzündete Fackel zurück nach Athen und entfachte mit ihr als Zeichen der Kraft, der Reinheit und Verjüngung die Flamme auf dem Altar des Apollon-Tempels neu. Ebenfalls mitgebracht wurde ein heiliger Dreifuß, Symbol des weissagenden Gottes und Ausdruck seiner innigen Verbundenheit mit der Stadt.

Ebenfalls im 2. Jahrhundert v. Chr. erneuerten die Athener eine Tradition, die viele Ähnlichkeiten mit den Pythais-Prozessionen aufweist. Es handelt sich um eine Schiffsprozession nach der Insel Delos, als seine Geburtsstätte ein weiterer Zentralort des Apollon-Kults. Damit unterstrich Athen noch einmal, welch wichtige Rolle ihr bei der Verehrung des Gottes zukam und wie im Gegenzug die Stadt sich seiner besonderen Gunst erfreute. Nach der politischen Neuordnung des östlichen Mittelmeerraums durch Rom existierte seit dem Jahr 166 v. Chr., zum zweiten Mal in der Geschichte Athens, auf Delos wieder eine attische Kolonie (Klerouchie).

Die Pythais-Prozessionen hatten demnach eine doppelte Funktion. In einer Zeit, in der die Bedeutung Athens gesunken war, sich die Großreiche der Diadochen bildeten und der Einfluss Roms zunahm, boten die Pythais-Prozessionen eine erwünschte Gelegenheit, die früheren Verdienste der Stadt in Politik, Wissenschaft und Kunst in Erinnerung zu bringen. Gleichzeitig symbolisierten sie den Anspruch und die Bereitschaft, die angestammte Führungsrolle wieder einzunehmen. Sei es kultisch oder, wie im Falle von Delos, sogar durch die Inbesitznahme eines Territoriums. Wurde das Ritual nach zweihundert Jahren wieder aktiviert, weil die Veränderung der Mittelmeerwelt eine solche Wiederbelebung möglich und sinnvoll machte und zur religiösen erneut die politische Komponente trat? Oder bot sich vielmehr die religiöse Komponente an, um mit ihr politische Ziele verfolgen zu können? War es überhaupt das gleiche Ritual oder wurde es nach zweihundert Jahren schlicht neu „erfunden“, einschließlich der mythologisch und rituell bedeutsamen Orte, an denen die Prozessionen vorbeizogen bzw. Station machten, und wo befanden sich diese genau? Fragen über Fragen. Die Althistorikerin Stefanie Kühn und der Archäologe Ortwin Dally arbeiten an einer Antwort.

122 GIS-Karte mit Verlauf der Pythais-Prozession von Athen nach Delphi und der Rekonstruktion der mehrtägigen Wegstrecke, die die Prozessionsteilnehmer zu Fuß zurücklegten.

/// Jeder Besucher des Pergamonmuseums kennt die Wirkung beim Betreten des Saals, in dem die Front des großen Altars aus Pergamon aufgebaut ist. In Originalgröße erhebt sie sich vor dem Besucher. Die Monumentalität des Denkmals, das den Raum zu sprengen scheint, lässt den Betrachter zu ihm aufschauen. Das Erleben in der Antike, in heute verlorenen Architekturensembles, gibt aber auch dieser originalgroße Aufbau nicht wieder.

Eine der großen Herausforderungen musealer Arbeit besteht darin, Lösungen zu finden, wie man das antike Erleben des Raumes im musealen Raum erfahrbar machen kann. Ein zentraler Schlüssel dafür ist, die Geschichte der Formen der Visualisierung zu erforschen. Der Weg zum Masterplan auf der Museumsinsel mit seiner „Archäologischen Promenade“ führt also über den Weg zurück in die Museumsgeschichte.

Am Beginn der Vermittlung antiker Architektur stand das Modell. Besonders beliebt war im 18. Jahrhundert das Korkmodell, das antike Bauwerke wie das Pantheon in Tischhöhe präsentierte. Das Abbild forderte heraus, es von oben zu betrachten und sich darin zu versenken. In Verbindung mit den literarischen Beschreibungen entstand so ein einfühlendes Bild des antiken Raumes.

Im 19. Jahrhundert begann man, Architektur in originaler Größe aufzubauen: zunächst in Gips und dann im frühen 20. Jahrhundert mit ergänzten originalen Teilen. Jetzt steht der Betrachter am Fuße der Bauten, schaut zu ihnen auf und erlebt so unmittelbar ihre Größe. Heute wird die antike Metropole Pergamon in einer 3D-Rekonstruktion präsentiert; im Panorama kann der Besucher die Kontexte, die Stimmungen der Tageszeiten und die Geräusche, das Handeln im Raum, erleben.

GREIFBARE HORIZONTE ///

123 Aquarell des Apsismosaiks aus San Michele in Africisco.
Ravenna, 2. Hälfte 19. Jh., Karton, 25 x 35 cm, Skulpturensammlung und Museum für Byzantinische Kunst, Staatliche Museen zu Berlin

/// Die Vergangenheit im Museum

Johann Joachim Winckelmann (1717–1768), der als einer der Begründer der modernen Archäologie gilt, begriff die Kunst der alten Griechen als absoluten Höhepunkt der Menschheitsgeschichte und fand seine Ansicht beim Besuch der dorischen Tempel von Poseidonia/Paestum in Süditalien bestätigt, die man um 1740 „wiederentdeckt" hatte. Goethe tat es ihm nach, und der schwerkranke berühmte Vedutenmaler Giovanni Piranesi (1720–1778) schleppte sich noch ein Jahr vor seinem Tod dorthin. Die Begeisterung über die „Alten" war im Europa des 18. Jahrhunderts allgemein und wurde durch entsprechende Ausgrabungen, wie die von Pompeji und Herculaneum, beständig gespeist. Englische Expeditionen nach Syrien brachten Stücke aus Palmyra und Baalbek mit, der Earl of Elgin erwarb die Skulpturen vom Parthenon-Tempel in Athen (Elgin Marbles) für das 1753 eröffnete British Museum, Napoleons Ägypten-Feldzug von 1798 und die daran anschließende wissenschaftliche Expedition lenkte den Blick auf die pharaonische Kultur (vgl. S. 43) und füllte das 1793 eingerichtete Museum im Louvre.

Die bei den Engländern, damals die reichste Nation der Welt, übliche „Grand Tour" führte die „Touristen" auf wochenlangen Kunstreisen durch Italien und Griechenland. Um Anschauung und Erinnerung zu steigern, stützten sie sich auf eine boomende Reiseliteratur, die sie mit aufwendigen Folianten voll akkurater Zeichnungen und Aufrisse der noch erhaltenen Bauwerke der Antike versorgte. Gleichzeitig wurde in Rom eine ganz neue Spezies von Sammlerobjekten auf den Markt gebracht, die als spektakuläre Schaustücke einen Siegeszug durch Europa antraten und bald in jeder Privatsammlung, in Universitäten und öffentlichen Museen zu sehen waren: exakte Nachbildungen antiker Gebäude und Ruinen, etwa des Kolosseums oder des Pantheon, aus Kork und im verkleinerten Maßstab (ca. 1:30).

Die Auseinandersetzung einer ganzen Generation europäischer Künstler mit der Allgegenwärtigkeit der Antike und ihrer Vorbildfunktion in der Kunst drückt sich beispielsweise in Johann Heinrich Füsslis (1741–1825) Rötelzeichnung „Der Künstler verzweifelnd vor der Größe der antiken Trümmer" aus. Ob dieser ironisch konnotierte Blick auch im Zusammenhang mit der Erfindung der Korkmodelle zum Tragen kam, wäre eine Diskussion wert. Durch die Verkleinerung gewinnt der Betrachter Macht über den Gegenstand, können seine Ausmaße mit einem einzigen Blick erfasst werden. Für den Modellsammler ist die Antike kein Titan mehr, eher wird er selbst zu einem, der per Vogelschau ihre Proportionen göttergleich ins Auge fasst. Darüber hinaus nannte im Jahr 1800 die Weimarer Zeitschrift „Neuer Teutscher Merkur" weitere Vorzüge: Die Monumente des Altertums würden auf diese Weise transportabel gemacht und blieben doch am Ursprungsort erhalten, gleichzeitig böten sie auch den entfernter Wohnenden Gelegenheit, diese „Antike auf Tischhöhe" zu bewundern, schließlich könne man durch den direkten Vergleich „den Begriffen von architektonischen Kunstwerken mehr Klarheit, Deutlichkeit und Bestimmtheit geben". Hinzu kam die durch das Material Kork erzeugte atmosphärische Qualität, eine gleichsam poetische Aura.

/// Triumph des Dreidimensionalen: Korkmodelle

Aus dieser Faszination für das Große im Kleinen erwuchs eine heute vollkommen in Vergessenheit geratene Museumsgattung: die Modellsammlung antiker Stätten an der Schnittstelle zwischen Didaktik und Ästhetik, Intuition und Ratio, Belustigung und Belehrung. Waren bis zum Ende des 18. Jahrhunderts die Wissensspeicher für antike Räume gelehrte Abhandlungen, Reiseberichte, Kartensammlungen oder Zeichnungen, mithin eine zweidimensionale Darstellung, etablierte sich allmählich die Vorstellung, dass die Dreidimensionalität besser geeignet sei.

Diese neue, räumliche Vermittlungsform arbeitete mit der Vorstellungskraft, gestützt auf das literarische Gedächtnis des Betrachters. Die Modelle illustrierten und ergänzten das angelesene Wissen. Wie gut diese Fiktionalisierung der verkleinerten Antike funktionierte, zeigt der Bericht einer jungen Reisenden, die noch nie in Italien gewesen war und in Paris eine Korkmodellsammlung besichtigte. Angesichts des dort ausgestellten Tempels der römischen Vesta, deren Priesterinnen zu lebenslanger Jungfräulichkeit verpflichtet waren, schrieb sie: „Auch der ernsten Göttin Vesta Tempel zeigte sich in seiner traurigen Schönheit. War es mir doch, als hauchten die Seufzer der Jungfrauen daraus hervor, die hier ein unbefriedigtes Herz, eine aufgeopferte Jugend in Gebet und Thränen vergruben." Offenkundig bildete das Miniatur-Format kein Hindernis, um sich einzufühlen und die Antike nachzuerleben.

Die Faszination an dieser reduzierten Wiedergabe antiker Räume hielt bis Mitte des 19. Jahrhunderts an. Dann setzte schrittweise eine Distanzierung ein, die Ende des Jahrhunderts europaweit in einer entschiedenen Ablehnung dieser Visualisierungspraxis kulminierte. Eine von der Pariser Ecole des Beaux-Arts gebildete Kommission kam zu dem Schluss, dass „kleine Modelle aus Holz, Kork oder Gips für das Studium vollkommen nutzlos", schlimmer noch, dass sie „geschmacksverderbend wirken und dass man sie den Augen der Schüler entziehen müsse", und verbannte die heute als solitäre Kunstwerke geschätzten ins Depot. In die gleiche Kerbe schlug der deutsche Philosoph Georg Simmel mit seinem im Jahr 1903 erschienenen Essay „Ästhetische Quantität": „Wie kommt es, daß kleine Modelle von Bauwerken fast gar keine ästhetische Wirkung üben? Es erscheint mir, daß wir physio-psychologisch nicht imstande sind, die Schwereverhältnisse, das Lasten und Tragen, das Ausbiegen und Hochstreben, kurz gesagt das ganze vielgliedrige Spiel der dynamischen Vorgänge, das den wesentlichen ästhetischen Reiz der Baukunst ausmacht – daß wir dieses nicht in so kleinen Abmessungen in uns nachbilden, nachfühlen können. Jede Architektur ist uns tot und sinnlos, die uns nicht *fühlen* macht, wie die Säule das Gebälk trägt, wie das Gesims die Pfeiler belastet." Von dieser Kritik nicht betroffen und im Gegenteil vom Publikum und von der Presse gefeiert, waren Stadtmodelle wie das auf exakten

124 Aufklappbares Korkmodell des Pantheon.
Rom, 1782 von Antonio Chichi angefertigt, Kork, farbig gefasst, 112 x 78 cm, Hessisches Landesmuseum Darmstadt

archäologischen Daten aufbauende Roms von Paul Bigot (1911) oder das von Mussolini in Auftrag gegebene von Italo Gismondi (1937), das zuletzt im Film „Gladiator“ (2000) dank genialer Kameraführung den Zuschauern einen beeindruckenden Überblick über die Hauptstadt des Imperium Romanum in der Kaiserzeit vermittelte.

125 Architekturzeichnung nach Stuarts und Revetts Erstpublikation von 1762, die die maßgenaue Rekonstruktionszeichnung einer Säulenstellung mit Architrav des so genannten Tempels am Ilissos in Athen zeigt. Dabei fügte der Architekt nicht *in situ* erhaltene Fragmente des Frieses in seine Rekonstruktion ein.

/// Originale und Gips

Die Alternative präsentierte sich bereits um die Jahrhundertmitte im 1843–1855 von Friedrich August Stüler (1800–1865) erbauten Neuen Museum auf der Berliner Museumsinsel. Im Zuge der umfangreichen Erweiterung der Sammlung altägyptischer Objekte und vor dem Hintergrund der grassierenden Ägyptomanie entstand im Neuen Museum die eindrucksvollste Raumfiktion der Museumsgeschichte. Nach wissenschaftlichen Vorlagen bemalte Gipssäulen und farbige Wandmalereien suggerierten, unterstützt durch eine geschickte Lichtregie, den Gang in einen ägyptischen Tempel. Stilistisch waren die Raumdekorationen den Exponaten angepasst. So gewährte der so genannte „Ägyptische Hof“ ein Raumerlebnis ganz eigener Art: „Als ob die alte Welt über Nacht lebendig geworden“, schrieb bewundernd ein Journalist der Augsburger Allgemeinen Zeitung 1848 über diese museale Inszenierung und fährt fort: „Man glaubt, nun müsse das braune Volk hereintreten, feierlichen Schrittes ... voll contemplativer Versunkenheit und schwärmerischer Sinnlichkeit.“ Authentizität paarte sich mit Fiktion, Originalobjekte und Gipsrekonstruktionen verschmolzen zu einem den Besucher in seinen Bann schlagenden Gesamteindruck. Die Illusion war perfekt. Die Größe der Antike ließ sich im Originalmaßstab, wenn auch nur fragmentarisch und durch Reproduktionen, erleben. Gleichzeitig unternimmt man die ersten Versuche der Präsentation von Originalarchitektur.

In den Museen Europas von London bis Moskau begann der Siegeszug der monumentalen Gipsnachbildungen, sei es, dass eine Ecke des Parthenon gezeigt oder die Trajanssäule, ihrer Wirkung beraubt, in sechs Teile zerlegt wurde. Das Victoria and Albert Museum in London präsentierte seine Architekturbestände der Gotik 1:1 in Gips. Im Neuen Museum war die Abgusssammlung chronologisch aufgebaut und bot Skulptur und Architekturbeispiele von Assyrien bis ins 19. Jahrhundert. Nicht auf die Aura des Originalkunstwerkes kam es an, sondern auf die Originalgröße, etwa in Form eines modernen Tempels wie der Berliner Nationalgalerie.

126 Gipsrekonstruktion einer ionischen Säule mit Kapitell, die anhand von Fragmenten des Dionysos-Tempels von Myus in Kleinasien (Mitte 6. Jh. v. Chr.) für die Präsentation im Berliner Museum angefertigt wurde.
Gips, 215 x 165 cm, Antikensammlung, Staatliche Museen zu Berlin

Nach 1900 breitete sich eine Skepsis gegenüber der bisherigen Museumspraxis unter den europäischen Bildungseliten aus. Das traditionelle Kunstmuseum wurde als steril, verstaubt und allzu belehrend wahrgenommen. In seinem „Futuristischen Manifest“ (1909) diffamierte der italienische Schriftsteller Filippo Tommaso Marinetti die Museen als „Friedhöfe, öffentliche

127 Entwurfsskizze für die Rekonstruktion der Thronsaalfassade von Babylon im Pergamonmuseum.
Berlin, 1927, Walter Andrae, Aquarell, Wasserfarben, 37,5 x 27,5 cm, Handschriftenabteilung, Staatsbibliothek zu Berlin – Preußischer Kulturbesitz

Schlafsäle und Kalvarienberge gekreuzigter Träume". Der französische Essayist Paul Valèry kritisierte ihre Praxis, die Kunstwerke aus ihrem ursprünglichen Zusammenhang zu reißen und jede Form von Aufmerksamkeit durch die schiere Masse ihrer Objekte zu ersticken. Die von Deutschland ausgehende Museumsreformbewegung verlangte, dass nicht nur Verstand und Vorwissen den Museumsbesuch prägen dürften, sondern auch das Gefühl angesprochen werden müsse, der Zugang zur Kunst einfacher, unmittelbarer und demokratischer zu sein habe. Ein deutlicher Hinweis auf die Einbeziehung derjenigen Schicht, die man bisher vernachlässigt hatte: die Arbeiter.

Der geforderten Neubestimmung der Institution Museum kam entgegen, dass durch die umfangreichen deutschen Ausgrabungsprojekte seit dem letzten Drittel des 19. Jahrhunderts in der Türkei (Pergamon, Priene, Milet), in Griechenland (Olympia), Ägypten (Amarna, Abusir) und in Mesopotamien (Babylon, Uruk, Assur) große Architekturensembles und Reliefs zur Verfügung standen, die ganz neue museale Möglichkeiten eröffneten. Dem Archäologen Theodor Wiegand (1864–1936), von 1911 bis 1931 Direktor der Antikenabteilung und von 1932 bis zu seinem Tod Präsident des Deutschen Archäologischen Instituts, gelang im 1910–1930 nach den Plänen Alfred Messels (1853–1909) erbauten Pergamon-Museum gemeinsam mit seinen Kollegen die Einrichtung eines Architekturmuseums, das einem breiten Publikum die antike Baukunst auf neue Weise nahebrachte. Statt Gips zeigte er das Originalfragment. Statt die Objekte zu isolieren oder sie, wie vorher geschehen, an den Wänden aufzustellen, setzte er auf die Kraft lebendig erfahrbarer Architektur. Zudem knüpften seine Inszenierungen an ihre historischen Funktionen an: Toranlagen, wie das rekonstruierte Markttor von Milet, das babylonische Ischtar-Tor oder die Fassade des arabischen Wüstenschlosses Mschatta, sind als Durchgänge inszeniert; der dem Museum seinen Namen gebende Pergamonaltar wird durch eine Freitreppe erschlossen. Die auf das Ischtar-Tor zulaufende Prozessionsstraße, von dem Architekten und Maler Walter Andrae in kräftigen Farben gestaltet, sind herausragende Beispiele für begehbare Architekturen, die international Schule machten und mit ihrem Raumgefühl faszinierten. „Wir sind nicht die Totengräber des Altertums", entgegnete Wiegand 1929 den Museumskritikern, „sondern, das darf ich stolz sagen – seine Wiederentdecker." Der Erfolg gab ihm recht. Das Museum hatte sich gleichsam neu erfunden. Innerhalb von nur zwei Jahren stieg die Zahl der Besucher um fast das Doppelte.

/// Museum der Zukunft

Die Frage, wie viel Rekonstruktion ein Museum verträgt, wäre heute strengeren Maßstäben unterworfen als in den 30er Jahren. Dass im hellenistischen Saal Originale nur in Augenhöhe verarbeitet wurden, Kapitelle und Gebälk in Gips ausgeführt und deren Originale wiederum separat neben den Rekonstruktionen platziert sind, würde heute sicher anders gelöst. Gleiches gilt für die Mischung von Originalen und Gipsabgüssen bei der Anlage der babylonischen Prozessionsstraße. Rekonstruktionen sind erlaubt, aber sie müssen erkennbar sein als Hilfsmittel, um die beabsichtigte Raumfiktion angemessen umzusetzen. Reichlich ruppig hat man damals die zu „große" Fassade des Wüstenschlosses Mschatta dem Gebäude angepasst, indem man ihren Mittelteil verkleinerte. Ein ähnliches Schicksal erlitt das spätantike Apsismosaik aus San Michele in Africisco aus Ravenna, das man für das benachbarte Bode-Museum „passend" machte.

128 Entwurfsskizze für die Rekonstruktion des Ischtar-Tores im Pergamonmuseum.
Berlin, 1927, Walter Andrae, Aquarell, Wasserfarben, 24,5 x 35 cm, Handschriftenabteilung, Staatsbibliothek zu Berlin – Preußischer Kulturbesitz

Im Masterplan, der vom Rat der Stiftung Preußischer Kulturbesitz verabschiedet wurde, ist eine denkmalgerechte Sanierung der fünf Museen auf der Museumsinsel, die seit 1999 UNESCO-Welterbe-Status genießt, vorgesehen. Während sie im Falle der Alten Nationalgalerie (2001), des Bode-Museums (2005) und des Neuen Museums (2009) bereits abgeschlossen ist, steht beim Alten Museum und beim Pergamonmuseum die Grundinstandsetzung noch aus. Sie wird bei Letzterem im Jahr 2013 beginnen und 2025 abgeschlossen sein. Durch einen neu zu bauenden vierten Flügel, der die bisherige Dreiflügelanlage im Südwesten abschließen wird, entsteht ein geschlossener Rundgang durch die Architekturgeschichte der Antike. Er führt den Besucher vom altägyptischen Tempeltor von Kalabscha (um 15 v. Chr.) über das Tor des hethitischen Palastes von Tell Halaf (9. Jahrhundert v. Chr.), das Ischtar-Tor (6. Jahrhundert v. Chr.) und das Markttor von Milet (ca. 120 n. Chr.) zum Pergamonaltar (164–156 v. Chr.) und abschließend zur Fassade des frühislamischen Wüstenschlosses von Mschatta (743/44). Zusätzlich soll eine „Archäologische Promenade" in ihrem Untergeschoss alle fünf Museen verbinden. Sie wird als „interdisziplinärer, Kulturen und Epochen übergreifender Ausstellungsraum grundlegende Fragen des Menschen behandeln" (H. Parzinger). Ein völlig neuer Aspekt der Restaurierung bezieht sich auf die erhaltenen Ausstattungsdetails des 19. Jahrhunderts oder spätere Einbauten nach der Kriegszerstörung, die selbst wiederum historisch geworden sind. Ihre Konservierung erzählt die Geschichte der Museen und dokumentiert, dass nicht nur die Objekte, sondern die Museen selbst – „als Artefakt unserer eigenen Gesellschaft" (J. Baur) – zum Forschungsgegenstand geworden sind. Damit wird erstmals etwas dokumentiert, was sonst nie zu sehen war: die zweihundertjährige Genese einer Museumslandschaft.

Zu jedem Museum, wünscht sich die Museumshistorikerin Bénédicte Savoy, sollte ein Raum gehören, der die Geschichte des Museums als konstruierter Raum thematisiert. Ein Raum, der wie in der Ausstellung „Jenseits des Horizonts" der Frage nachgeht, wie das Museum zu dem wurde, was es ist. Eine Metaebene, um die Fundhistorie seiner Objekte zu reflektieren. Ein Raum, der zeigt, dass jede Zeit mit all ihren Möglichkeiten neue Raumfiktionen erfindet und stets glaubt, ganz nah an der Authentizität zu sein, das „Vera Ikon", das wahre Antlitz einer Epoche zu besitzen.

129 Blick auf die Westwand des Hellenistischen Saals im Berliner Pergamonmuseum mit maßstabsgetreuen Architekturrekonstruktionen des frühen 20. Jahrhunderts.

130 Zukunftsversion für die Präsentation altägyptischer Architektur im so genannten vierten Flügel des Pergamonmuseums, basierend auf dem Entwurf des Büros Ungers (Planungsstand 2007).

/// Die Thematisierung wissenschaftlicher Ergebnisse und deren anschauliche Umsetzung in der Ausstellung

Astrid Dostert/Gabriele Pieke

Eine wichtige Forschungsfrage des Exzellenzclusters Topoi war von Beginn an die Inszenierung antiker Raumzusammenhänge und räumlicher Strukturen in musealen Kontexten – sowohl in historischer Perspektive als auch mit dem Blick auf aktuelle Entwicklungen. Dieser Herausforderung hat sich die Ausstellung „Jenseits des Horizonts" ganz bewusst gestellt und unter Berücksichtigung des Zeitgeschmacks und der Ausnutzung der technischen Möglichkeiten des 21. Jahrhunderts versucht, antike Räume und das heutige Wissen darüber mittels einer adäquaten Ausstellungsgestaltung zu präsentieren, zu veranschaulichen und verständlich zu machen.

So wird der Besucher am Beginn der Ausstellung gleich von einem ganzen Spektrum archäologischer und bauforscherischer Methoden sowie den vielfältigen Möglichkeiten der zeitgemäßen Darstellung von Forschungsergebnissen empfangen. Grabung, Bauaufnahme, Survey, zeichnerische Rekonstruktion, 3D-Simulation und die Umsetzung in dreidimensionalen Modellen demonstrieren, wie sich Wissenschaft heute mit antiken Räumen auseinandersetzt und mit welchen Mitteln diese – weitgehend verlorenen – Räume veranschaulicht werden können. Dass diese Visualisierungen keineswegs als getreue Abbilder des verlorenen antiken Bestandes gelten dürfen, zeigt die Art und Weise, wie sie gestaltet sind. Der Verzicht auf Details in den 3D-Simulationen der Bauten auf dem in der Ausstellung als Beispiel dienenden Palatin in Rom und das Arbeiten mit Baukörpern und Volumina sollen verdeutlichen, dass es zwar möglich ist, auf der Basis der Forschungsergebnisse einzelne Baukörper und deren Bauphasen zu rekonstruieren. Gleichzeitig aber soll die Illusion vermieden werden, dass es sich um exakte Abbilder der Bauten der römischen Kaiserzeit handelt.

Die umfangreichen Untersuchungen von Bauforschern, Archäologen und Historikern zu den Kaiserpalästen auf dem Palatin erlauben es uns, in der Ausstellung nicht nur das Thema „Räume verwandeln" zu präsentieren, sondern auch die Möglichkeiten der Visualisierung an diesem Beispiel eingehend zu behandeln. Durch die Art der Gestaltung gelingt dies unter Verzicht auf allzu ausführliche Beschriftungstexte allein durch die Wahl der Exponate und Installationen.

Im weiteren Verlauf des Rundgangs begegnen dem Besucher die unterschiedlichsten Varianten, aktuelle Diskussionen und Ergebnisse der Forschung in aktueller und anschaulicher Weise umzusetzen. Die Ausstellungsarchitektur wurde von Topoi und dem Kölner Architekturbüro *res d* zusammen entwickelt.

Für die Präsentation der astronomischen Zusammenhänge und Kalenderfunktionen einer neolithischen Kreisgrabenanlage wählte man ein begehbares Raummodell, an dem der Besucher selbst die einzelnen Horizontphänomene durch gebaute Durchblicke sowie Markierungen in der Ausstellungsarchitektur nachvollziehen kann. Hierbei zeigt sich, dass auch heute nicht mehr im Gelände sichtbare Anlagen durch die exakte wissenschaftliche Erfassung wiedergewonnen werden können. Auch ohne langatmige Texterläuterungen werden sie vom Besucher in ihrer Komplexität und ihrem Anspruch erkannt. Bedingt durch die Größe der originalen antiken Architektur und die fehlende Möglichkeit, Originalteile zu präsentieren, erschien an dieser Stelle die Umsetzung in angedeuteter und direkt erfahrbarer Museumsarchitektur als eine ideale Präsentationsform, um gebautes Wissen der Vorgeschichte in die heutige Zeit zu übertragen. Über eine zentrale Blickachse zu zwei herausragenden Objekten der Ausstellung, dem „Berliner Goldhut" sowie dem Rekonstruktionsmodell eines antiken Himmelsglobus, ergeben sich sichtbare und spannungsvolle Verbindungen zu zwei thematisch eng anknüpfenden Räumen, in denen „Expertenwissen" bzw. die „Umsetzung von Wissen" erfahrbar gemacht werden.

Ein anderer Raum, der das „Vermessen der Welt" zum Thema hat, arbeitet mit einem eher atmosphärischen Zugang, indem er durch die Inszenierung einer gepflasterten römischen Straße, die von Nachbauten antiker Messgeräte und von antiken Meilensteinen flankiert ist, die römische Landvermessung andeutet. Die Wahrnehmung einer räumlichen Distanz wird dabei bereits durch eine sich über drei Räume ziehende Blickachse erzeugt und durch den Einbau einer Spiegelwand erhöht.

Im zentralen und zugleich größten Raum der Ausstellung werden dem Besucher die Bedeutung und der Stellenwert antiker Kartierungen veranschaulicht, indem die Exponate und Kopien nach Originalen vor dem Hintergrund der Filmprojektion einer sich drehenden Erdkugel auf Kartentischen ausgebreitet sind. Unser heutiges breites geographisches Wissen verdanken wir den technischen Möglichkeiten und dem Fortschritt der Forschung. Dass in den antiken Kulturen bereits breit gefächertes Wissen über die Erde und räumliche Zusammenhänge existierte, das in Darstellungen wie Karten oder auch in Listen gefasst wurde, wird dem Besucher in der Gestaltung dieses Raums durch die Verbindung aktueller Erfassungen der Erde mit den antiken Originalen vor Augen geführt.

Ein eigener Abschnitt des Rundgangs widmet sich auf verschiedene Weise der Wiedergewinnung und Rekonstruktion antiker Klangwelten, indem über unterschiedliche mediale Inszenierungen, interaktive Hörstationen sowie die Präsentation von antiken und rekonstruierten Musikinstrumenten Klang, Musik, aktives Spielen und rhythmisches Bewegen nachvollziehbar werden. Von hier tritt der Besucher in den abschließenden Raum, der die museale Inszenierung antiker Architektur zum Thema hat.

Mit Blick auf die gesamte Ausstellung erfolgt eine Annäherung an antike Räume auf verschiedenen Ebenen, beginnend mit der Präsentation von antiken Originalen über Kopien und gebaute Architekturmodelle sowie gezielt eingesetzte Rekonstruktionen bis hin zu bewegten Bildern und Klanginstallationen. Die im Rundgang gezeigten Präsentationsformen beruhen durchgängig auf wissenschaftlichen Erkenntnissen, stellen also keine rein künstlerischen Adaptionen dar. Für ein breites und mit Forschungskontexten weniger vertrautes Publikum zeigen sie einen reflektierten Umgang der Beschäftigung mit antiken Räumen und daran anknüpfende Visualisierungen auf.

Die Vielfalt der Gestaltungsansätze und die Kennzeichnung von Rekonstruktionen war dabei ein erklärtes Ziel, um bei dem Besucher die Illusion zu vermeiden, eine originalgetreue Wiedergabe vor sich zu haben. Gleichzeitig ergeben sich durch die gewählten Inszenierungen und Gestaltungsprinzipien unmittelbare Bezüge zur heutigen Zeit.

Zu Autor, Koautoren und Herausgebern

Ralf-Peter Märtin

ist Sachbuchautor und Wissenschaftsjournalist. Er hat Alte Geschichte und Germanistik studiert und sich nach seiner Promotion auf antike Themen spezialisiert. Seine Reportagen über Echnaton und König David, Cäsar und Domitian, Römer und Germanen oder die Himmelsscheibe von Nebra erschienen in GEO, National Geographic und DIE ZEIT. Sein letztes Buch „Die Varusschlacht" stand wochenlang auf der SPIEGEL-Bestsellerliste. Für „Jenseits des Horizonts" wurde er von zahlreichen TOPOI-Kollegen, die ihm Einblick in ihre Forschungen gaben, unterstützt.

TOPOI
The Formation and Transformation of Space and Knowledge in Ancient Civilizations

Das international ausgelegte Exzellenzcluster bündelt die Forschungskompetenz der Freien Universität Berlin und der Humboldt-Universität zu Berlin. Beteiligt sind die Berlin-Brandenburgische Akademie der Wissenschaften, das Deutsche Archäologische Institut, das Max-Planck-Institut für Wissenschaftsgeschichte und die Stiftung Preußischer Kulturbesitz.
www.topoi.org

Die Einleitung wurde von Friederike Fless verfasst, das abschließende Kapitel zur Ausstellungsarchitektur von den Kuratorinnen Gabriele Pieke und Astrid Dostert. Die kurzen Einleitungen zu den einzelnen Kapiteln orientieren sich an den Texten der Ausstellung und wurden von den TOPOI-Wissenschaftlern geschrieben.

Alle übrigen Texte wurden von Ralf-Peter Märtin verfasst. Als beratende Wissenschaftler und Koautoren standen ihm in den einzelnen Kapiteln zur Seite:

Räume verwandeln – der Palatin in Rom

Friederike Fless, Ulrike Wulf-Rheidt

Räume lesen, Räume schreiben

Jonas Berking, Eva Cancik-Kirschbaum, Friederike Fless, Klaus Hallof, Svend Hansen, Gabriele Pieke, Stephan Seidlmayer

Horizonte erfassen

Eva Cancik-Kirschbaum, Gerd Graßhoff, Wolfram Schier

Die Welt vermessen

Friederike Fless, Gerd Graßhoff, Gabriele Pieke

Götter beherrschen den Raum

Astrid Dostert, Gabriele Pieke

Die Kartierung der Welt

Friederike Fless, Gerd Graßhoff, Klaus Hallof, Michael Rathmann

Götter und Heroen durchwandern den Raum

Astrid Dostert, Gabriele Pieke

Körperräume, Seelenräume

Eva Cancik-Kirschbaum, Philip van der Eijk, Roland Wittwer

Fluch und Abwehr

Klaus Hallof

Wissen von Zeichen

Eva Cancik-Kirschbaum, Gerd Graßhoff

Umsetzung von Wissen

Gerd Graßhoff

Klangräume

Ricardo Eichmann

Bilder und Klangerlebnisse in Prozessionen

Ortwin Dally

Greifbare Horizonte

Astrid Dostert, Gabriele Pieke, Bénédicte Savoy

Zitierte antike Autoren und Werke

Aristides: Romrede, hrsg. u. übersetzt von Richard Klein, Darmstadt 1983.

Aristoteles: Politik. Schriften zur Staatstheorie, übersetzt von Franz F. Schwarz, Stuttgart 1989.

Echnaton: Sonnengesang, abgedruckt in: Christian Bayer, Echnaton – Sonnenhymnen, Stuttgart 2007.

Gilgamesch-Epos, hrsg. u. übersetzt von Wolfgang Röllig, Stuttgart 2009.

Herodian: Geschichte des Kaiserthums seit dem Tode des Marcus, übersetzt von E. R. Osiander, Stuttgart 1850.

Herodot: Das Geschichtswerk, übersetzt von Theodor Braun, Frankfurt a.M./Leipzig 2001.

Hesiod: Werke und Tage, übersetzt von Otto Schönberger, Stuttgart 1998.

Ders.: Theogonie, übersetzt von Otto Schönberger, Stuttgart 1999.

Homer: Ilias, übersetzt von Roland Hampe, Stuttgart 1986.

Ders.: Odyssee, übersetzt von Kurt Steinmann, Zürich 2007.

Josephus: Der jüdische Krieg, hrsg. von Otto Michel u. Otto Bauernfeind, Darmstadt 1963–1982[3].

Lukrez: Vom Wesen des Weltalls, übersetzt von Dietrich Ebener, Berlin/Weimar 1994.

Martial: Epigramme, übersetzt von Harry C. Schnur, Stuttgart 1994.

Pausanias: Beschreibung Griechenlands, übersetzt von Jacques Laager, Zürich 1998.

Petronius: Satyricon, übersetzt von Kurt Steinmann, Zürich 2004.

Platon: Sämtliche Werke, Bd. 4: Timaios, Kritias, Minos, Nomoi, hrsg. von Ursula Wolf, übersetzt von Hieronymus Müller u. Friedrich Schleiermacher, Hamburg 1994.

Gellius: Attische Nächte, übersetzt von Hans Beck und Uwe Walter, Darmstadt 1992.

Papyrus Harris, abgedruckt in: Günter Burkard u. Heinz J. Thissen, Einführung in die altägyptische Literaturgeschichte I, Altes und Mittleres Reich, Münster 2012.

Papyrus „Gespräch eines Lebensmüden mit seiner Seele“, abgedruckt in Jan Assmann, Tod und Jenseits im Alten Ägypten, München 2001.

Plinius der Ältere: Naturkunde, hrsg. u. übersetzt von Roderich König, München 1973ff.

Plinius der Jüngere: Panegyricus, hrsg. u. übersetzt von Werner Kühn, Darmstadt 1985.

Plutarch: Über Gott und Vorsehung, Dämonen und Weissagung, hrsg. u. übersetzt von Konrat Ziegler, Zürich 1952.

Ptolemaios, Klaudios: Handbuch der Geographie, hrsg. und übersetzt von A. Stückelberger und G. Graßhoff, Basel 2009.

Pyramidentexte, hrsg. von Kurt Sethe, Die altägyptischen Pyramidentexte nach den Papierabdrücken und Photographien des Berliner Museums, Bd. 1–4, Hildesheim 1969, s. auch Erik Hornung, Altägyptische Jenseitsbücher. Ein einführender Überblick, Düsseldorf/Zürich 2005[3].

Strabo: Geographica, übersetzt von A. Forbiger, Wiesbaden 2005.

Sueton: Kaiserbiographien, hrsg. u. übersetzt von Otto Wittstock, Berlin 1993.

Tacitus: Annalen, hrsg. von Erich Heller, München u. Zürich 1982.

Vegetius: Abriß des Militärwesens, hrsg. von Friedhelm L. Müller, Stuttgart 1997.

Vitruv: Zehn Bücher über Architektur, übersetzt von Curt Fensterbusch, Darmstadt 1991.

Bildnachweis

Abkürzungen:
bpk > Bildagentur für Kunst, Kultur und Geschichte
SMB > Staatliche Museen zu Berlin
SPK > Stiftung Preussischer Kulturbesitz

1 Fotografie Roland Wiezcorek (wissenschaftliche Rekonstruktion: Stephan Zink; Herstellung eines digitalen Volumenmodells auf Grundlage eines virtuellen Modells von S. Zink und Druck: BTU Cottbus, Lehrstuhl Darstellungslehre, Dominik Lengyel) • 2 Lengyel Toulouse Architekten, Berlin, www.lengyeltoulouse.com (Wissenschaftliche Rekonstruktion und Grundlage für das 3D-Modell: Ulrike Wulf-Rheidt, Jens Pflug, Armin Müller – Architekturreferat des Deutschen Archäologischen Instituts) • 3 Antikensammlung, SMB – SPK/Johannes Laurentius; Inv.-Nr. SK 213 • 4 Lengyel Toulouse Architekten, Berlin, www.lengyeltoulouse.com (Wissenschaftliche Rekonstruktion und Grundlage für das 3D-Modell Ulrike Wulf-Rheidt, Jens Pflug, Armin Müller – Architekturreferat des Deutschen Archäologischen Instituts) • 5 Zeichnung Jörg Denkinger (auf der Grundlage eines 3D-Modells von Armin Müller), Architekturreferat des Deutschen Archäologischen Instituts • 6, 7 Lengyel Toulouse Architekten, Berlin, www.lengyeltoulouse.com (Wissenschaftliche Rekonstruktion und Grundlage für das 3D-Modell Ulrike Wulf-Rheidt, Jens Pflug, Armin Müller – Architekturreferat des Deutschen Archäologischen Instituts) • 8 Giovanni Battista Piranesi, Le Antichità Romane, 1756, Bd. I, Taf. 35, 1; DAI Rom • 9 Müllenhoff, M. (2005): Geoarchäologische, sedimentologische und morphodynamische Untersuchungen im Mündungsgebiet des Büyük Menderes (Mäander), Westtürkei – Marburger Geographische Schriften, 141, Marburg/Lahn • 10 Vorderasiatisches Museum, SMB – SPK/Olaf M. Teßmer; Inv.-Nr. VAT 4625 • 11 Stefan Seidlmayer, Deutsches Archäologisches Institut, Kairo • 12 Stefan Seidlmayer, Deutsches Archäologisches Institut, Kairo • 13 Jonas Berking, Freie Universität, Berlin • 14 Jonas Berking, Freie Universität Berlin • 15 Museum für Vor- und Frühgeschichte, SMB – SPK/Klaus Göken; Inv.-Nr. If 1209 – If 1253b • 16 Vorderasiatisches Museum SMB – SPK/Olaf M. Teßmer; Inv.-Nr. VAT 10172 • 17 Vorderasiatisches Museum, SMB/bpk/Jürgen Liepe; Inv.-Nr. VA 13343, 13682, 14837, 14838 • 18 Vorderasiatisches Museum, SMB – SPK/Olaf M. Teßmer; Inv.-Nr. VAT 13599 • 19 Vorderasiatisches Museum, SMB/bpk/Olaf M.Teßmer; Inv.-Nr. VAT 7621 • 20 Ägyptisches Museum und Papyrussammlung, SMB/bpk/Margarete Büsing; Inv.-Nr. ÄM 18026 • 21 Ägyptisches Museum und Papyrussammlung, SMB/bpk/Margarete Büsing; Inv.-Nr. ÄM 7334 • 22 Vorderasiatisches Museum, SMB/bpk/Jürgen Liepe; Inv.-Nr. VA 2817 • 23 Vorderasiatisches Museum SMB – SPK/Olaf M. Teßmer; Inv.-Nr. VA 5035, VAT 13073, 18066, 19198, 19905-19907, 19909, 20900- 20902, 20904, 20907 • 24 Institut für Prähistorische Archäologie, Freie Universität Berlin/Stefan Suhrbier • 25 Institut für Prähistorische Archäologie, Freie Universität Berlin/Stefan Suhrbier • 26 Ägyptisches Museum und Papyrussammlung, SMB – SPK/Myriam Krutzsch; Inv.-Nr. p8279 A-D • 27 Landesamt für Denkmalpflege und Archäologie Sachsen-Anhalt/Juraj Lipták; Inv.-Nr. 2002:1649 a • 28 Museum für Vor- und Frühgeschichte, SMB/bpk/Klaus Göken; Inv.-Nr. (MVF) IIc 6068 • 29 Vorderasiatisches Museum, SMB/bpk/Olaf M.Teßmer; Inv.-Nr. VAT 209 • 30 Ägyptisches Museum und Papyrussammlung, SMB/bpk/Jürgen Liepe; Inv.-Nr. ÄM 17021 • 31 Ägyptisches Museum und Papyrussammlung, SMB/bpk/Margarete Büsing; Inv.-Nr. 14084 (Peilstab), 14085 (Sonnenuhr) • 32 Ashmolean Museum of Art and Archaeology, University of Oxford; Inv.-Nr. Michaelis 83 • 33 Archäologische Staatssammlung München/S. Friedrich; Inv.-Nr. 1974/2391 • 34 Réunion des Musées Nationaux, Musée du Louvre, Paris; Inv.-Nr. N 1538 • 35 Vorderasiatisches Museum, SMB – SPK/Olaf M. Teßmer; Inv.-Nr. VA Bab 4398b, 4373, 4398a,c, 4818, 4403.001-4403.003, 4403.005-4403.007, 4402 • 36 Ägyptisches Museum und Papyrussammlung, SMB/bpk; Inv.-Nr. ÄM 17714 (Waage), ÄM 11518 (Gewicht) • 37 Vorderasiatisches Museum, SMB – SPK/Olaf M. Teßmer; Inv.-Nr. VA 3817 • 38 Museum für Vor- und Frühgeschichte, SMB – SPK/Klaus Göken; Inv.-Nr. MM II 8515 – 8532 • 39 Museum für Vor- und Frühgeschichte, SMB – SPK/Claudia Plamp; Inv.-Nr. IVd 5084 • 40 Skulpturensammlung und Museum für Byzantinische Kunst, SMB – SPK/Antje Voigt; Inv.-Nr. SBM 4696 • 41 Réunion des Musées Nationaux, Musée du Louvre, Paris; Inv.-Nr. AO2 • 42 Vorderasiatisches Museum, SMB – SPK/Olaf M. Teßmer; Inv.-Nr. VAT 413 • 43 Herzog August Bibliothek Wolfenbüttel ; Cod. Guelf. 36.23 Aug. 2°, folio 18r • 44 Réunion des Musées Nationaux, Musée du Louvre, Paris; Inv.-Nr. E 11057 • 45 Eberhard Knobloch, Berlin/Foto Antonia Weiße • 46 Collezione Niccolai Firenze, Mod. Gabriele Niccolai • 47 Archäologisches Landesmuseum Baden-Württemberg/Ulrich Sauerborn; Inv.-Nr. 2002-222-1-1 • 48 Ägyptisches Museum und Papyrussammlung, SMB/bpk/Jürgen Liepe; Inv.-Nr. ÄM 4438 • 49 Antikensammlung, SMB/bpk/Jürgen Liepe; Inv.-Nr. LV 21, 1 • 50 Antikensammlung, SMB/bpk/Johannes Laurentius; Inv.-Nr. Fr. 1845 • 51 Ägyptisches Museum und Papyrussammlung, SMB/bpk/Margarete Büsing; Inv.-Nr. ÄM 10258 • 52 Vorderasiatisches Museum, SMB/bpk/Jürgen Liepe; Inv.-Nr. VA Ass 897 • 53 Antikensammlung, SMB – SPK/Johannes Laurentius; Inv.-Nr. F 2163 • 54 Vorderasiatisches Museum, SMB/bpk/Olaf M.Teßmer; Inv.-Nr. VA 2648 • 55 Ägyptisches Museum und Papyrussammlung, SMB/bpk/Saburo Kitai; Inv.-Nr. ÄM 24026 • 56 Hilprecht-Sammlung der Universität Jena; Inv.-Nr. HS 197 • 57 The Trustees of the British Museum, London. All rights reserved; Inv.-Nr. AN 92687 • 58 The Trustees of the British Museum, London. All rights reserved ; Inv.-Nr. AN 118885 • 59 Ägyptisches Museum und Papyrussammlung, SMB/bpk; Inv.-Nr. ÄM 21687 • 60 Ägyptisches Museum und Papyrussammlung, SMB/bpk/Jürgen Liepe; Inv.-Nr. ÄM 21140 • 61 Fondazione Museo delle Antichità Egizie, Turin; Inv.-Nr. 1879, 1899, 1969 • 62 Ägyptisches Museum und Papyrussammlung, SMB/bpk/Johannes Laurentius; Inv.-Nr. ÄM 14385 • 63 Humboldt-Universtität Berlin/Elisabeth Rinner • 64 Soprintendenza Speciale per i Beni Archeologici di Roma; Inv.-Nr. 67497, 67498, 67499 • 65 Staatsbibliothek zu Berlin/bpk; Inv.-Nr. U 49 • 66 Antikensammlung, SMB/bpk/Johannes Laurentius; Inv.-Nr. Mos. 14 • 67 Staatsbibliothek zu Berlin/bpk; Inv.-Nr. Ms. Phill. 1833, fol. 39v • 68 Staatsbibliothek zu Berlin/bpk; Inv.-Nr. III A 2[1] Inc 2640 • 69 Museum für Islamische Kunst, SMB/bpk/Ingrid Geske; Inv.-Nr. I. 8417 • 70 Akademisches Kunstmuseum Bonn/Patrick Schwarz; ohne Inv.-Nr. • 71 Vorderasiatisches Museum, SMB/bpk/Olaf M.Teßmer; Inv.-Nr. VA 5392 • 72 Vorderasiatisches Museum, SMB/bpk/Olaf M.Teßmer; Inv.-Nr. VA 3456, VAG 1355 • 73 Archäologisches Museum Olympia, Photo Scala, Florenz, 2012; Inv.-Nr. L 5 • 74 Antikensammlung, SMB – SPK,/Johannes Laurentius; Inv.-Nr. F 2271 • 75 Ägyptisches Museum und Papyrussammlung, SMB – SPK/ Sandra Steiß; Inv.-Nr. ÄM p3129 • 76 Ägyptisches Museum und

Papyrussammlung, SMB/bpk/Jürgen Liepe; Inv.-Nr. ÄM 21443 • **77** Roberto Fortuna und Kira Ursem, The National Museum of Denmark, Classical & Near Eastern Antiquities; Inv.-Nr. B7703 • **78** Museum für Vor- und Frühgeschichte, SMB/bpk/Klaus Göken; Inv.-Nr. II. 10482 • **79** Vorderasiatisches Museum, SMB – SPK/Olaf M. Teßmer; Inv.-Nr. VAT 10070 • **80** Vorderasiatisches Museum, SMB/bpk/Olaf M.Teßmer; Inv.-Nr. VA Bab 7562, 7582 und VA Bab 7571, 7570, 7569, 7562 • **81** Antikensammlung, SMB – SPK/Johannes Laurentius; Inv.-Nr. F 1921 • **82** Ägyptisches Museum und Papyrussammlung, SMB – SPK/Sandra Steiß; Inv.-Nr. ÄM 4677 • **83** Sächsische Landes- Staats- und Universitätsbibliothek Dresden (SLUB), Deutsche Photothek, 01054 Dresden, SLUB/Deutsche Photothek; Inv.-Nr. Mscr.Dresd.Db.93 • **84** Antikensammlung, SMB – SPK/Johannes Laurentius; Inv.-Nr. Fr. 1331 • **85** Institut für Altertumswissenschaften, Klassische Archäologie und Antikensammlung/Matthias Recke; Inv.-Nr. T III – 9 • **86** Biblioteca Medicea Laurenziana, Florenz; Ms. Plut. 74.7, c. 200r • **87** Archäologisches Landesmuseum Schloß Gottorf, Stiftung Schleswig-Holsteinische Landesmuseen; Inv.-Nr. 1858-F.S. 3153 • **88** Antikensammlung, SMB – SPK/Johannes Laurentius; Inv.-Nr. Misc. Wunsch 74 • **89** Antikensammlung, SMB – SPK/Johannes Laurentius; Inv.-Nr. 30741 • **90** Ägyptisches Museum und Papyrussammlung, SMB – SPK/; Inv.-Nr. ÄM 15559 • **91** Ägyptisches Museum und Papyrussammlung, SMB/bpk/Jürgen Liepe; Inv.-Nr. ÄM 4434 • **92** Ägyptisches Museum und Papyrussammlung, SMB/bpk/Margarete Büsing; Inv.-Nr. ÄM 12411 • **93** Vorderasiatisches Museum, SMB/bpk/Jürgen Liepe; Inv.-Nr. VA 3477 • **94** Photo SCALA, Florenz; Musei Civici di Palazzo Farnese, Inv.-Nr. 1101 • **95** Vorderasiatisches Museum, SMB/bpk/Jürgen Liepe; Inv.-Nr. VAT 8320 • **96** Vorderasiatisches Museum, SMB/bpk/Olaf M.Teßmer; Inv.-Nr. VA Bab 4374 • **97** Ägyptisches Museum und Papyrussammlung, SMB – SPK/Myriam Krutzsch; Inv.-Nr. ÄM p13300 • **98** Antikensammlung, SMB – SPK/Johannes Laurentius; Inv.-Nr. Misc. 10744 • **99** Antikensammlung, SMB – SPK/Johannes Laurentius; Inv.-Nr. V.I. 4565 • **100** Abguss-Sammlung Antiker Plastik Berlin; Inv.-Nr. 1135 • **101** Skulpturensammlung und Museum für Byzantinische Kunst, SMB – SPK/Michael Klühs; Inv.-Nr. SBM 6855 • **102** Hellenic Ministry of Culture and Tourism/Archaeological Receipts Fund, Nationalmuseum Athen; Inv.-Nr. 15087 • **103** Privatbesitz Mogi Massimo Vicentini, Genua • **104** Antikensammlung, SMB/bpk/Ingrid Geske; Inv.-Nr. Sk 1050 • **105** Humboldt-Universtität zu Berlin, Elisabeth Rinner • **106** Erich Lessing Culture and Fina Arts; Inv.-Nr. 6374 • **107** Römisch-Germanisches Zentralmuseum Mainz/S. Steidl; Inv.-Nr. 42696a • **108** Antikensammlung, SMB – SPK/Johannes Laurentius; Inv.-Nr. SK 1606 IV • **109** Antikensammlung, SMB – SPK/Johannes Laurentius; Inv.-Nr. SK 1593 • **110** Archäologisches Landesmuseum Baden-Württemberg, Konstanz/H. Jensen; Inv.-Nr. 1986-156-34-9000 • **111** Museum für Vor- und Frühgeschichte, SMB – SPK/Claudia Plamp; Original im Nationalmuseum Kopenhagen, Kopie Museum für Vor- und Frühgeschichte, SMB, Inv.-Nr. VIIa 1103 • **112** Collection of Classical and Near Eastern Antiquities, National Museum of Denmark Kopenhagen; Inv.-Nr. 14897 • **113** British Museum London, The Trustees of the British Museum. All rights reserved; Inv.-Nr. ME121201 • **114** Vorderasiatisches Museum, SMB/bpk/Olaf M.Teßmer; Inv.-Nr. VA Bab 3320 • **115** Ägyptisches Museum und Papyrussammlung, SMB/bpk/Sandra Steiß; Inv.-Nr. ÄM 10247 • **116** Grab des Nacht, Theben-West/Culture and Fine Arts Archive/Erich Lessing • **117** Antikensammlung, SMB – SPK/Johannes Laurentius; Inv.-Nr. F 1690 • **118** Antikensammlung, SMB/bpk/Johannes Laurentius; Inv.-Nr. F 1686 • **119** Antikensammlung, SMB/bpk/Jürgen Liepe; Inv.-Nr. SK 844 • **120** Schatzhaus der Athener im Heiligtum von Delphi (Griechenland), Photo SCALA, Florenz • **121** Rekonstruktion Tim Wagner, Humboldt-Universität zu Berlin, nach: Annie Bélis • **122** Freie Universität Berlin/Nils Hempel • **123** Skulpturensammlung und Museum für Byzantinische Kunst, SMB – SPK/A. Voigt; ohne Inv.-Nr. • **124** Hessisches Landesmuseum Darmstadt; Inv. Nr. Ko 12 • **125** Nach James Stuart and Nicholas Revett, The antiquities of Athens and other monuments of Greece as measured and delineated, 3. ed., with add. – London Bell & Daldy, 1873 (1873). VIII, 149 S., Humboldt-Universtität zu Berlin/Antonia Weiße • **126** Antikensammlung, SMB – SPK/Johannes Laurentius; ohne Inv.-Nr. • **127** Staatsbibliothek zu Berlin/bpk/Ruth Schacht; Inv.-Nr. Nachl. Andrae 238, Nr. 4 • **128** Staatsbibliothek zu Berlin/bpk/Ruth Schacht; Inv.-Nr. Nachl. Andrae 238, Nr. 1 • **129** Antikensammlung, SMB – SPK/Johannes Laurentius • **130** SPK/ART+COM, 2007

Abbildungen in Titelei und Anhang:
S. 9 siehe **78** • S. 172 siehe **21** • S. 176 siehe **102**